사회복지 프로그램 개발과 평가

사회복지 프로그램 개발과 평가

김진우

KNOWLEDGE COMMUNITY 공동체

머리말

사회복지는 세상을 바꾸는 방향과 콘텐츠를 고안하는 작업이다. 나아가 거기에 머물지 않고 다음 한 발짝을 어디에 두어야 하는지도 고민하도록 만든다. 그에 따라 국가의 복지정책 수준은 세상의 기본 색깔을 결정한다. 흔히 대세라고 하는 거대한 사회적 물줄기가 소소한 작은 움직임을 덮어버리는 것처럼. 그만큼 강렬하다. 그런 맥락에서 거시정책이 미시적 실천보다 더 중요하다고 생각한 때가 있었다. 물론 직업으로 실천현장에 뛰어들 용기도 없었지만, 그 용기 없음을 거시정책의 중요성을 앞세워 교묘하게 포장한 후 내가 왜 정부에 몸담아야 하는지 변명 방패로 삼았다.

하지만 정책이 현장을 제대로 내실 있게 바꾸어 내는 데 한계가 있음을 아는 데까지 그리 오래 걸리지 않았다. 우상과 같은 경제성장 신화, 낮은 사회복지정책 우선순위, 보건복지부의 정부부처 내 열등한 위상, 치열함과 비장함이 없고 그저 순한 양 같은 마음, 그로 인한 만성적 예산 부족과 열등한 대우 등으로 인해 마음과 달리 방향은 왜곡되고 내용은 축소되기 일쑤여서 현장의 바람과는 거리가 있었다. 설상가상으로 정치적 타협과 협상이라는 이름으로 정작 통과되지 말아야 할 법령이 버젓이 주인 노릇 하고 있는 반면, 신속한 조치를 필요로 하는 손톱 밑 가시같이 정작 현장이 필요로 하는 작업에 여의도 정치는 무관심으로 세월을 흘려보낸다. 악이 의를 이기는 것처럼 보일 때가 한두 번이 아니다. 그렇다고 희망이 없진 않다. 아무리 나라가 어지러워도 언제나 훌륭한 국민들이 있었듯이, 정책이 제 빛을 발휘하지 못해도 실천현장은 또 다른 맥락에서 희망의 불씨를 지키고 키워왔다. 저자는 그 소중한 불빛을 지난 10여 년간 지켜봐 왔고 조그맣더라도 이들에게 힘이 되어줄 수 있으면 좋겠다는 바람을 가져왔다.

사회복지 실천현장의 역사는 주어진 여건에서, 때로는 그 여건을 뛰어넘어 현실을 바꾸어 내기 위한 작은 몸부림으로 점철되어 왔다고 해도 과언이 아니다. 어쩌면 기관실무자들은 투사와 같다. 비록 헤진 옷에 낡은 칼집뿐이지만 서비스 이용자들의 목을 조여오는 위협줄을 끊어내는 데 예리한 솜씨를 발휘하기 위해 오늘도 날카로운 눈빛으로 사주를 경계한다. 내가 노력을 기울여야 하는 바의 방향, 내용, 방법을 강구하는 실력과 내공을 높이기 위해 오늘도 수련을 게을리하지 않는다. 이 책은 그중에서 방법에 관한 이야기와 연결되어 있다. 세상을 바꿀 방향과 내용을 구상하는 것은 기관실무자의 몫이지만, 사회복지공동모금회와 각종 사회복지재단으로부터 필요한 재원을 지원받기 위해 사회복지 프로그램을 어떻게 기획하고 시행결과를 평가할 것인지와 관련된 내용을 보다 이해하기 쉽고 용이하게 활용할 수 있도록 하는 데 이 책의 존재의의가 있다.

사회복지정책을 다루고 장애인복지정책을 전공한 사람이 왜 사회복지 프로그램 개발과 평가라는 과목의 내용을 집필했는지 의문을 가지는 분도 있을 것이다. 얼른 보면 다소 의아할 수 있다. 하지만 지나온 과거 세월이 이 글을 쓰게 했다 해도 과언이 아니다. 2006년 촌각을 다투며 청와대에서 근무하던 시절, 절친인 성공회대 김용득 교수가 늦더라도 잠깐 들러 밥이라도 같이 먹자는 말에 뒤늦게 합류한 자리가 다름 아닌 메트라이프 아동복지재단 사회복지 지원기관 워크숍 뒤풀이였다. 이듬해 공직을 떠나 인제대 교수로 간 2007년부터 사회복지 프로그램 개발과 평가와 인연을 맺었다. 당시 메트라이프 아동복지재단 차선주 팀장과 박신영 대리가 자문위원으로 나를 입문하게 만들었고 이는 사회복지 실천현장을 대하는 나의 통념을 송두리째 바꾸어 놓기에 충분했다. 이후 덕성여대에 재직하면서 삼성복지재단과 인연이 닿았다. 당시 김성원 부장은 작은나눔 큰사랑 지원사업 매뉴얼을 만들 수 있도록 천재일우의 기회를 허용해 주었다. 기관실무자들이 세상을 바꿀 의지를 어떻게 표현할 수 있을지에 대해 고민해 볼 수 있는 더없는 기회였다. 그 인연이 다할 무렵 기다렸다는 듯이 내 눈앞에 등장한 것이 아산나눔재단이었다. 벤처기부방식과 사회적 영향력을 키워드로 한 파트너십 온 사업을 진두지휘했던 정남이 이사와 차선주 팀장(같은 사람이다!)과 함께 일하면서 흔히 재원을 제공하는 측이 지녀야 할 자세와 미래 사업방향이 어떠해야 하는지를 어깨너머로 배울 수 있었다. 비록 파트너십 온 사업은 중단되었지만 일부는 여기저기에서 그정신이 살아 움직이고 있고 언젠가는 그 불씨가 되살아날 것이라 믿는다. 지금은 이 책의 핵심과 그 맥을 같이하는 아산사회복지재단의 자문위원으로 있으면서 현장의 선한 영향력을 배우고 있다.

이렇듯 이 책이 나오기까지 많은 분의 선견지명과 집념이 음으로 양으로 영향을 끼쳤다. 하지만 지난 10여 년 동안 심사과정에서 또 자문하는 동안 나에게 많은 영감을 주고 때로는 나의 자문내용이 틀렸음을 알려준, 그래서 나의 부족한 부분을 깨우치게 했던 실천현장의 많은 기관실무자에게 먼저 감사를 전하고 싶다. 그분들의 통찰력과 끈기, 무엇보다 나의 부족함에도 사업을 성공적으로 이끌고자 노력한 수고가 없었다면 지금의 나 또한 없을 것이라 생각한다. 그리고 부족한 실력에도 그동안 귀한 자문과 연구의 기회를 주신 사회복지공동모금회, 삼성복지재단, 아산나눔재단 그리고 아산사회복지재단 관계자들과 지혜를 함께 나눌 수 있었던 동료 자문 교수들에게 감사를 전한다.

마지막으로 간결하지만 예리한 질문으로 나의 모호함을 일깨워 주는 딸 예지, 나를 대하는 모습에서 내가 아버지를 대했던 과거 모습을 떠올리게 만드는 재주꾼 아들 승범에게도 감사를 전하고 싶다. 아울러 졸고를 흔쾌히 받아준 공동체에 감사드리며 기다림의 진수를 보여주신 김원희 상무님, 졸고를 옥고로 다듬어 주신 김민지 팀장님께 감사의 미소로 빚진 마음을 대신한다. 여기 이분들과의 귀한 인연을 생각하여 앞으로도 더 귀한 책으로, 내용으로 발전시켜 나갈 것임을 스스로 다짐해 본다.

2023년 1월 새해 둘째 날 고즈넉한 오후
쌍문동 연구실에서

CONTENTS

차 례

제 3 부 사회복지 프로그램 실행

일러두기

1. 이 글의 목적과 서술방향

이 글은 사회복지기관 실무자가 기관 외의 재원을 확보하기 위해 사업계획서를 작성하고, 이를 실행하며 또 실행 결과를 평가하는 제반 과정에 필요한 실무적 지식을 제공하는 데 그 목적이 있다.

그렇다고 대학교에서 사회복지를 전공하는 학생들이 교재로 활용하기 어렵다는 뜻은 아니다. 다만, 『사회복지 프로그램 개발과 평가』라는 교과목의 성격이 학문적이라기보다는 실용적이라는 점에서 프로그램을 기획하는 데 따른 필요 지식을 보다 용이하게 습득하는 데 초점을 두고 있다.

2. 주요 용어 설명

이 책에서는 사회복지 실천현장에서는 잘 쓰지 않지만 이해의 편의를 돕기 위해 프로그램 기획과 평가 과정에서 등장하는 다양한 주체를 다음과 같이 사용하고 있다.

1) 자금제공기관

사회복지시설에서는 정부보조금의 구성항목에 '사업비'가 없다 보니 많은 경우 각종 민간사회복지재단에서 지원하는 공모사업에 지원하여 필요한 사업비용을 지원받기를 원하게 된다.

여기서 자금제공기관이라 함은 사회복지공동모금회, 종교복지재단, 기업복지재단 등 프로그램 기획 및 평가 비용을 지원하는 기관을 통칭하는 말이다. 자금제공기관 중에서 사회복지공동모금회와 다른 기관을 구분하려고 할 때에는 '사회복지공동모금회와 타 자금제공기관'으로 표기하고 있다.

2) 사업신청기관

대다수의 사회복지시설은 자금제공기관시행의 공모사업에 지원하여 사업자금을 지원받기 희망하는데 그러한 공모사업에 지원하는 기관을 사업신청기관이라고 부르기로 한다. 사업신청기관에는 사회복지시설뿐만 아니라 각종 민간단체, 사회적기업이나 사회적 협동조합 등을 포괄한다.

제 1 부

사회복지 프로그램 개관

제 1 장

사회복지 프로그램 이해

사회복지 교과목으로서의 「사회복지 프로그램 개발과 평가」는 사회복지 실천과정에서 당사자나 그들을 둘러싼 환경을 좀 더 나은 상태로 변화시키려는 노력을 체계적으로 구상하고 실천하며, 그 결과 의도한 목표가 제대로 달성되었는지를 살피는 제반 과정을 다룬다. 변화를 이끌어내기 위해 문제의 원인과 맥락에 대한 이해에 기초하여 인과성 있는 개입방법을 강구한다는 측면에서 과학적인 모습을 띤다. 하지만 사업에 참여하는 사람들의 개별구체적인 형편과 당면 현실을 감안하여 그에 맞는 맞춤형 접근이 필요하기 때문에 모든 상황에 항상 적용되는 만병통치약으로서의 프로그램은 존재하지 않는다. 나아가 예술적인 성격을 내포하기도 한다. 한편 민간에서 주로 이루어진다는 점에서 사회복지 프로그램이 사회복지정책의 맞은편에 위치한다는 점에서 - 정책과 무관하지는 않지만 - 미시적 · 메조적(Messotic) 실천이 주를 이룬다는 점에서 차이가 있다.

사회복지정책을 전공한 저자가 「사회복지 프로그램 기획과 평가」라는 분야의 글을 적는 데는 몇 가지 이유가 있다. 보건복지부에서 근무하면서 1998년 장애인거주시설을 대상으로 프로그램 지원사업을 처음 시작한 점, 교수로 이직한 후 메트라이프 아동복지재단, 삼성복지재단, 아산나눔재단, 사회복지공동모금회, 아산사회복지재단 등에서 각종 프로그램 지원사업 자문교수 역할을 10여 년 동안 해온 경험이 한 몫을 했다.

사회복지 프로그램은 정책방향과 같이 막연한 안개 속을 헤매는 것 같지 않아서 매력적이다. 오히려 어느 방향으로 한 발 더 내디뎌야 하는지 또 그렇게 해야 하는 이유가 무엇인지 매번 나에게 말을 걸어 온다. 그 과정에서 지금 내가 알고 있다고 생각하는 것이 얼마나 단단한지, 실제로 유효한 솔루션이 될 수 있기는 한 것인지 깊이 있게 성찰하도록 스스로를 더 이상 도망갈 곳이 없는 코너로 몰아간다. 이러한 도전적인 환경에 힘입어 삼성복지재단에서 처음으로 '프로포절 작성안내서' 내용을 집필할 수 있었고 사회복지공동모금회에서 사용하는 사업신청서 양식을 고안해 볼 수 있는 중요한 기회를 가질 수 있었다.

예전에는 기관실무자에게 사업신청서 작성 양식만 주어졌고, 그 양식이 의도하는 바가 무엇인지에 대해서는 어느 누구도 이야기해 주지 않던 시절이 있었다. 그런 환경 속에서 기관실무자가 참고할 수 있는 것은 「사회복지 프로그램 개발과 평가」 관련 교재가 전부였다. 그러나 아쉽게도 – 이론서들이 늘 그렇듯 – 교재의 내용이 사회복지 프로그램 작성에 참고할 수는 있으나 딱히 적극적으로 활용하기에는 한계가 있어 보였다. 이론은 현실을 반영해야 하는데, 그러한 이론들은 모두 1970년대에서 2000년대 초반에 개발된 것이고, 우리 토양에 반드시 적용된다고 보기도 어려웠다. 반대로 현실은 이론에게 도전이 되고 자극이 되어야 하는데 이러한 양자 간의 상호 피드백을 찾아보기 힘들었다. 현장의 실력은 끊임없이 향상되는데, 이론은 과거에 머물러 있었던 셈이다. 그런 점에서 사회복지 프로그램을 어떻게 기획하고 그 성과를 평가할 것인지에 대한 논의는 끊임없이 계속될 필요가 있다. 그만큼 사회복지 실천현장의 지형과 구도가 급변하고 있기 때문이다. 그런 의미에서 언제나 그렇듯, 답은 현장에 있는 것 같다.

1. 사회복지 프로그램의 필요성

사회복지 프로그램이 우리나라 사회복지 실천현장에 처음 등장한 것은 1990년대 즈음이었다. 지금도 마찬가지지만 그 당시 사회복지시설에 대한 정부지원은 인건비와 관리운영비가 전부였고 사업비 항목이 별도로 설정되어 있지 않았다. 그나마 필요한 물품이나 기자재가 있을 때 해당 비용에 대한 예산지원이 전부였다. 현재 당장 필요한 부분, 결핍된 부분을 해소하는 차원에 불과한 지원이었다. 소기의 성과를 달성하기 위한 체계적인 노력으로서의 프로그램이라는 개념조차 적용되지 않았던 수준에 머물러 있었다. 그러한 현실을 새로운 단계로 도약하게 만든 것이 삼성복지재단의 「작은나눔 큰사랑」 기획지원사업이었다. 당시 '프로그램을 기획' 하면 재정지원을 하겠다고 한 것은 기존의 통념을 깨는 거대한 발상의 전환이었다.

그렇다면 왜 프로그램을 기획하도록 사업 방향을 잡은 것일까? 또 현장에서는 왜 프로그램을 기획해야 하는 것일까? 사회복지분야에서 프로그램을 기획해야 하는 필요성을 거시적인 정책적 측면, 민간 고유의 기능적 측면 그리고 현실적 측면으로 나누어 좀 더 자세하게 살펴보자.

1) 정책적 관점

인류는 끊임없는 자연의 도전에 맞서 응전하면서 자신의 종을 보존해 왔다. 생산능력의 향상에 힘입어 의식주를 해결하면서 자연스럽게 생긴 계층 간 격차는 사회에 위협적이지 않을 수준에서 관리되어 왔다. 물론 자연재해로 여전히 목숨을 잃기도 하고 끼니를 걱정해서 한 장의 종이를 유언으로 남기고 생을 마감하기도 한다. 그러나 이는 중세나 19세기의 에피소드가 아니라 오늘을 살아가는 우리들의 이야기이고 엄연한 현실의 단면이다.

복지국가의 슬로건에 걸맞게 각종 위험으로부터 국민들의 삶을 평온케 하려는 사회적 노력은 그 전보다 배가되었지만, 정책이 내 삶 속에 스며드는 데는 한계가 있다. 마치 보편·추상적인 법을 제정하고 나면 그 법에 맞지 않는 현실에 발 딛고 사는 사람들은 법이 자신의 처지를 몰라준다고 아우성치는 것과 같이, 큰 틀의 정책이 개별·구체적인 내 삶의 구석구석에까지 영향력을 미치기에는 부족한 점이 많다. 물론 소득보장정책과 같은 경우에는 해당 인구집단에 직접적인 영향력을 미친다. 하지만 욕구와 관련된 다양한 사회서비스 분야, 즉 사회복지실천가가 현장을 이해하고 변화시켜 내는 데 있어 정책은 좌판을 깔아주는 역할 정도에 불과하다.

예를 들어, 종합사회복지관이나 장애인·노인복지관 운영의 경우에도 정부가 법을 제정하여 그러한 종류의 기관을 설치·운영할 수 있는 토대를 마련해 놓고 있기 때문에 서비스 제공이 가능하게 된다. 어떻게 운영해야 하는지 정부가 대강의 방향을 정해주지만 기관장의 리더십, 조직문화, 인력 구성 및 일하는 방식 등에 따라 그 양태와 수준은 다양해질 수밖에 없다. 하지만 사회복지기관이 직면하는 공통점이 있는데, 정부의 예산지원 구조가 갖고 있는 근본적인 한계가 이에 해당한다. 대부분 사회복지시설에 대한 정부지원은 인건비와 관리운영비에 그치고 있고, 사업비라는 항목이 별도로 설정되어 있지 않다는 점이다.

일부 사회복지시설에서는 관리운영비 속에 사업비 관련 항목을 적시하는 경우도 있다. 하지만 이 경우에도 관리운영비를 임의적으로 나누어 공과금 지출 외에 이러저러한 사업에 소요될 수 있음을 예시한 것에 불과하다. 이는 한 덩어리인 관리운영비에서 그 세부내역의 종류만 늘리는 꼼수인 것이다. 그렇게 늘린 만큼 실질비용을 반영하여 관리운영비 총액 규모를 재설계하면 좋겠지만 현실은 그렇지 않다. 이로 인해 대부분의 사회복지시설에서는 어떤 사업을 기획할 때 그 소요재원을 여전히 외부에 의존할 수밖에 없는 구조 아래 놓이게 된다. 그 결과 프로그램 기획을 통해 외부 자원 동원이 불가피한 상황을 늘 맞닥뜨리게 되어 프로그램을 기획하는 작업이 모든 기관에서 필수사업처럼 여겨지게 되는 것이다.

2) 민간 고유의 기능적 관점

민간기관은 공공기관과 달리 사업을 수행하는 방식이 상대적으로 자유롭다. 그만큼 민간기관이기 때문에 가질 수 있는 융통성과 시의성에 기반하여 사업을 구상할 수 있다. 반면 정부의 복지사업은 시범사업을 제외하면 그 실시 여부와 집행방법이 각종 법령에 근거해 있어야 한다. 정부가 법률에서 정한 사업이 아니면 사업을 펼치기가 쉽지 않다. 그만큼 경직적이다.

예를 들어보자. "재소자의 가족에 대한 지원"에 대해 이야기해 보자. 흔히 재소자는 사회적 비난의 대상이고, 그 가족 또한 사회적 비난으로부터 자유롭지 않은 것이 우리의 현실이다. 범죄자는 그렇다 치더라도 그 가족은 아무런 죄가 없음에도 불구하고 그들의 고통에 대해서는 둔감하다. 오히려 사회는 이렇게 이야기한다. "재소자의 범죄행위로 인해 피해를 받은 자에 대한 배상 및 보상, 그리고 그 고통에 사회가 귀 기울여야 한다." 범죄피해자가 우선이지 않냐는 뜻이다. 정책의 우선순위에서 보면 그렇게 틀린 이야기도 아니다. 그렇기 때문에 이와 관련한 법도 존재한다. 그만큼 이제까지 우리 사회는 재소자의 가족에 대해서는 그렇게 관심을 기울이지 못했다. 늘 숨어 지내야 했고, 뒤에서 손가락질 받는 현실에 대해 그동안 겪은 자신의 아픔에 대해 드러내놓고 말하기도 어려웠다. 만약 그들에 대해 손 내밀고 새로운 가능성을 열어준다면, 재소자의 가족이라고 비난받는 화살의 방향을 조금이라도 돌릴 수만 있다면 그 가족에게 주어지는 기회와 그로부터 출발하는 삶은 조금은 달라질 수 있지 않을까? 이와 관련된 사업을 - 관련 법령이 없기 때문에 - 먼저 민간에서 추진하여 그 성과를 거둔다면 우리 사회의 인식이 바뀌고 나아가 정책으로 포섭될 수 있지 않을까라고 생각해 볼 수 있다. 이렇듯 민간에서의 지원이 사각지대에 머물렀던 계층 또는 인구집단에 대해 새로운 세상을 맞이할 수 있는 기회를 제공하고 이를 징검다리 삼아 공적 영역으로 연결시키는 역할을 사회복지 실천현장이 얼마든지 만들어 나갈 수도 있다.

아울러 정부가 선뜻 추진하기 어려운 사업을 민간에서 다른 관점과 방식으로 사업을 추진하여 많은 아이디어와 시행착오의 실패를 보여준다면 정부가 사업 시행에 따른 방향감각을 가질 수 있게 되지 않을까? 예를 들어, 사회의 변화 흐름에 따라 복지관들이 자신들의 사업을 정립해 나가는 데 있어 정부가 복지관으로 하여금 어떤 기능을 담당하게 해야 할 것인지에 대한 고민을 중장기적으로 한다고 하자. 이를 위해 정부와 실천현장이 방향모색을 위해 지속적으로 대화를 하겠지만 가시적인 성과의 흔적과 증거도 필요하게 된다. 이때 그동안 복지관에서의 다양한 노력의 결과들과 데이터가 쌓여 있다면 이를 기반으로 하여 좀 더 정확하게 향후 방향을 가늠해 볼 수도 있을 것으로 기대해 볼 수 있다.

3) 현실적 관점

오늘도 사회복지사「김야근」씨는 늦은 밤인데도 사무실 불을 끄지 못한다. 오늘 오후 방문해서 뵈었던「김막동」할아버지 때문이다. 꼬르륵 꼬르륵. 혼자 사시는 그에게서 들려오는 소리에 계속 마음이 쓰인다.「감막동」할아버지는 할머니가 세상을 떠나기 전까지는 차려준 음식을 먹기만 했지, 자신의 끼니를 스스로 챙겨본 적이 거의 없다. 하기야, 비단 이 할아버지뿐이랴... 알아보니 이웃에 사시는 많은 할아버지들이 비슷한 처지에 있는 것 같다. 끼니를 챙기는 데 힘들어하는 할아버지들의 무기력한 모습이 계속 눈에 아른거리는데, 젠장... 아무것도 할 수 없는 자신의 모습에 짜증이 난다.

'아냐, 아냐! 그냥 가만히 있는 게 능사는 아니잖아. 할아버지에게 요리라도 가르쳐 드려서... 아니 아니... 그렇게 거창한 것이 아니라 밥을 지을 때 물의 양을 재는 것만이라도... 칼질과 불조절만 할 줄 안다면, 된장찌개라도 끓일 수 있겠지? 그러면 자신감을 가지지 않을까? 그때쯤 되면 김치찌개 만드는 것도 시간문제겠지?'

'그래, 이럴 때가 아냐. 무엇을 어떻게 하면 되지? 끼니를 챙겨 드시려면 어떤 것들을 알려드려야 하지? 그래... 프로그램을 짜고, 필요한 예산은 어떻게든 마련해 보자...'

사회복지사「김야근」씨는 사회복지에 발을 들여놓은 초심을 잃지 말자는 다짐과 함께 관련 내용을 뒤져 모으고 조금씩 글을 써 내려간다. 세상은 그렇게 각박하지 않다고 스스로 다짐하면서, 그리고 내 진심을 알아주는 복지재단이 꼭 나타날 것이라 믿으며.

하루하루 사회복지 실천현장이라는 땅에 발을 딛고 살다 보면, 늘 우리는 위와 같은 상황에 직면하게 된다. 녹록지 않은 현실의 제약과 한계, 전혀 돌파구가 보이지 않는, 절벽 같은 시간과 공간이 내 앞을 가로막고 있는 듯한 느낌을 받을 때가 있다. 자신의 능력과 자원으로서는 지금 이 상태를 한 치도 바꿀 수 없을 것 같은 막막함. 그 융통성 없어 보이는 절망 앞에서 사회복지사는 역설적으로 희망을 이야기하고 싶어 한다. 치열한 문제의식을 앞세워 '세상이 왜 이 지경까지 되었을까?', '어떻게 하면 이 현실이 주는 중압감을 덜어줄 수 있을까?', '더 이상 이런 환경을 방치해서는 안 되지 않는가...'라고 중얼거린다. 하지만 그러한 감정이 조금 가라앉고 나면 어느새 슬그머니 내 옆에 생각 하나가 말을 걸어온다. '도대체 어디에서부터 손을 대야 하는 거지?' 그런데 치열한 고민의 시간이 쌓이는 만큼 신기하게도 막막한 혼돈의 장막이 걷히고 내가 무엇을 해야 하는지에 대한 윤곽이 서서히 드러나기 시작한다.

'지금 이런 상황이 계속 되어서는 안 된다, 반복되어서는 안 된다'라는 문제의식에 기초해서 무엇을 해야 하는지, 그것을 어떻게 풀어나가야 하는 건지, 언제까지 어느 정도 변화시키면 되는지, 그러한 노력에 필요한 비용은 어떻게 동원할 것인지 등 관련된 생각이 꼬리에 꼬리를 물고 이어진다.

그러나 이런 문제의식만 뚜렷하면 뭔가를 자연스럽게 기획할 수 있게 되는 것인가? 그렇지 않은 것 같다. 많은 사회복지사들을 만나 보면 프로그램을 기획하는 것이 쉽지 않다고 이야기하곤 한다. 왜 그렇게 힘든 것일까? 무엇이 그렇게 힘들게 하는 것일까? 문제의식이 투철하지 않아서일까? 아니면 어떻게 기획해야 하는지에 대한 정보가 부족해서일까? 그 질문을 하기 전에 먼저 사회복지 프로그램이 무엇인지부터 살펴보자.

2. 사회복지 프로그램의 의의

1) 프로그램의 의의

사전적(事典的) 의미에서의 프로그램은 '진행 계획이나 순서'를 말한다. 하지만 그 말의 이면에는 많은 것들이 내포되어 있다. 어떤 일을 도모하여 의도한 바를 나타내려면 그 정도의 차이는 있을지라도 누가, 언제, 무엇을 해야 하는지 미리 결정되어 있어야 한다. 막연한 기대만으로는 부족하고 조직적이고 체계화된 노력이 적기에 투입되는 것이 필요하다. 노력은 그 일을 도모한 사람의 의도를 내포하게 된다. 때로는 그러한 일들이 일어나도록 하는 데 함께 협력해야 하고, 협력하는 사람들 간에 그러한 일들이 하필이면 왜 그때 일어나야 하는지에 대한 의미를 공유할 필요도 있다.

예를 들어보자. 신문에 나와 있는 TV 프로그램이라는 것은 얼핏 보면 단순한 진행표, 진행순서로만 보인다. 하지만 프로그램이 정시에 방송되기 위해서는 PD가 틀을 구성하고 그 틀에 따라 방송인들이 각자 자신의 역할을 충실히 이해하고 실제로 맡은 만큼 제 몫을 해주어야 한다. 그런 면에서 프로그램이라는 것은 '일정한 의도를 가지고 이루고자 하는 목표를 달성하기 위한 조직적 노력과 그에 따라 이루어지는 내용'이라고 할 수 있다.

2) 사회복지 프로그램의 의의

사회복지는 보다 평안한 사회를 만들기 위한 국가적, 사회적 노력이다. 거칠게 이야기한다면, 이 땅에서 수천 년의 세월 속에서, 그 기간은 짧지만 동시대를 살아가는 사람에게 "같이 행복하자"며 자신의 소유 일부를 나누고 옆에 있는 사람을 돌아보고 손 내미는 것이 사회복지다. 그 일을 중요한 국가의 책무로 생각하고 이를 일정 수준 이상 정책으로 구현할 때 우리는 이를 복지국가라고 부른다. 복지국가에서의 복지정책에 대한 기초적인 틀은 법령에 기반하여 제도를 구축, 예산을 투입하고 법령에서 제시한 소기의 목적을 달성하는 데 초점을 맞춘다. 그러한 일들은 법령이 폐기되지 않는 한 영속성을 띤다. 물론 세부적인 실천방법은 매년 또는 필요에 따라 바뀌기도 하는데, 그렇게 바뀌는 것을 우리는 흔히 '시책'이라고 부른다. 시책은 '행정기관이 실제로 행하는 일'이라는 뜻이다. 그 일하는 방식이 법령처럼 근본적이라기보다는 실천적 성격을 띠기 때문에 현실을 보다 더 적절하게 반영하기 위해 수시로 변경되기도 한다.

그렇다고 정부 정책이나 시책을 프로그램이라고 부르지는 않는다. 전 국민을 상대로 하는 정책이나 시책은 불특정 다수를 향한 추상적 성격을 띠는 반면, 프로그램은 상대적으로 특정 범위의 사람을 대상으로 하는 개별구체적인 성격을 띠기 때문이다. 예를 들어, 「장애인활동 지원에 관한 법률」이 특정한 A장애인에게만 적용되는 것이 아니라 일정 정도 기준에 포섭되는 모든 장애인을 향한 제도인 반면, '중학생의 진로성숙도 향상을 위한 프로그램'은 참여하는 10명에게 진로성숙 정도를 향상시키려는 목표를 달성하기 위해 한시적으로 운영되는 사업을 말한다.

하지만 복지국가라 하여 사람이 행복해질 수 있는 모든 조건에 대해 만족할 만한 제도나 시책을 마련·제공하기는 쉽지 않다. 예산제약적 성격 때문에 그리고 인간 욕구의 복잡성 때문에 그렇게 하지 못할 뿐 아니라 어쩌면 불가능할지도 모른다. 물론 자기 스스로 큰 어려움 없이 행복한 상황들을 만들어 가는 사람에게는 국가의, 사회복지기관의 개입이 필요하지 않겠지만, 그렇지 않은 경우도 많다.

예를 들어, 뜻하지 않게 어떤 사람에게 장애가 발생할 수도 있고, 자신의 노력에도 불구하고 사회가 요구하는 기대치를 턱없이 충족하기 어려운 형편에 놓여 있거나 그 상황에 갇혀 있는 사람들도 있다. 또 사별하거나, 혼자 살거나, 특히 자신의 노후가 준비되지 않은 사람들, 아이를 부양하고 있는 한부모 등 취약한 인구집단도 존재한다. 뿐만 아니라 부모님이 사업실패 등으로 자살하거나 어디론가 가버려 어린 동생이 눈에 밟히는 10대 청소년도 있고, 자신을 비난하는 사회의 손가락질을 참지 못하여 한순간의 실수로 범죄자가 되는 예도 있다. 사람들의 시선보다 이른 나이에 사랑에 눈을 뜨게 되어 10대 미혼청소녀(년)가 되기도 한다. 많은 것을 견디고 이겨내야 하는 버거운 장벽 앞에 서 있는 사람은 자신이 아무리 잘 하려고 해도 막상 자신의 코 앞에 닥친 현실 앞에서 무엇을 어떻게 해야 하는지 막막하기만 하다.

아이러니하게도 절박하면 하늘에서 동아줄이라도 내려올 것만 같지만 막상 현실에서 삶이 목을 조여 올 만큼 어려우면 동아줄은커녕 한 치 앞도 보이지 않게 된다. 그럴 때 누군가가 손 내밀어 준다면, 누군가가 '그건 너의 잘못이 아니야(It's not your fault!)'라고 이야기해 준다면... 또 나와 같은 처지에 있는 사람과 이야기할 기회가 주어진다면? 나에 대한 사회의 인식이 달라진다면? 어쩌면 새로운 삶을 살아갈 수 있는 열차로 갈아탈 수 있을지도 모른다.

사회복지 실천현장에서의 개입은 그러한 순간에 빛을 발하게 된다. 정부가 민간 비영리 부문에게 이러한 개입을 요청하기도 하고, 민간의 자발적 노력으로 정부 또는 공공의 부족한 역할을 메우기도 한다. 이러한 민간 비영리 부문이 기울이는 노력은 앞서 설명한 것처럼 '더 이상 이러한 삶이 반복되지 않도록 그냥 놔두지 않겠다'는 문제의식에서 출발한다.

즉, 현실에서부터 출발하되 지금의 행복하지 않은 삶을 변화시켜 보다 나은 상태로 바꾸어 내려고 노력하는 것이 필요한데, 그 노력을 보다 체계적으로 구성하고 변화의 목표치를 달성하려는 준비를 우리는 '사회복지 프로그램을 개발한다'고 이야기한다. 또 그렇게 구성된 내용을 우리는 사회복지 프로그램이라고 부른다.

최근에는 민간 사회복지기관에 의해 수행되는 사업뿐만 아니라 정부에서도 전국적인 변화를 꿈꾸며 프로그램을 기획하는 경우도 있다. 나아가 국가간에도 ODA(Oversea Development Assistance)를 통해 단순 지원이 아니라 프로그램 사업으로 지원되기도 한다.[1)]

---

1) 덕성여자대학교에서는 2013~2014년 동안 KOICA로부터 재원을 지원받아 캄보디아 왕립농업대학교(Royal University of Agriculture)와 MOU를 체결하고 프놈펜에서 2시간가량 떨어진 캄퐁스푸(Kampong Speu) 지역 주민을 대상으로 아동 영양개선사업과 주민에 대한 사례관리사업을 시행하였다. 주된 사업으로는 왕립농업대학교 학생들에게 영양교육의 필요성과 사회복지체계에 대해 강의하여 미래의 지도자들에게 필요한 교양적 지식을 제공하면서 이들과 함께 캄퐁스푸 지역에서

3. 사회복지 프로그램의 성격

사회복지 프로그램은 사회복지 실천과정에서 특정한 인구집단의 변화를 도모하거나, 지역사회 자체의 상태나 성격을 변화시키거나 다른 지역사회에 긍정적 파급효과를 가져오려는 등의 체계적인 노력의 결합체를 의미한다. 그러한 점을 고려할 때 사회복지 프로그램은 다음의 성격을 지닌다고 볼 수 있다.

1) 현장에서 출발하는 문제의식

첫째, 사회복지 프로그램이 현장에서부터 출발하는 문제의식에 기초해 있다는 점을 들 수 있다. 사회복지 프로그램을 기획한다는 것은 현재의 모습을 보다 바람직하다고 생각되는 상태로 변화시키는 데 필요한 인적·물적 그리고 시간적 노력을 투여하겠다는 것을 의미하는데, 이를 이끌어 가는 비전과 전망은 철저한 현실분석에서 출발하게 된다. 이를 위해서는 먼저 '내가 이 현실을 어떻게 인식하는가'를 스스로 성찰하고, 이어서 이 현실을 '어떻게 바꿀 수 있을 것인지'에 대해 고민[2)]하는 것이 필요하다.

함께 사업을 전개해 나갔는데, 아동들에 대한 영양식 제공, 부모들에게는 영양교육 실시, 다양한 어려움을 겪고 있는 가정에 대해서는 사례관리를 통해 필요한 지원 실시 등을 수행하였다. 이러한 사업은 ODA의 한 예에 불과하며 KOICA뿐만 아니라 교육부 등 사업 부처에서도 전 세계에 걸쳐 다양한 지역사회개발 프로그램 개발사업을 지원하고 있다.

2) 그런데 어쩌면 그러한 문제의식은 현실을 더 이상 방치해서는 안 된다는 실천가의 고뇌와 결단에 기초하게 된다. 그 현실을 느낄 수 있을 만큼의 감수성이 없거나, 그 정도는 문제가 아니라고 생각한다면 변화를 도모하려는 마음을 가지기 어렵다. 그러나 아이러니하게도 드물지만 현실에서는 그렇지 않은 경우도 종종 발견되곤 한다. 현실에 기초하지 않고 아이디어 하나만으로 프로그램을 기획하는 것이다. 그런데 아이러니하게도 상상에 기반하여 - 어느 정도는 동료로부터 귀동냥을 했겠지만 - 써 내려간 사업계획서가 선정되어 사회복지재단으로부터 실제로 지원받는 경우도 있다. 물론 이후 사업을 구체화하는 과정에서 사명감을 가지고 열심히 노력하는 경우도 없지 않다. 하지만 사업계획서 작성자가 아닌 다른 실무자가 사업을 떠안은 경우 기본적인 문제의식 없이 사업에 착수하게 되어 자금제공기관과 사업수행기관 간의 신뢰관계가 깨지는 경우도 있다. 선정을 위한 심사과정도 좀 더 엄격해야 하겠지만 기획사 사무실같이 프로그램 기획서를 양산하는 행태 또한 지양해서 불필요한 관계의 소진은 최소화되어야 한다.

2) 변화지향적

둘째, 사회복지 프로그램은 변화지향적이라는 성격을 가진다. 절대 묵과할 수 없는 현재 상태에 대한 적절한 변형, 바람직한 상태로의 이양을 꿈꾸는 데서 출발하는 프로그램은 그 성격상 다분히 미래지향적이다. 그러나 지향하는 변화는 달성 가능해야 한다. 그렇기 때문에 자금제공기관 입장으로서는 사업신청기관이 각종 노력과 재원을 투입하여 실제 변화를 가져올 수 있을 것인지에 대해 심사과정에서 확신을 얻기 원하고, 사업을 집행하게 되면 실제 그 변화가 있었음을 보여주기를 바란다. 그런데 이 지점에 오면 서로 간에 눈높이와 사용언어가 문제가 된다. 사업신청기관은 바람직한 상태를 이끌어 내고 싶어 하고, 자금제공기관에서는 그러한 상태가 도래했음을 어떻게 알 수 있는지 그 방법과 실제적인 변화치의 의미를 알고 싶어 한다.

4. 사회복지 프로그램의 종류

사회복지 프로그램의 종류는 그 구분기준에 따라 다양하게 대별될 수 있다. 다음에서는 프로그램을 시행하는 주체에 따라서, 의도하는 변화의 수준에 따라서 어떻게 분류될 수 있는지를 살펴보고자 한다.

1) 시행주체에 따른 분류

첫째, 정부 및 지방자치단체가 있다. 지금은 중단되었지만 보건복지부는 장애인거주시설에 대하여 프로그램지원사업을 1998년에 시행한 적이 있다. 물론 그 이듬해에 폐지되었지만 이를 경기도가 이어서 시행하였고 일부 지방자치단체에서 프로그램 지원사업을 시행한 바 있다.

둘째, 사회복지공동모금회(이후 “공동모금회”라고 한다)이다. 공동모금회는 한국사회복지공동모금회법에 따라 설립된 특수법인이다. 직원들은 민간인 신분이어서 정부조직은 아니지만 법에 의해서 조직 설립・운영의 방향과 내용이 결정된다는 점에서 민간복지재단과는 그 결을 달리한다. 공동모금회는 크게 모금사업과 배분사업 두 축으로 사업을 추진하는데, 모금한 재원을 어떻게 효율적으로, 효과적인 성과를 낼 수 있는 복지사업에 사용할 것인지를 고민하고 있으며, 최근에는 지난 20여 년간 사용해 오던 배분신청서 양식을 변경(이봉주 · 김진우 · 최명민, 2016)하고 그 변경양식에 대한 사용매뉴얼 마련연구(김진우 · 이지수 · 윤덕찬, 2017)가 진행되었고, 지금 통용되고 있는 배분사업 안내서는 이 두 가지 연구에 기초해서 최종 확정된 것이다.

셋째, 민간복지재단이다. 민간복지재단은 설립자의 설립목적과 취지에 따라 자신들의 고유한 정체성을 가지고 특정한 분야에 대해 집중하여 지원하는 경우가 많다. 메트라이프 아동복지재단에서는 장애아동에 대하여, 아산나눔재단은 기업가정신(Entrepreneurship)에 집중투자한다. 민간복지재단에서는 과거 공동모금회의 배분신청서 양식을 따르는 경우가 많았는데 최근에는 자신들의 정체성에 맞는 양식을 개발하거나, 외국의 모형을 차용하는 경우가 많아지고 있는 특징을 보여주고 있다.[3)]

2) 초점을 두는 변화의 차원에 따른 분류

이는 프로그램 사업을 통해 변화를 지향하는 차원이 개인의 의식변화 차원인지, 태도나 행동의 변화까지 지향하는 것인지, 나아가 지역사회나 더 넓은 범위의 변화를 추구하는 것인지 등 성과목표의 차원에 따라 다양하게 나타날 수 있다.

---

3) 서류심사를 1차 및 2차로 나누고 1차에서는 한두 페이지로 간략하게 작성하도록 하여 기관실무자의 부담을 덜어주는 재단도 있고, 주어진 틀에 내용을 규격화하도록 요구하기도 하지만 서술식으로 기관실무자가 자신의 이야기를 편하게 풀어나갈 수 있도록 재량적 여지를 더 많이 부여하는 기관도 있다.

〈표 1-1〉 프로그램 개발에서의 다양한 변화지향점

분류	초 점	예 시	비 고
개인 차원	내적 기능 향상	자아존중감 향상, 우울 감소 등	척도 사용
	인 식	차별에 대한 인식, 요양보호사의 전문성 인식 제도적 환경변화에 대한 사회복지관의 인식[4] 인식에 대한 다양한 질적 연구[5]	척도 사용 인터뷰 실시
	태 도	성역할 태도변화, 어머니의 양육태도 등	척도 사용
	행 동	아동의 공격행동 변화, 문제행동 변화, 사회적 행동변화, 건강행동 변화, 노인의 운동행동 변화 등	척도 사용
사회 차원	사회적 인식	지역사회 인식변화	
	지역사회	지역주민의 응집력, 네트워크 강화, 지역사회 빈곤율 변화	과정평가 척도사용 네트워크분석

3) 사회복지공동모금회 배분사업 분류

공동모금회에서는 배분사업을 성과확산형사업, 성과중심형사업, 산출중심형사업, 긴급복지지원사업, 기능보강형사업 등 크게 다섯 가지로 분류한다. 긴급복지지원사업과 기능보강형사업의 경우 단순 일회성 지원이라는 점에서 프로그램이라고 부르기 어렵다고 보면 나머지 세 가지가 프로그램 분류에서의 핵심이라고 볼 수 있다.

공동모금회는 사업시행 후 어디까지를 목표로 두느냐에 따라 분류하고 있는데, 성과중심형사업은 대다수의 자금제공기관에서 시행하고 있는 형태로서 사업참여자의 의미 있는 변화에 초점을 둔다.

성과확산형사업은 그러한 성과를 거두는 것에 만족하지 않고 보다 많은 재원으로 보다 긴 기간 동안 사업을 수행하면서 성과가 타 유사기관, 지역사회 또는

4) 조미형(2011). 제도적 환경변화에 대한 사회복지관의 인식과 대응에 관한 연구. 한국사회복지행정학. 13(1). 103-132. 동 논문에서 인식을 파악하기 위해 사회복지관의 관리자 100여 명에 대해 설문조사 실시

5) 김주현(2015). 한국 고령자의 연령차별 경험과 노년기 인식 질적 연구. 한국인구학. 38(1). 69-104.

국가 전체적으로 유의미한 반향을 불러일으키기를 기대하는 사업형태를 말한다.

반면 산출중심형사업은 복잡한 물적·인적 조합이 아니라 단순 기획을 통해 필요한 욕구를 충족시킬 수 있는 사업형태를 말한다. 예를 들어, 아동보육시설에서 생활하는 아동들이 자칫 학업에 짓눌리기 쉬운데 기분전환과 학업효율성을 제고시키기 위해서 뮤지컬 관람을 기획하는 경우 자금제공기관으로부터 재원을 확보하여 희망자에게 (또는 어떤 기준에 적합한 아동에게) 뮤지컬 관람기회를 제공하는 사업이 있다면 이에 해당한다. 이러한 경우 뮤지컬 관람을 했다고 해서 아동들의 질적 또는 양적 성장이나 성과를 기대하기는 어려운 반면, 그러한 사업을 통해 아동들에게 문화향유의 기회를 제공하고 폭넓은 경험을 통해 세상을 이해하는 생각이 조금이나마 넓어지게 하려는 의도를 의미 있게 평가할 수도 있다. 또 다른 예로 추석에 즈음하여 마을대잔치 겸 송편빚기를 들 수 있다. 어떤 행사라 하더라도 마을 주민들이 합심하여 단합을 이루는 모습이 중요하겠지만 사업참여자가 정교하게 설계되어야 하거나 성과를 엄격하게 측정해야 하는 그런 성격의 사업이라기보다는 단도직입적으로 즐거운 잔치한마당을 치르는 사업에 소요되는 재원이 필요하기 때문에 신청하는 것이라고 볼 수 있다. 물론 그렇다 하더라도 주먹구구식으로 진행되어서는 곤란하므로 언제가 사업시기로 가장 적합한지, 어디에서 개최해야 보다 많은 사람들이 참여·참관할 수 있을지, 어느 정도 재원이 소요되는지, 그렇게 빚은 송편을 어떻게 활용할 것인지 등 일정 수준의 기획된 컨텐츠가 필요하다고 볼 수 있다.

5. 사회복지 실무자의 역할

이러한 프로그램을 개발하고 평가하는 일련의 업무를 담당하는 사회복지 실무자는 어떤 역할을 담당하게 되는 것일까? 흔히 프로그램 개발과 평가에서 '개발－실행－평가'라는 세 가지 단계에 초점을 두는 「PIE 모형」에서는 프로그램 개발단계에 따른 성격과 그에 대한 사회복지 실무자의 역할을 다음 표와 같이 제시하고 있다(황성철, 2009 : 71).

〈표 1-2〉 프로그램의 본질적 성격과 사회복지 실무자의 역할

프로그램 개발의 본질적 성격			프로그램 개발의 단계		
과학합리성	정치사회성	조직관리성	기획 및 설계	실 행	평 가
계획가	중재자	관리자	계획가	관리자	조사자
조사자	옹호자	조정자	조사자	조정자	평가자
			옹호자	옹호자	옹호자
			중재자	중재자	중재자

우선 사회복지 프로그램 개발의 본질적 성격은 과학합리성, 정치사회성, 조직관리성으로 나눌 수 있다. 무엇이 문제이고 이를 해소하기 위한 어떤 노력들이 필요한지에 대해서는 철저히 현실분석에 기반해야 함은 앞서 설명한 바와 같다. 여기에서는 현장의 다양한 이해관계자와 당사자가 위치한 맥락을 제대로 조사하고 이에 기반하여 계획을 세우는 조사자, 계획가의 역할이 요구된다.

실행과정에서는 사회복지 실무자가 다양한 역할을 수행하도록 요구받는다. 프로그램이 제대로 진행되도록 잘 관리해야 하며, 때로는 이해관계의 충돌로 인해 갈등의 골이 깊어지지 않도록 잘 조정해야 한다. 이해관계자들의 적극적인 협조를 이끌어 내고 비협조적인 사람들이나 환경을 바꾸기 위해서는 적극적으로 당사자의 입장에 서야 한다. 뿐만 아니라 프로그램 진행의 각 단계마다 기술해야 할 것들을 정리해야 하고 필요한 예산이 적기에 투입되도록 기안문도 작성해야 한다. 전문적인 지식과 기술에 기반하여 프로그램을 운영하는 업무도 있지만, 끝없는 행정적인 처리 및 관리도 사회복지 실무자의 역할이다.

평가과정에서는 다시 조사의 역할이 중요하게 된다. 실행단계에서 그동안 축적해 온 자료들을 바탕으로, 또 사업참여자에 대한 설문이나 인터뷰를 통해 자료를 수집하고 이를 분석해야 하는 역할이 중요한 시기다. 나아가 자료를 수집・분석할 뿐만 아니라 이를 기초로 해서 평가자의 역할을 수행해야 할 때도 있다. 물론 평가의 객관성을 담보하기 위해서는 제3자가 평가하는 것이 바람직하나 인력부족으로, 자기평가적 관점에서 프로그램 진행자가 평가하는 것이 반

드시 연구윤리에 위반되는 것은 아니기 때문에 최대한 자의적 판단과 평가는 적절하게 제어하면서 공정한 평가가 이루어지도록 노력하고 그 결과에 대해 책임을 지게 된다.

MEMO

제 2 장

사회복지 프로그램의 발전과정

삼성복지재단은 저자에게 참 각별하다.

1990년대 초반 사회복지기관에게 '프로그램'이라는 단어가 생소할 시절, 코페르니쿠스적인 발상의 전환을 도모한 곳이 다름 아닌 삼성복지재단이다. 그런 삼성복지재단과 함께 일할 수 있었던 것을 매우 소중한 경험이라고 하면, 그 정도를 두고 각별하다고 하는 것은 좀 과하지 않는가라고 되물을 수 있다. 그렇다. 그 이상의 무엇이 있었기 때문이다.

그 전에 메트라이프 아동복지재단에서도 그랬지만 삼성복지재단에서 자문교수 역할을 하면서 '왜 사업신청서 양식만 있고 이 양식을 어떤 관점에서 어떤 내용으로 채워야 하는지'에 대해 알려주는 재단이 왜 없는지에 대해 물어보면 어느 누구도 속시원한 대답을 하지 못했다.

그때 흔쾌히 이 문제의식에 화답해 준 곳이 삼성복지재단이었고, 이의 결실로 발간된 것이 『작은나눔 큰사랑 프로그램 기획 매뉴얼(2012)』이다. 뭔가 가시적인 성과물이 나왔다는 것 그 자체만으로도 기쁜 일이겠지만, 그러한 저자의 문제의식에 대해 공감해 준 삼성복지재단이 참 고마웠다.

그러나 이 매뉴얼에 대한 세간의 평가는 나뉘었다. 처음 보는 매뉴얼에 대해 긍정적으로 평가하는 사람도 있었지만, 그동안 사용해 왔던 익숙한 사업신청서에 비해 양식을 채워 넣기가 너무 어렵다는 볼멘 목소리도 적지 않았다. 한 차례 보완을 거듭했고 차츰 더 나아지리라 기대했다.

하지만 아쉽게도 몇 년 지나지 않아 「작은나눔 큰사랑」 사업 자체가 폐지되어 버렸다. 「작은나눔 큰사랑」이 사회복지계에서 가지는 역사적 의미와 영향력을 생각하면 도저히 받아들일 수 없는 결정이었지만 경영진 입장에서는 폐지할 만한 이유가 있었으리라 짐작만 할 뿐이다.

그런데 공교롭게도 비록 시행주체는 다르지만 삼성그룹에서 사회복지공동모금회에 지정기탁하는 재원으로 성과를 확산하는 차원에서의 규모 있는 다년도사업을 핵심으로 하는 「나눔과 꿈」 사업이 그 맥을 이어나갔다. 여기서 제2의 전환이 일어난다. 「나눔과 꿈」이 지향하는 성과 너머, 사회적 영향력까지 담아낼 수 있는 사업신청서 양식이 필요하게 된 것이다. 기존의 사업신청서 양식에 대한 비판적 검토를 거쳐 이에 대한 대안으로 사업성격에 따른 다양한 신청서 양식 개발, 그리고 그간의 현실변화를 반영하는 신청양식의 획기적인 변화 필요성이 논의되기 시작한 것이다. 그 결과 2016년부터 사회복지기관 신청실무자의 의견과 사회복지공동모금회 직원들의 제안에 기초하여 새롭게 마련된 것이 지금 현재 사용하고 있는 '성과중심형', '성과확산형', '산출중심형' 사업계획서 표준양식이다. 물론 세월이 흐르다 보면 이 또한 구닥다리에 지나지 않게 될 것임을 잘 안다. 사회의 트렌드와 사회복지 실천현장이 변화하면 이를 담아내는 그릇 또한 변화・발전하는 것은 당연한 일이다.

늘 그렇듯, 현실이라는 토대에 발을 딛고 시작하는 발상의 첫 발걸음은 '지금 여기'에서부터 출발한다. 현장에 대한 이해도 그렇지만 현실에 대한 비판도 지금 이 순간, 이 상황과 맥락에서부터 시작된다. '있는 그대로에서 출발'하되, '있는 그대로 받아들이지 않는' 날 선 비판적 관점은 오늘의 끈적거림을 베어내고 상쾌한 내일을 불러온다.

1. 민간 공모사업의 역사와 한계 개관

우리나라에서는 경제개발과 더불어 1980년대부터 지역사회복지를 위한 민·관 인프라와 관련 예산이 대폭 증대하기 시작했다. 종합사회복지관이 정부지원을 받아 전국에 신설되고 사회복지전담공무원은 시범사업을 거쳐 1987년부터 시군구에 배치되기 시작하였다. 이후 장애인복지관, 노인복지관, 각종 상담센터 등 다양한 사회복지시설들이 지역사회에 종별로 설치되었다. 하지만 인프라 확충에 걸맞게 사업을 내실 있게 추진할 수 있는 예산이 충분히 지원되기보다는 인건비와 관리운영비의 일부를 보조하는 수준에 머물렀다. 이러한 사회복지시설에의 지원은 각종 물품구매나 당사자에 대한 직접 지원 중심으로 편성되었고, 사회복지시설은 단순시행자 또는 중간연결자의 역할을 수행하는 데 그쳤다.

이러한 상황에서 민간 자원의 동원은 사회복지 현장에서 매우 긴요한 것이었다. 처음으로 인적 및 물적 자원을 체계적으로 투입하여 소기의 목표를 달성하고자 하는 프로그램식 사업을 기획한 것은 삼성복지재단의「작은나눔 큰사랑」에서였다. '프로그램'에 대해 잘 모르고 이해가 부족했던 당시로는 코페르니쿠스적인 전환과도 같았다. 사회복지시설에서 사업을 체계적으로 기획하고 수행하는 패러다임이 싹을 틔우기 위한 토대가 마련되었기 때문이다. 이후 많은 기업복지재단, 종교복지재단들이 우후죽순처럼 생기면서 삼성의 프로그램사업을 근간으로 벤치마킹하고 나아가 자신만의 색깔을 강조하려는 노력이 곳곳에서 나타났다. 이러한 프로그램 지원사업은 공동모금회뿐만 아니라 1998년 보건복지부에서, 그리고 1999년 경기도에서 장애인거주시설을 대상으로 프로그램사업을 진행하면서 공공영역에까지 확대되는 추세를 보였다(김진우·김상곤·문순영, 2011 : 8).

다음에서는 민간 공모사업의 역사를 이끌어 왔고 2016년까지 민간 공모사업의 모범이라고 평가를 받아왔던 삼성의 작은나눔 큰사랑 사업이 발전해 온 역사를 보다 세밀하게 살펴보고자 한다.

2. 삼성복지재단 「작은나눔 큰사랑」[1)]

1) 「작은나눔 큰사랑」 사업추진경과

「작은나눔 큰사랑」 사업은 끊임없는 시행착오를 자양분으로 한 사회복지 프로그램의 태동과 성장의 역사 그 자체라고 할 수 있다. 사업을 시작한 이후 성장과 정체를 반복하면서 이를 통해 사회복지기관 및 실무자들이 자신들의 전문성을 쌓아나가는 한편, 횡적 연계를 통한 소통을 실천할 수 있는 장이 열린 것이라고 해도 과언이 아니다. 그 역사를 태동, 성장과 발전, 쇠퇴의 과정으로 살펴보면 다음과 같다.

(1) 태동기

삼성은 1989년 삼성복지재단을 설립한 이후, 호암상, 보육사업, 학술지원 등에 중점을 두고 사회복지사업을 모색하던 중, 국내 사회복지 현장을 지원하기 위한 모델 개발에 관심을 가지게 되었다. 이후 삼성복지재단에서는 이창호 중앙일보 전문위원을 비롯한 3명의 교수에게 프로포절 내용을 담을 수 있는 틀(양식)을 마련해 줄 것을 의뢰하였다. 이에 연구진들은 미국 United Way 등에서 사용하고 있던 여러 양식을 검토하여 목표기반관리(MBO : Management By Object)에 의한 계획서 양식을 고안하여 제안하게 되었고, 이 양식을 활용하여 1991년 국내 최초로 사회복지관(당시 89개소)을 대상으로 사업신청서를 제출받아 7개의 프로그램을 선정・지원한 것이 「작은나눔 큰사랑」 사업의 첫 시작이었다.

(2) 발전기

이듬해인 1992년부터는 사회복지관으로 하여금 프로그램 계획서 양식에 따라 작성하게 한 후 사업내용을 지원하는 방식으로 보다 체계화되었고 1993년부터는 사회복지관과 사회복지시설 두 영역으로 확대하되 별도의 사업공고 및 지원절차를 거쳐 모두 63개의 프로그램을 지원하게 되었다.

---

1) 여기에서의 내용은 김진우・김상곤・문순영(2011)의 연구를 일부 발췌하고 재구성한 것임.

1994년부터는 두 분야의 기관을 통합하여 지원하게 되면서 사회복지 서비스 프로그램에 대한 지원사업의 현 체제와 유사한 모습을 갖추게 되었다. 이에 덧붙여 1994년 12월에는 지원기관 실무자들의 역량강화를 위한 '사회복지 프로그램 Workshop'을 실시, 사회복지계에서 접하기 어려웠던 인사관리, 사회복지정보화 등의 특강과 함께 실무자들의 사례발표를 민간 사회복지재단으로서는 최초로 시행하게 되었다.

1995년 지원사업 시에는 지원 프로그램 중 12건을 선정하여 각각의 사례집을 발간하기 위해 프로그램 시행단계부터 자문교수의 슈퍼비전을 받으면서 프로그램을 수행하고 아울러 이에 대해 기록해 나가는 작업을 병행하였고, 12권 1질의 사회복지 프로그램 총서를 1996년에 발간하게 되었다. 한편 1995년 삼성전자에서 국내 7대 가전제품의 사업수익 전액을 사회복지에 후원하는 사업을 시행하면서 재단의 사회복지 프로그램 지원사업을 원용하여 제품에 후원권을 동봉, 소비자가 후원권에 관련 내용을 기입하여 삼성전자로 보내면, 삼성전자에서는 해당 사회복지기관에 후원하는 국내 최초의 사회공헌 연대 마케팅이 대대적으로 진행되었다('작은나눔 큰사랑 운동' 3년간 지속, 한 해 최대 300억 원 내외 집행).

(3) 전환기

1996년 사회복지에 대한 유사 사업이 삼성전자에서 대대적으로 집행됨에 따라 삼성복지재단에서는 보다 전문적이고 선도적인 지원방안을 모색하게 되었고, 지원대상을 아동·청소년으로 국한하고 세 가지 주제를 제시하여 집중지원하는 형태를 모색하였다(청소년 자원봉사, 청소년 비행예방 – 약물중독 예방 및 치료, 학교사회사업). 아울러 지원기관 실무자들에게 프로그램의 성공적인 수행을 위한 실질적인 자문을 줄 수 있는 전문가 슈퍼비전을 제공하는 사후지원시스템을 구축하는 형태로 발전을 거듭해 나갔다.

1997년에는 지원기관 실무자를 대상으로 한 슈퍼비전이 진행되면서 당시 재단의 주요사업인 사회복지사 해외연수 사업과 연계하여 슈퍼비전 팀별로 해외연수를 다녀옴에 따라 사업의 성공적인 수행은 물론 실무자 간에 긴밀한 관계형성도 도모하여 사회복지의 차세대 리더그룹을 형성하는 계기가 되었다(청소년자원봉사 – 호주, 청소년 비행예방 – 미국 LA, 학교사회사업 – 미국 시카고). 그러나 1997년 12월 IMF 구제금융 체제하에 들어가게 되면서 아쉽게도 해외연수사업은 전면 중단되었고, 1998년 삼성전자에서 집행하던 '작은나눔 큰사랑 운동' 사업은 재단의 사회복지 프로그램 개발지원사업과 통합되면서 삼성전자 후원으로 연 5억 원의 사업비를 기초로 운영하게 되었다.

(4) 정착기

2002년부터는 지원신청서에 대한 E-mail 접수를 병행하였으며, 2003년부터는 지원신청하는 사회복지 현장 실무자들의 업무를 경감하고 지원신청방법을 간소화하기 위한 Draft Proposal(요약신청)을 작성하여 제출하는 용도의 전산프로그램을 개발하여 2004년부터는 세부계획서를 제출하기 전에 요약신청서를 바탕으로 세부계획서 작성대상 프로그램을 선정하는 단계를 마련하게 되었다.

(5) 종결기

1990년대 삼성복지재단이 「작은나눔 큰사랑」 사업을 시작할 때만 해도 다른 복지재단에서의 프로그램 지원사업이 활성화되지 않았었지만, 2010년대 즈음에는 여러 민간 사회복지재단이 신설·운영되고 있었고 다양한 목적과 색깔을 지닌 사업들이 펼쳐지면서 삼성복지재단으로서는 큰 차별성이 없을 뿐만 아니라 지원금액 수준에서도 여전히 1천만 원대에 머물러 있어 사업의 존폐를 고민하다가 2016년 지원을 마지막으로 프로그램 지원사업을 종료하고 대신 사회복지공동모금회에 지정기탁하면서 보다 업그레이드된 사업을 추진하고자 한 것이 「나눔과 꿈」 사업으로 재탄생되었다.

2) 「작은나눔 큰사랑」 지원사업 내용분석

「작은나눔 큰사랑」 지원사업은 당시 시대별 과제를 반영하고자 한 목적에 따라 시기별로 강조되었던 주제가 각각 다르게 나타났다. 하지만 시대 흐름을 반영한 데서 그치지 않고 때로는 문제의식은 있지만 변화의 물꼬를 트지 못할 때에는 오히려 적극적으로 사회복지 실천 어젠다를 제시함으로써 사회복지의 외연을 넓히려는 전략적 포지셔닝을 구사하기도 하였다.

(1) 「작은나눔 큰사랑」 지원사업 주제

첫째, 1996~1997년 동안은 '청소년 복지사업 중심 시기'이다. 이 기간에는 학교사회사업, 청소년 비행예방 프로그램, 청소년 자원봉사 프로그램 등 청소년 복지사업이 사업주제로 제시되었다. 둘째, 1998~2003년 동안은 '분화의 시기'로 볼 수 있다. 청소년 복지사업 중심에서 탈피하여 가족복지, 장애인복지, 노인복지, 사회문제 등의 주제로 다양하게 분화되었고 아울러 사회사업 방법론이 사업주제에 포함되었다. 셋째, 2004~2009년 동안은 '사회적 이슈의 시기'였다. 이때는 사회복지실천의 관점을 지역사회로 확장하고, 접근방법에서는 자조와 역량강화가 화두로 제시되었으며 복지의 사각지대를 발굴하고 지원하기 위한 주제가 활발하게 제기되었다고 볼 수 있다. 넷째, 2010~2011년에는 '새로운 영역과 전문화를 도모해 오는 시기'라고 볼 수 있다. 즉, 보육복지서비스의 개발, 학교사회복지사업의 전문화, 일반사회복지사업의 전문화를 사업의 주제로 제시되었다.

(2) 선정기관 추이

이러한 주제를 제시하고 사업을 추진하게 된 기관들의 추이는 다음 그림과 같다. 그림을 보면, 2002년 이후 지원기관 수는 증가하고 있으며 상대적으로 선정률은 하락하는 경향을 보이고 있음을 알 수 있다. 즉, 2002년 616건 이후 점진적으로 지원건수가 증가추세를 보이다가 2008년 1,005건으로 정점에 이르렀다. 2009년도와 2010년도에는 650건 내외로 지원신청 기관 수가 유지되었다.

절차별로 살펴보면 1차 신청기관은 평균 714.2개 기관, 2차 세부 계획서 심사대상 기관은 최소 91개 기관에서 최대 243개 기관이고, 최종 선정기관은 최소 29개 기관에서 최대 45개 기관, 평균 최종 선정기관은 42.9개 기관 정도로 파악되었다. 한편 1차 온라인 접수를 기준으로 볼 때, 지원선정률은 5% 수준이고 2

차 세부 계획서 심사 대상 기관수를 기준으로 볼 때는 24.7% 수준인 것을 알 수 있다.

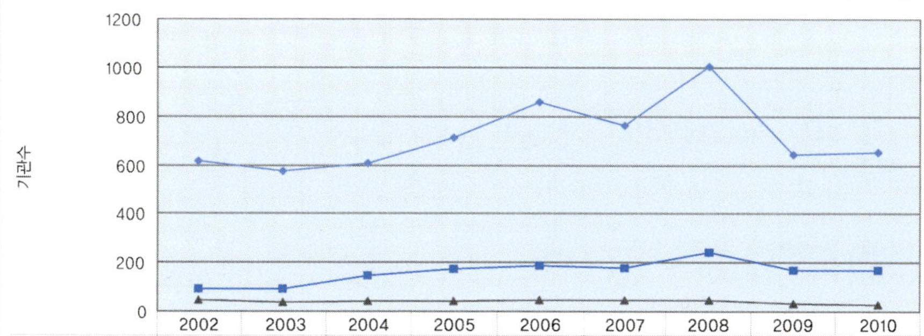

	2002	2003	2004	2005	2006	2007	2008	2009	2010
1차접수	616	573	607	712	859	761	1005	643	652
세부계획서	93	91	145	172	185	176	243	169	169
선정기관	44	38	40	41	45	44	44	32	29

연도

|그림 2-1|「작은나눔 큰사랑」 지원신청 및 선정 기관 추이

3)「작은나눔 큰사랑」 20년 역사의 의의

(1) 한국 사회복지 현장에 대한 민간 최초의 프로그램 지원사업

삼성에서는 현장의 전문성 향상을 도모하기 위해 프로포절 신청사업에 대한 지원을 기획하면서 먼저 구조화된 지원신청서를 개발·적용했다. 이는 민간 최초의 자금지원이라는 의미뿐만 아니라 현장서비스 프로그램의 구조화, 객관화, 전문화를 유도하였다고 볼 수 있다. 과거 삼성 지원사업 이전에는 사회복지 현장에 대한 지원이 대부분 식품, 의류, 장비에 대한 것이었으나「작은나눔 큰사랑」을 통해서는 구조화된 사업계획서를 사용하고 이에 따라 자금 집행의 객관화 및 투명성을 가지게 됨으로써 사회복지 현장에 대한 신뢰 수준을 높이는 데 기여해 왔다.

이후에는 공동모금회 양식이 변화하는 실천현장의 목소리를 제대로 반영하지 못한다는 비판의 목소리가 있을 때 삼성복지재단의 개편된 프로포절 양식은 사회복지 실천현장에 매우 신선한 충격과 새로운 변화 필요성에 대한 경각심을 일깨워 주는 계기가 되었다고 볼 수 있다.

(2) 자유경쟁체제 도입을 통한 선의의 경쟁 유도

「작은나눔 큰사랑」은 '배분'이 아닌 우수 프로그램의 '발굴 · 선정 · 지원'에 무게중심을 두었다. 민간 재원 중 잉여자금을 나누는 개념에서 탈피하여 향후 사회복지 발전에 도움이 될 수 있는 종잣돈(seed money)의 역할을 수행하도록 한 것이다. 이는 프로그램의 전문성과 우수성을 담보한 사업에 대해서는 연속지원사업으로 차년도에도 계속 지원할 수 있도록 하여 선의의 경쟁을 통한 전문성 함양에 동참하도록 하였다.

(3) 사회복지 현장 활성화를 위한 필요분야 발굴

첫째로, 향후 사회복지계에 필요한 분야, 취약한 분야의 제도권 내 진입을 지원한 사례를 들 수 있다. 그 핵심은 1995년부터 지원대상에 사회복지법인뿐만 아니라 비법인도 포함시켰다는 데 있다. 그에 따라 '노동운동' 또는 '복지활동가' 등은 당시 도시저소득층 밀집지역에서 활동하면서 제도권 사회복지에 대한 불만이 높았던 반면, 제도권 사회복지는 '진정한' 사회복지 대상자가 있는 '달동네'에는 활동이 매우 부족하였으나 재단의 지원사업을 시행하면서 '운동권' 실무자들도 재단의 지원사업에 참여할 수 있도록 면대면 홍보활동을 계속하여 이들을 포섭하였던 것이다.

둘째로, 사회복지계 또한 사회복지 내부의 소외분야에 대해 오히려 등한시해 오던 관성을 깨는 것이었다. 그중 하나로서 학교사회사업은 재단에서 당시 주제를 포함할 시기에는 미국에서 시행되는 한 영역으로만 교과서에 나오는 수준이었으나, 몇몇 실천운동가의 열정과 함께 재단의 지원으로 학교사회사업이 복지계에 화두가 되는 계기를 마련하게 되었다. 아울러 1998년부터는 'Street Social Work'를 주제로 제시하였는데 이는 후에 '거리상담'으로 국내 사회복지서비스 영역의 한 단어로 자리잡게 된 것도 큰 의미가 있었다. 즉, 당시 사회복지관은 기관 내 서비스에 대해서만 평가를 받게 되어 있어, 기관에서 외부로 나가는 복지서비스의 전형인 거리상담은 제도적으로 확산되기 매우 어려운 형편이었으나 재단에서 주요 주제로 제시함에 따라 '사회복지관 평가'를 뛰어넘어 사업을 시행하고자 하는 기관에서는 지속적으로 사업을 확대할 수 있는 계기가 되었던 것이다(청소년 가출상담 시설, 쉼터 등 이후 사회복지관 등에서도 시행). 뿐만 아니라 '외국인 노동인력'은 IMF 이후 우리나라 노동계의 변동을 반영하여 사회복지계의 빠른 준비를 위해 재단에서 주제를 제시하였다. 그 외에도 '소액대출사업'은 가난한 사람을 위한 은행가 유누스 총재가 노벨상을 받기 전 우리나라에도 관련 제도 도입이 필요하다고 판단하여 제시한 주제였으며 지원금 자체로는 대출사업을 하기는 어려워 소액대출을 위해 필요한 시스템, 관련 복지프로그램 등을 지원하는 방향으로 사업의 초점을 두었다.

(4) 현장 실무자들의 원활한 정보교류(인적 네트워크 형성)

「작은나눔 큰사랑」은 사회복지 현장의 인적 네트워크를 형성하는 데도 큰 긍정적 영향을 미쳤다. 이와 관련하여서는 먼저 주제별 기관실무자 간의 관계형성을 지원하는 슈퍼비전 프로그램을 도입함으로써 국내 사회복지 현장에서는 사회복지사 개인의 역량에 많은 의존을 하고 있던 관행을 뛰어넘어 경험을 공유하는 장을 제공하였다.

또한 향후 10~20년 이후 사회복지계 리더로서의 역량을 형성하는 밑거름이 되었다고 해도 과언이 아니다. 해외연수 등의 역량강화 프로그램과 연계 시 보다 큰 시너지 효과를 나타내었으며, 국내 시행 시에도 가능하면 쉼과 회복을 함께 하는 실무자 워크숍을 개최하는 한편, 담당 실무자의 역량강화에 초점을 두고 삼성복지재단이 지원적 역할을 수행하는 데 주력해 왔다.

(5) 현장과 학계의 연결 고리역할

먼저 기획단계부터 지역 내 동원 가능한 전문가와의 연계를 독려하였다는 점에서 현장과 학계 간의 연계고리를 만드는 데 「작은나눔 큰사랑」이 매개적 역할을 수행했다고 볼 수 있다. 프로그램 담당자와 재단의 중간자적 위치에서의 행정적 슈퍼비전을 넘어 해당 프로그램 담당자가 사업을 기획할 때부터 지역 내 전문가 또는 교수를 연계하여 자문을 받도록 독려하였던 것이다. 아울러 해당 분야의 전문가를 발굴하고 현장과 연계할 수 있는 방안을 모색함으로써 사회복지 현장에서 학계를 등한시하는 경향을 극복하고 전문가를 찾아 자문을 구하는 등의 연결 매개 자극제로서의 역할을 하였다고 볼 수 있다. 대학에서는 한편, 사회복지 대학교육의 현실감을 강화하는 데 기여하였다고 볼 수 있다. 즉, 대학에서는 교수진들로 하여금 사회복지에 대한 현실적인 감각을 유지하고 살아 있는 현장 사례를 활용할 수 있도록 하여 생동감 있고 현장의 목소리와 내용을 반영한 대학교육이 되도록 기여하였다고 평가될 수 있다.

3. 아산사회복지재단 지원사업[2)]

1) 아산사회복지재단의 설립

삼성복지재단의 「작은나눔 큰사랑」이 프로그램 지원사업으로 최초의 지평선을 열었다면, 아산사회복지재단은 우리나라에 '복지'라는 단어가 생소했던 1977년 7월 1일 아산(峨山) 故정주영 회장이 '우리 사회의 가장 어려운 이웃을 돕는다', '질병과 가난의 악순환의 고리를 끊겠다'는 뜻으로 현대건설 창립 30주년이 되던 해에 현대건설 주식 50%의 출연에 기반해서 설립되었다. 그동안 아산사회복지재단은 의료사업과 사회복지사업, 장학사업, 학술연구지원사업, 아산상 및 아산의학상 시상 등을 통해 설립자의 뜻을 이어오고 있다.

2) 아산사회복지재단의 사회복지 지원사업

그중에서 사회복지사업의 시대별 특징을 살펴보면 크게 4단계로 나누어 볼 수 있다. 1단계는 1977년부터 1990년이다. 이 시기는 정부의 사회복지에 대한 예산이 넉넉하지 않아 사회복지시설의 대부분이 노후화되었음에도 기능보강사업 예산을 제대로 편성하지 못하고 있는 점에 착안하여 지원이 시급한 장애인 분야에 우선하여 생활관, 식당, 강당, 실습장, 의무실 등을 신증축하고 의료와 교육에

---

2) 여기에서의 내용 중 2007년 이전 내용은 아산사회복지재단(2007)의 내용을 재구성하였고 2008년 이후 내용은 아산사회복지재단(2022) 내부자료를 참고하였음.

필요한 기자재, 통학용버스와 순회진료용 차량을 주로 지원하였다.

2단계는 1991년부터 1999년이다. 1990년대 들어서면서 정부의 사회복지재정 지출이 빠른 속도로 확대되었을 뿐만 아니라 1980년대 후반부터 공공분야에서는 사회복지전담공무원이 배치되기 시작하였고 민간분야에서는 복지관이 지역사회에 설치·운영되기 시작하였다. 하지만 설치된 복지관에 대한 정부의 재정지원은 인건비와 부족한 관리운영비 정도였다는 점에서 여러 가지 사업을 하는 데 애로가 많았다. 이에 아산사회복지재단에서는 사회복지서비스의 전문성 향상과 다양한 복지욕구에의 대응 필요성에 착안하여 재가장애인에 대한 재활사업, 맞벌이 영세가정의 탁아사업을 지원하고 아동양육시설에서의 아동이 성장한 후 퇴소를 1년 앞둔 청소년을 대상으로 사회진출에 필요한 자격증을 취득할 수 있도록 관련 부대비용을 지원하는 데 초점을 두었다.

3단계는 2000년부터 2014년이다. 이 시기에는 IMF 외환위기 극복과정에서 국민기초생활보장제도가 도입되고 양극화에 따른 빈부격차 해소에 정부가 역점을 둔 반면, 사회적으로는 세계화의 물결에 따라 북한이탈주민, 외국인 근로자, 결혼이주여성이 급증함에 따라 관련 사회문제가 대두되는 흐름에 힘을 보태고자 이들의 사회적응 프로그램을 집중지원하고 아울러 시설종사자의 교육사업, 공부방 결식아동의 급식지원 및 산업체 견학, 푸드마켓 양곡지원, 독거노인 밑반찬 배달 등 전형적인 사각지대 해소를 위해 필요한 사업도 함께 병행해 나갔다.

4단계는 2015년 이후부터 지금까지의 시기이다. 이 시기에는 사회복지 프로그램 기획과 평가에서 이전과는 다른 새로운 질적 변화를 모색하게 되는데 아산사회복지재단에서는 지원방식을 '다수의 기관·단체에 대한 1회성 지원'에서 '중점 기관·단체에 대한 3년 장기지원'으로 변경하였던 것이다. 특히 발달장애인법 제정에 발맞추어 다른 기업복지재단에서 중점적으로 다루지 않았던 발달장애 분야에 대해 중점지원하여 발달장애인 자립지원에 필요한 지식과 경험을 쌓을 수 있는 발판을 마련할 수 있는 기회의 장을 열었다고 볼 수 있다. 아울러 취약계층의 자립을 위한 생산장비 지원과 취업교육, 사회복지시설 종사자의 역량강화, 독거노인 안부전화 봉사활동을 지원하는 노노케어, 사회복지시설 긴급

지원, 위기상황의 취약계층에 대한 SOS 복지지원 및 의료비 지원을 시행하고 있다.

이러한 4단계에 걸친 사회복지 지원사업의 전체적인 틀은 다음 표와 같다.

〈표 2-1〉 아산사회복지재단 사회복지 지원사업 발전단계

구분	1977~1990년	1991~1999년	2000~2014년	2015년 이후
주요 사항	• 재단 설립 당시에는 정부 예산 부족으로 노후 복지시설 증·개축과 의료 및 교육 기자재, 통학용 버스, 순회진료 차량 중점 지원	• 기존 복지시설 환경 개선과 더불어 복지수요변화에 맞춰 재가장애인 재활 및 시설퇴소아동 교육 지원 확대	• 사회복지 서비스가 다양해지고 질적 수준이 높아지면서 북한이탈주민, 외국인 근로자, 이주여성 등 새로운 복지수요자의 욕구 중점	• 다수 기관에 대한 1회성 생계지원에서 발달장애와 같이 사회적으로 이슈가 되고 장기적으로 파급 효과가 기대되는 분야에 장기간 집중 지원하는 방향으로 전환
지원 대상	• 장애인, 아동, 노인, 여성 생활시설	• 장애인, 아동, 노인, 여성 생활시설 및 복지관	• 장애인, 아동, 노인, 여성 생활시설 및 복지관 • 다문화센터, 푸드마켓	• 발달장애인 • 직업재활시설 및 복지관 • 자활센터, 협동조합
지원 내용	• 생활관, 식당, 강당, 의무실 등 신축 및 증축 • 버스, 물리치료 장비, 직업재활 생산장비, 교육기자재, 도서실 보수	• 생활시설 주거환경 개선 • 재가장애인, 아동 교육기자재, 장애완화 및 사회적응 프로그램	• 직업재활 생산장비 • 외국인 근로자, 이주여성, 북한이탈주민의 한국사회 적응 프로그램	• 발달장애, 취약계층 자립, 종사자 역량강화, 농어촌 노인 지원 • 위기상황의 취약계층 SOS 긴급지원
지원 예산	연평균 3억 원	연평균 3억5천만 원	연평균 20억 원	연평균 40억 원
지원 기관 수	연평균 47개 기관	연평균 48개 기관	연평균 202개 기관 ※ 2014년 : 402개 기관	• 중점지원 : 평균 10개 기관 • 일반공모 : 평균 80개 기관 * 이후 매년 축소하여 2022년 10개 기관
지원 금액	기관당 평균 590만 원	기관당 평균 720만 원	기관당 평균 1,000만 원	• 중점지원 : 평균 1억 원 • 일반공모 : 평균 1,500만 원

4. 벤처기부와 아산나눔재단 『파트너십 온』[3)]

1) 기존 패러다임에 대한 반성

삼성의 「작은나눔 큰사랑」의 시대가 저물 무렵, 기존 프로그램 지원사업에 대한 비판의 목소리는 점점 커져가고 있었다(이봉주 · 김진우 · 최명민 · 박혜경, 2016). 프로그램 참여자의 변화는 이끌어 낼 수 있지만 이러한 변화가 사회적으로 어떠한 함의를 줄 수 있는지가 불분명하다는 것이 핵심이었다. 물론 사업을 수행해 볼 수 있는 경험을 실무자가 쌓고 또 프로그램 참여자의 변화를 이끌어 내는 사업들이 전국적으로 많아지면 양질전환의 법칙에 따라 사회 변화에까지 이를 수 있다. 하지만 타 사회복지시설에 함의를 줄 수 있다 하더라도 애초에 타 기관의 벤치마킹을 염두에 두거나 사회적 확산을 의도한 사업 내용 및 규모가 아니다 보니 확산의 규모가 매우 제한적이었다.

한편 20여 년 전에는 일회성 지원에서 프로그램 지원으로 그 성격을 전환했다는 것만으로도 혁신적이었지만, 세월이 지나면서 '과연 이러한 지원규모와 방식이 실효적인지', '사회적으로 어떠한 함의를 가져오는지'에 대한 회의와 반성이 자연스럽게 일어나게 되었다. 비판의 지점은 1천만 원~2천만 원 규모를 대부분 단년도로 지원해서는 사회에 큰 영향력을 발휘하기 어렵다는 점, 사업수행기관의 역량이 강화되지 않는 한 어떤 한 사업을 수행했다고 해서 더 파급력 있는 사업을 수행하는 데에는 여전히 한계를 가질 수밖에 없다는 점, 그리고 지금은 열악하지만 성장 가능성이 큰 기관을 인큐베이팅 하기가 어렵다는 점 등을 들 수 있다. 벤처기부는 이러한 비판지점들을 폭넓게 수용하면서 새로운 대안을 제시하고 있다는 점에서 짧은 시간에 기존 패러다임을 흔들어 놓기에 충분했다고 평가할 수 있다. 다음에서는 이러한 벤처기부가 세계적으로 어떻게 태동했고 체계화되었는지를 살펴보고자 한다.

---

3) 아래 내용은 아산나눔재단(2015; 2016)의 내용 중 일부를 발췌하여 재구성한 것임.

2) 벤처기부 개념의 태동

'벤처기부(Venture Philanthropy)'라는 용어는 1969년 미국의 자선가 존 록펠러 3세(John D. Rockefeller Ⅲ)가 조세개혁법 제정을 위한 미 의회 청문회 자리에서 '인기는 없었지만 사회적으로 의미 있는 일에 대한 재원을 확보하기 위한 모험적인 접근'이라는 의미로 처음 사용한 것으로 전해진다. 그러나 이 용어가 주목받게 된 것은 1990년대 IT 벤처기업을 통해 성공한 젊은 기업가들이 좀 더 효과적인 기부의 방식을 모색하면서부터였다.

이들이 전통적인 기부 방식에 문제를 제기하고 도전하기 시작한 것이다. 기업이 행해온 전통적인 기부는 자선재단을 설립하여 취약계층을 지원하거나, 모금으로 자선활동을 하는 종교재단에 돈을 투척하는 정도였다. 전통적 기부는 좋은 일에 쓰일 자금을 제공함으로써 당장의 사회적 고통을 감소시키는 데 초점을 맞추었지만, 그 일을 수행하는 조직이 어떻게 운영되는지, 투입된 자금이 효율적으로 쓰이며 성과를 냈는지, 지원받은 조직이 사회문제를 해결하는 데 장기적으로 영향력을 행사할 수 있는 역량을 갖추었는지 등에 대해서는 상대적으로 큰 관심을 두지 않았던 것이 사실이다.

새로운 자선에 관심을 가진 젊은 벤처사업가들은 자신이 활용해 온 재원조달 방식을 자선사업에 적용하고자 하였다. 이들은 자신들의 기업경영 방식이 현재 자본주의 사회가 안고 있는 문제를 해결하는 데에도 유효하다는 믿음을 가지고 있었다. 이들은 자신들이 늙거나 생을 마친 후에 자기 이름만 내걸고 이루어지는 기부가 아니라 현재 가지고 있는 경영의 전문성을 가지고 사회문제의 해결과정에 스스로 참여하는 자선을 원했다. 전략, 혁신, 사회적 성과, 책임성의 신념과 가치에 기초한 새로운 부유층의 등장은 자선기부 및 이의 활용방식에도 큰 변화를 예고하게 되었다.

벤처기부 개념은 1997년 『하버드 경영리뷰(Harvard Business Review)』에 게재된 논문 「도덕적 자본 : 벤처자본가로부터 재단이 배워야 할 것들」을 통해 소개되었다.[4] 이 논문은 미국에서 자선사업에 기부된 엄청난 자금이 사회문제를 해결하는 데 실질적인 영향력을 미치는지에 대해서 의문을 제기하는 데서부터 시작한다. 벤처자본가들이 투자의 대상을 정하고 이 투자대상이 이익을 최대화하도록 지원하는 것과 유사한 방식을 자선에도 도입할 것을 제안하였다. 여기에는 현장심사, 위기관리, 수행평가, 관계에 대한 관리, 투자 기간과 투자액의 크기 결정, 출구전략의 모색 등을 포함하고 있었다.

시간이 가면서 벤처기부방식은 미국뿐 아니라 유럽, 그리고 아시아에서도 좀 더 효과적이고 전략적인 자선이 필요하다는 공감대가 확산되었다. 유럽에서는 2000년대 초반부터 영국을 중심으로 벤처기부 개념이 뿌리내리게 되었다. 민간 기업들은 2004년 유럽벤처기부협회(EVPA : European Venture Philanthropy Association)를 구성하고 벤처기부와 임팩트 투자를 확장하기 위한 공동의 노력을 기울이고 있다. 한편 아시아에서도 싱가포르를 중심으로 2011년 아시안벤처기부네트워크(AVPN : Asian Venture Philanthropy Network)가 결성되어 지금까지 운영되고 있다.

3) 벤처기부의 핵심내용

(1) 벤처기부의 특징

커밍스와 헤헨버거(Cummings & Hehenberger, 2011)는 벤처기부를 "사회적 목적조직(social purpose organizations)[5]에 대해 재정적, 특히 비재정적 지원을 제공하여 더 강력한 조직을 만듦으로써 그들의 사회적 영향력을 증대시키는 접근 방식"이라고 정의한다. 즉, 벤처기부의 주요한 특징은 공익활동을 수행하는 사회적 목적조직의 육성을 통해 사회적 목적을 이루려는 것이다. 즉, 벤처기부는 도움이 필요한 취약계층을 지원하는 목적을 달성하는 것만 아니라 장기적으로는 사회적 성과를 낼 수 있도록 지원하는 것을 핵심으로 한다. 이를 위해 벤처경영

4) Grossman, A., Appleby, S., & Reimers, C.(2013). Venture Philanthropy : Its Evolution and Its Future. www.hbsp.harvard.edu/educator.

5) 사회적 목적조직(SPO)은 자선기관, 비영리조직, 사회적 기업, 사회적으로 추동된 비즈니스 등을 포함하는 개념으로, 일차적인 목적을 출자자의 이익보다는 사회적 가치 실현에 두는 다양한 형태의 조직을 총칭하는 것이다.

방식을 사회적 목적조직에도 적용하게 되고, 이때 벤처기부는 사회적 목적달성을 추구하면서도 좀 더 전략적이고 비즈니스적인 가치를 사업에 연결시킬 수 있게 된다.

유럽벤처기부협회가 정리한 벤처기부의 특징은 다음과 같다.

- **고도의 관여** : 조직의 이사회 참여나 사업전략에 대한 관여. 실행과정에 대한 자문
- **맞춤형 재정지원** : 조직에 가장 적합한 방식으로 재정지원. 기부, 교부금, 대부, 보증, 회수를 전제하는 투자, 주식발행 등 다양한 재정지원 방식
- **다년간의 지원** : 3~5년의 지원. 조직이 재정적으로 자가발전할 수 있는 방법을 찾기까지 지속적으로 지원
- **비재정적 지원** : 전략적 기획, 마케팅, 커뮤니케이션, 실무코칭, 인적자원 등에 대한 조언 제공. 벤처기부조직이 가지고 있는 네트워크를 동원하여 다양한 투자와 자원 연결
- **조직의 역량강화** : 취약계층을 위한 사업비뿐 아니라, 조직의 역량과 장기적인 타당성 확보를 위해 소요되는 인적, 물적 인프라에 대한 비용도 제공
- **수행평가** : 사업 기획, 중간목표의 성취, 측정 가능한 산물, 재정적 책임성과 운영관리능력 등에 대한 평가에 근거하여 지원의 지속 여부를 결정하고 결과에 대한 책임성 요구

(2) 누가 벤처기부에 투자하는가(투자자 측면)[6]

벤처기부에 참여하는 투자자는 개인단위, 가족단위, 기업, 재단 등 다양할 수 있다. 유럽벤처기부협회는 예컨대 기업이 벤처기부에 참여하는 방식을 다음 세 가지로 제시한다.

---

6) 벤처기부에서는 전통적 자선에서의 기부자(donor)나 사업별 교부금 제공자(granter)라는 개념과 구분하여 투자자(inventor)라는 용어를 많이 사용한다. 그러나 벤처기부의 일차적 목적이 사회적 목적의 달성이라는 점에서 '투자'는 자본투자에 대한 이윤의 회수보다는 사회적 성과를 포함하는 의미로 보아야 할 것이다.

- **기업이 사회적 목적조직(social purpose organization)을 직접 지원하는 방식** : 기업이 특정한 지역사회와 강력한 연계를 맺고자 하거나, 벤처기부에 투입할 자금은 충분하지 않지만 프로보노 활동 등 지식 자본이나 사회적 자본을 더 잘 투자할 수 있을 때 주로 활용
- **이미 존재하는 벤처기부조직(VPO)에 투자하는 방식** : 기업이 이미 존재하는 벤처기부조직에 투자하거나 파트너십을 맺어 간접적으로 벤처기부활동에 참여하는 것이다. 벤처기부활동에 필요한 관리 비용을 줄이고, 투자 대상이 되는 사회적 목적 조직을 실사하거나 자금을 이전하는 데 들여야 하는 시간과 비용을 줄임으로써 자원을 효율적으로 할당할 수 있게 된다. 특히 사기업이 자체 내부에 시민사회조직이나 사회문제 해결에 대한 지식과 체계를 가지고 있지 않을 때, 벤처기부 활동에 참여하기 위한 초기비용을 들이지 않고 참여할 수 있게 하는 방식으로 활용될 수 있다.
- **별도의 벤처기부조직을 혼자서 또는 다른 기업과 함께 만드는 방식** : 새로운 벤처기부 조직을 만드는 것은 전일제로 일할 벤처기부조직의 직원, 사회적 부문에 대한 투자 지식, 장기적 계획 등에 시간과 자원을 충분히 할당할 수 있을 때 그리고 기업이 협력적인 문화에 기초하여 다른 많은 기업이나 협력 조직들을 참여시키고 연결할 수 있는 능력을 가지고 있을 때 적절한 방식이다.

벤처기부 투자자들이 보이는 경향은 서로 파트너십을 맺어 네트워크를 형성하는 것이다. 단독으로 벤처기부를 행할 수도 있지만, 공동투자나 기존 벤처기부조직에 투자하는 방식을 취하기도 한다. 투자자들 사이의 네트워킹은 단지 더 많은 자금을 모으는 데 도움이 될 뿐만 아니라 벤처기부의 지원을 받는 사회적 목적조직에 대해 더 다양한 비재정적인 지원을 제공하는 데에도 유용하게 작용할 수 있다. 예컨대 여러 기업의 다양한 경영의 노하우와 사회적 관계망이 사회적 목적 조직에 제공될 수 있는 것이다.

예컨대 미국의 워싱턴 DC 지역을 중심으로 하는 벤처기부 조직 Venture Philanthropy Partners는 저소득층 청소년의 삶의 기회 증진을 위해 활동하는 비영리조직들을

지원하는 youthCONNECT 사업을 수행한다. 이 사업은 워싱턴 DC 지역의 여러 재단이나 신탁회사들을 자금 제공자로 확보할 뿐 아니라 미국 정부가 조성한 사회혁신펀드(Social Innovation Fund)와 파트너십을 맺어 공적자금을 함께 투자한다. 또한 평가 전문가 등 컨설팅 조직을 참여시켜 비재정적 지원을 병행하고 있다.

(3) 누가 벤처 투자를 받는가

벤처기부의 지원대상은 사회적 목적조직(social purpose organization)이라고 불리는데, 이는 영리와 비영리 사이의 일련의 스펙트럼으로 설명될 수 있다. 사회적 가치창출을 일차적인 목적으로 하는 전통적 자선조직부터 재정적 가치창출을 일차적 목적으로 하는 전통적인 비즈니스 조직을 양극단으로 하는 스펙트럼을 가정한다면, 벤처기부의 지원대상이 되는 조직은 전 영역을 포괄하되, 재정적 가치창출만을 지향하는 전통적 비즈니스 조직은 제외한다. 즉, 재정적 회수가 어려운 전통적 자선기관들부터 재정적 가치창출을 추구하더라도 사회적 가치창출을 함께 추구하는 조직들까지를 투자처로 보는 것이다. 이는 사회적 목적 달성을 우선적인 목적으로 하는 벤처기부의 본질을 잘 보여준다. 다만, 혼합가치의 추구라는 전제 위에서 거래수익의 비율이나 분배방식은 다양할 수 있다.

사회적 가치 창출이 일차목적 ←— 사회적 가치와 재정적 가치의 '혼합 가치'를 창출할 수 있음 —→ 재정적 가치 창출이 일차목적

자선기관		수익을 창출하는 사회적 기업(수익을 창출하지만 이윤을 배분하지는 않음)			사회적으로 추동된 비스니스	전통적 비스니스
거래수익(trading revenue) 없음	거래수익과 교부금(grants)	잠재적으로 지속가능한; 수입의 75% 이상이 거래수익에서 나옴	손익분기의; 해당 기업의 수입은 모두 거래수익에서 나옴	이윤창출이 가능한; 그러나 잉여금을 배분하지는 않음	이윤을 배분하되, 사회적 미션에 따라 이윤을 배분함	이윤의 추구 -CSR 기업 -공익연계 마케팅기업 -전통적 기업

←— 임팩트 투자 – "사회적 벤처" —→

←— 벤처기부의 투자 – "사회적 목적 조직" —→

[그림 2-2] 벤처기부의 지원 대상

벤처기부의 투자처가 될 수 있는 조직은 발달단계 측면에서도 다양할 수 있다. 벤처기부는 신생조직뿐 아니라 성장단계에 있는 조직도 지원한다. 다만, 조직의 발달단계에 따라 조직의 욕구가 다를 것이므로 이에 따라 지원의 내용은 달라져야 한다. 예컨대, 신생조직의 경우 유능한 인적자본을 확보하고 조직운영 방식을 정착시키는 데 더 많은 투자가 이루어져야 하고, 성장단계에 있는 조직은 다음 단계로 도약할 수 있도록 하는 작업 인프라, 예컨대 재정과 회계를 효율화할 수 있는 관리시스템이나 생산시스템의 구축에 투자가 이루어져야 하는 것이다.

그러므로 벤처기부에서 투자처를 결정하는 데에는 조직이 영리성을 어느 정도 추구하는지, 생긴지 얼마나 된 조직인지가 중요한 것이 아니라, 벤처경영방식을 도입할 의지와 기본역량을 가지고 있는지가 더 중요하다. 즉, 사회적 성과를 내기 위해 스스로 혁신하고자 하는 동기와 의지가 있는 조직, 자신의 성과가 미치는 사회적 영향력을 측정하고자 하는 조직, 이 과정에서 발생하는 다양한 문제를 해결하고 조직 내외적으로 의사소통을 원활히 할 수 있는 역량을 가진 조직이 적격이다. 시민사회조직과 기업 간의 파트너십을 저해하는 요인으로서 이질적인 문화, 관점 및 동기의 차이, 비영리기관의 사업 역량 부족, 투명하지 않은 예산집행, 의사소통 역량의 부족 등이 존재하지만 이를 혁신하고자 하는 의지와 문제해결이 가능한 조직문화가 중요하게 간주된다(노연희, 2006; 방대욱 외, 2013).

(4) 무엇을 어떻게 투자하는가(지원의 내용 및 지원방식)

벤처기부의 지원내용은 재정적인 것, 비재정적인 것을 포함한다. 비재정적이란 조직의 합리적 운영과 사업 수행력을 높일 수 있도록 지원하는 지식자본과 벤처기부 조직이 가지고 있는 네트워크를 활용하여 지역사회의 다양한 자원을 연결해 주는 사회적 자본을 포함한다. 즉, 재정적인 지원뿐 아니라, 유사한 사업을 수행하는 조직들 간의 동료학습의 기회를 제공하는 것, 벤처기부의 종결을 전제하고 그 이후에 조직이 자생적으로 사업을 유지할 수 있는 역량을 기르도록 지원하는 것을 포함하는 것이다. 그 내용은 다음과 같다.

〈표 2-2〉 벤처기부의 지원내용

지원종류	핵심적 속성	범 위
재정적 자본	• 수년에 걸쳐, 조직의 거래액 중 상당히 높은 비율의 자금 지원 • 조직의 성장을 위해 필요로 하는 '핵심' 지출에 초점을 맞추어 조직의 능력 구축	• 회수를 기대하지 않는 교부금(grants) • '이윤 공유' 요소를 포함하는 교부금(정해진 수익 목표액을 초과하게 되면 수익의 일정 부분을 벤처기부 펀더와 나누기로 동의하는 형태) • 대부(은행 등 상업적 금융기관보다 다소 낮은 이율) • 자본금 또는 자본금과 유사한 방식(조직의 가치가 올라가면 이윤을 나누는 방식의 대부 등)
지식 자본	• 투자가 이루어지는 기간 동안 비재정적 지원 제공	• 비즈니스 계획, 전략, 마케팅에서의 자문 • 투자 이전 단계에 더 비중이 높을 수 있음 • 벤처기부 직원, 신탁대상자, 관계자, 전략적 파트너 또는 외부의 제3공급자에 의해서 제공 가능 • 정기적으로, '어쩌다가 한 번씩', 또는 매일 이루어질 수 있는데, 어쨌든 실제적인 차원에서 제공 • 벤처기부가 조직의 이사회에 공식적으로 또는 관찰자의 위치로 참여할 수도 있고 아닐 수도 있지만, 어느 경우이든지 이사회 참여와 비슷한 수준의 영향력 보유
사회적 자본	• 벤처기부 네트워크나 동료 벤처기부 조직으로부터의 추가적인 재정적 차입 또는 조언을 통한 지원 연결	• 공식적인 공동출자 계약일 수도 있고 비공식적인 펀딩, 프로보노 활동을 통한 기술적 지원, 또는 문제해결을 위한 다른 자원에 대한 접근성 제고 등 다양한 형태 가능

또한 벤처기부의 지원방식은 수행측정에 기초한다는 특징을 가진다. 사전에 동의한 단계별 성과목표치를 달성했는지를 비교적 객관적인 평가도구를 통해 판단함으로써 지원의 지속 여부를 결정하는 것이다. 이는 지원 종결 이후의 출구전략을 마련해야 한다는 절박함을 반영하는 것이기도 하다. 벤처기부가 비교적 장기적인 지원을 전제한다고 하더라도 그 지원이 영원한 것은 아니기 때문이다.

〈표 2-3〉 벤처기부의 지원방식

수행측정	벤처기부 펀드는 아직 초기의 발달단계에 있음. 몇몇 벤처기부조직은 상대적으로 발전하여 Balanced Scorecard 같은 수행평가도구를 마련하기도 하였음. 벤처기부 펀드는 수행에 기초하여 펀딩의 지속 여부를 결정한다고 함. 즉, 사전에 동의한 중간목표치(milestones)에 도달했을 때 펀드 제공을 지속하는 것
동료지원과 학습	벤처기부 펀드가 소규모 조직의 포트폴리오를 지원하면서 주기적으로 포트폴리오를 함께 검토함으로써 상호학습의 기회를 가짐. 이런 포럼을 통해 함께하는 모든 포트폴리오 조직들이 한 번에 기술적 원조를 받을 수 있는 통로를 만드는 것
연대의 기간과 출구전략	벤처기부는 집중적이면서도 시간제한적인 관여를 선호하며, 끝이 정해지지 않은 장기 펀딩은 아님

출처 : John, R.(2006). pp. 11－12.[7]에서 수정 인용.

4) 벤처기부의 적용 : 아산나눔재단 파트너십 온 사업[8]

벤처기부의 본래적 의미를 준수하는지의 여부를 떠나 사회적 목적조직에 대한 지원을 통해 영향력(Impact)을 제고시키려는 다양한 노력은 오래전부터 있어왔다. 2015년 1월 AVPN이 한국을 방문하여 「Venture Philanthropy Forum in Korea」에서 발표한 자료에 따르면 우리나라에서의 사회투자부문으로는 2000년부터 시작된 마이크로크레딧사업에서부터 벤처기부의 기원을 찾을 수 있고, ‘SOPOONG’이나 ‘D3Jubliee’와 같은 사회벤처자본이 임팩트 투자를 위해 등장하면서 본격화되었다고 보고 있다(기부문화연구소 블로그, 2015). 이 포럼에서 다수의 기관들이 자신의 경험을 나누었는데 방글라데시의 사회적기업에 투자하는 아름다운 가게, 사회혁신기금으로 11개 임팩트 투자를 하고 있는 크레비스, 사

7) John, R.(2006). Venture philanthropy : The evolution of high engagement philanthropy in Europe. Skoll Center For Social Entrepreneurship working paper.

8) 파트너십 온 사업은 2020년에 폐지되었다. 그럼에도 불구하고 이 책에서 상당한 분량을 할애하는 이유는 파트너십 온 사업방식의 일부는 나눔과 꿈 사업에 용해되었고 이 또한 일부는 아쉽게도 중단되었으나 우리나라 프로그램지원사업의 가까운 미래에 여기에 소개되는 다양한 사업방식이 차용될 것으로 기대되기 때문이다. 즉, 상당히 진보적이고 혁신적인 사업방식을 담고 있어 이 책을 참고하는 많은 민간복지재단들이 파트너십 온 사업방식을 벤치마킹하기를 바라는 마음이다. 그만큼 파트너십 온 사업이 중단된 것은 우리나라 프로그램 지원사업분야에서 패러다임 전환의 초석이 될 수 있는 기회가 그 싹을 틔우지 못했다는 점에서 큰 아쉬움을 남겼다.

회적기업에 채용될 직원에 대한 교육사업과 쉐어하우스 등 사회혁신 클러스터 조성사업을 하고 있는 루트임팩트, 사회적 기업에 대한 투자와 인재양성 그리고 임팩트 측정사업을 하는 SK행복나눔재단을 주요하게 손꼽을 수 있다.

이 포럼에 참여한 한국기관들은 벤처기부의 정신과 상당히 그 맥을 같이하고 있다. 재정적 출구전략에 대해 관심을 가지며 임팩트를 가시화시키기 위한 맞춤형 비재정적 지원을 아끼지 않는다. 하지만 이러한 기관들은 자신들의 수행사업이 벤처기부 정신에 입각해 있다는 점을 전면에 내세우지 않는다. 반면 아산나눔재단에서의 『파트너십 온』 사업은 벤처기부의 정신과 철학에 기초하였음을 밝히고, 사업수행 틀이 어떻게 벤처기부의 내용에서부터 연역되었는지를 자세하게 설명하고 있다. 이에 본 연구에서는 벤처기부의 실천사례로 볼 수 있는 아산나눔재단의 『파트너십 온』 사업을 집중적으로 살펴보고자 한다.

(1) 개관

2011년 10월에 설립된 아산나눔재단에서 벤처기부의 철학에 입각하여 2015년부터 시작된 사업의 공식명칭은 「파트너십 온(Partnership On) : 청소년을 지원하는 비영리기관 액셀러레이팅 프로그램」이다. 아산 정주영 현대 창업자의 '시련은 있어도 실패는 없다'라는 긍정적인 사고방식과 도전정신에 기반하여 실험하고 도전하는 사업의 매력에 방점을 두고 있다. 아울러 혁신을 꿈꾸는 기관, 꿈과 열정 그리고 성장 가능성에 초점을 두고 성장을 위한 발판을 마련해 주는 데 초점을 두고 있다(아산나눔재단, 2016).

뿐만 아니라 비영리기관의 사업뿐만 아니라 사업을 바라보는 기본 관점에서도 혁신성을 담보하려는 노력을 엿볼 수 있다. 예를 들면, 사업수행기관을 '혁신리더'라고 명명한다든지, 아산나눔재단이나 자문위원 등 관계자를 사업의 성공과 실패를 공유하는 파트너(Partners)로 부르는 등 '지원－수혜' 간 흔히 범하기 쉬운 상하적 위계관계를 탈피하고자 하는 의도적 노력을 엿볼 수 있다.

이러한 중요 컨셉은 모두 벤처기부방식의 철학과 가치에 기반해 있다. 재정적 지원뿐만 아니라 조직역량강화를 꿈꾸는 비재정적 지원의 중요성을 감안, 이중적 접근(dual approach)을 지향하며 파트너들과 혁신리더가 함께 논의하는 상생 네트워크이자 회의기구인 「VP Partners」를 두고 매월 논의를 하는데, 이는 벤처기부에서의 고도의 관여(high level of engagement)에 해당한다고 볼 수 있다.

(2) 공모과정

공모과정은 최종적인 사업수행기관을 선발하는 과정적 절차에 해당하지만 각 단계별로 진행되는 과정 및 과정 간의 연결 흐름에 있어서도 벤처기부의 정신과 기존 공모사업의 진행절차가 갖는 한계를 극복하기 위한 노력들이 녹여져 있다고 볼 수 있다. 다음에서는 그러한 공모과정의 진행절차별 세부내용을 살펴보고자 한다.

① 사업설명회

통상 기업복지재단에서의 사업설명회는 가장 큰 시장을 두고 있는 서울이나 수도권에서 진행되는 것이 일반적이다. 하지만 아산나눔재단에서는 충청, 경상, 전라, 제주 등의 지역에서 수행하는 청소년사업에 대한 발굴 및 사업취지에의 홍보 등 다각적인 이유로 각 지역별로 순회하면서 설명회를 개최한 바 있다.

② 제1차 투자신청서에 대한 심사

먼저 제1차 투자신청서에서 작성해야 하는 기본 내용을 살펴보면 크게 기관이해, 사업내용 및 수행방법, 혁신성과 위기관리, 2·3차년도 사업계획 및 사회적 영향력 등 네 부문으로 나누어진다. 이를 살펴보면 기관이해 그리고 사업내용 및 수행방법은 타 복지재단과 유사한 요구사항이라고 볼 수 있으나 혁신성과 위기관리, 사회적 영향력은 새롭게 아산나눔재단의 파트너십 온 사업에서 요구하고 있는 것이다. 물론 혁신에 대해서는 타 복지재단도 언급하는 경우가 있으나 혁신을 한다는 것은 어느 정도 미래의 확실성이 담보되지 않은 도전정신에 기반한 것이고, 그러한 도전을 하다 보면 예상치 못한 위험(risk)을 고려할 때 진정한 혁신의 개념을 포섭하는 것이라고 볼 수 있다.

③ 제2차 투자신청서에 대한 심사

제2차 투자신청서 작성은 제1차 신청기관들 중에서 최종 선정기관 수의 4~5배 정도로 압축한 후 진행된다. 제2차에서는 제1차의 내용을 보다 구체적으로 보여주는 것이 중요하다. 즉, 제시한 사업 아이디어를 실제로 어떻게 구현하겠다는 것인지에 대한 방법을 제시하면 이것이 얼마나 구체적인 고민과 체험에 기반한 것인지를 판단하겠다는 것이다. 그리고 이와 더불어 제2차 투자신청서 작성에 추가되는 것이 있는데 그것이 조직역량강화 부문과 재정적인 출구전략에 대한 부분이다.

조직역량강화를 강조하는 것은 결국 아산나눔재단이 단순히 그 기관이 수행하고자 하는 사업에 국한하여 투자하는 것이 아니라 비재정적 지원 등을 감안한다면 조직에 대한 투자라고 해도 과언이 아니다. 그런 의미에서 신청기관의 현재 조직상태를 어떻게 바라보고 있으며, 신청사업을 수행함에 있어서 어떤 부문의 역량이 보다 강화되어야 하는지에 대한 자기성찰의 깊이를 보겠다는 것으로 이해된다.

아울러 재정적인 출구전략을 요구하는 것은 어차피 3년간 지원의 상한이 정해져 있는 반면, 인건비 사용 등에 있어서는 기관의 현실 여건을 충분히 감안하고 있어 이 양자를 함께 고려하게 될 때 과연 사업을 수행하게 될 기관이 아산나눔재단으로부터의 재정적 지원이 중단되면 기존의 사업과 인력을 어떻게 유지・발전시킬 수 있을지에 대한 고민 또한 진지하게 모색되어야 한다는 측면에서 강조하고 있는 항목이라고 할 수 있다.

④ 현장심사

앞의 투자신청서 부문은 벤처기부정신에 입각한 파트너십 온 사업이라는 취지에서 보면 투자신청서 내에서 상대적으로 더 강조하는 부문의 내용을 중점 검토하겠다는 시그널(signal)에 해당된다면, 현장심사는 벤처기부에서 보면 고도의 관여(high level of engagement)와 관련이 있다고 볼 수 있다. 즉, 통상의 현장심사라는 것이 투자신청서상의 내용이 적절한지에 대한 확인 정도에 머무른다면 아산나눔재단에서는 적어도 2시간 이상의 면담을 통해 사업내용의 전반적인 배경이라든지, 조직 구조와 운영, 리더십 등 다양한 면에서의 조직에 대한 관심에 기반한 대화로 진행한다. 때로는 방문기관에서 고민하고 있는 바에 대해 상담하면서 필요한 자원과 연결해 주는 경우도 있어 현장심사가 특별한 간섭이라고 이해되기보다는 또 다른 측면에서의 컨설팅적 기능도 함께 내포하고 있는 것으로 이해될 수 있다. 현장심사의 순기능은 여기에서 그치지 않고 이후 면접심사를 하기 전에 현장심사를 통해 얻어진 정보를 기반으로 심사대상기관에 대한 폭넓은 이해에 기반하여 면접심사를 진행할 수 있다는 이점을 수반한다.

⑤ 면접심사

면접심사는 사업신청기관의 프레젠테이션으로 시작된다. 한편 면접심사에 이르기까지의 심사과정에서 관여하는 심사위원은 제1차 투자신청서에 대한 서면심사에서부터 거의 동일성을 유지하고 있어 면접심사 때의 질문을 통한 관여수준이 매우 높은 편이다. 현장심사를 통해 얻어진 정보에 기반하여 사업수행에의 의지, 수행희망사업에 대한 이해 정도, 벤처기부에 대한 사전이해 정도 등에 대해 폭넓은 대화[9]가 이루어진다.

이때 특이한 것은 면접심사가 면접대상기관에 국한하지 않고 제2차 투자신청서를 제출하였던 기관은 모두 희망하면 면접심사에 옵저버로 참여할 수 있도록 하여 비영리기관에게 또 다른 배움의 기회를 가질 수 있도록 그 기능을 다기화한 것이다. 이러한 면접심사를 통해 얻어진 정보에 기반하여 심사위원회를 열어 최종 사업수행후보를 선정하게 된다.

9) 예를 들면, 제1차년도에서는 1박 2일로 진행하면서 프레젠테이션의 퍼포먼스 성격이 갖는 한계를 극복해 보고자 노력했으나, 시간 및 비용적 한계 때문에 이후 하루 동안이라도 충분한 시간을 확보하는 방향으로 전환되었다.

(3) 선정 후 지원과정

최종기관으로 선정되어 혁신리더가 되면 재정적으로는 한 해에 2억 원[10)]을 지원받게 되며 이와는 별도로 혁신리더기관의 조직역량강화를 위해 약 3천만 원 정도의 부가적 지원을 받았다. 물론 이러한 비재정적 지원인 3천만 원은 사업수행에 직접적으로 투입되는 예산은 아니며 아산나눔재단의 개입을 통해 조직이 필요로 하는 부문에 대한 컨설팅을 가장 적절하게 제공해 줄 수 있는 업체나 기관을 연결시켜 필요한 도움을 받을 수 있도록 하고 있다.

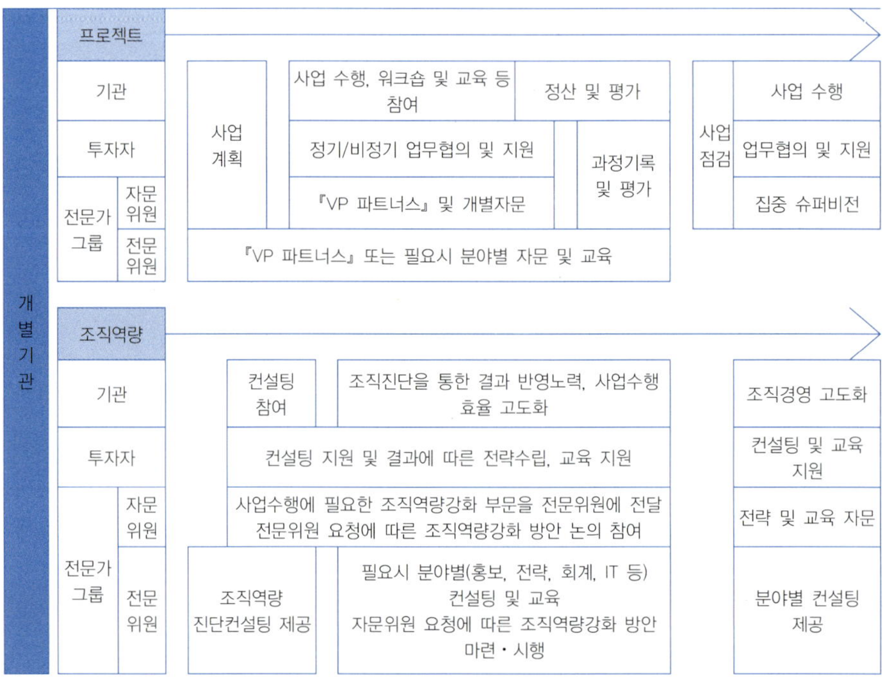

[그림 2-3] 아산나눔재단 『파트너십 온』 사업 지원체계

출처 : 아산나눔재단(2016).

아산나눔재단은 1년 중 상반기에 어느 정도 사업수행의 진전이 있을 것인지와 관련하여 혁신리더와 상호 약속하는 내용을 마일스톤(milestone)이라 부르고 이

10) 1차년도 지원기관은 2억 원이 아니라 1억2천만 원을 지원받았는데, 이는 전체적인 심사과정이 종료되고 사업에 착수하게 된 시점이 2015년 6월이기 때문에 7개월치 사업예산으로 계산되었다.

의 달성 정도에 따라 하반기에 지원하는 사업예산을 조정하고 있다. 아울러 매년 사업성과를 평가하여 차년도 지원여부와 지원 시 어떤 사업부문에 어느 정도 예산을 투입할 것인지에 대해 논의하게 된다.

(4) 지원실적

파트너십 온 사업은 청소년기관 중에서 2015년에는 7개를, 2016년에는 3개의 혁신리더기관을 선정하여 각 기관당 2억 원을 지원하고 있다. 지원받은 기관의 사업내용과 그 특징을 중심으로 살펴본 현황은 다음 표와 같다.

〈표 2-4〉 아산나눔재단 『파트너십 온』 사업 혁신리더기관 사업 주요 특징

연도	기관명	주요사업내용	특 징
2015	세상을 품은 아이들	6호 이상 보호처분을 받은 청소년들의 생활공간을 제공하고 이들의 자립을 도모	퇴소청소년에 대한 맞춤형 서비스 제공
	드림터치포올	교육격차를 해소하기 위해 교육자원봉사자를 교육시켜 저소득계층 청소년의 수학 성적 향상 도모	교육봉사자에 대한 교육 내실화, 교육코디네이터를 통해 기존 타 봉사자와의 차별성 담보
	세움	수용자 가족에 대한 지원	수용자 가족에 대한 체계적인 관심과 지원 그 자체
	성모마음	학교 내 왕따·따돌림에 대한 의사, 심리치료사, 사회복지사 등의 다학제적인 접근	왕따·따돌림에 대한 다학제적인 접근 그 자체
	동녘지역아동센터	초등부터 고등까지 연속적 돌봄을 제공하고 이들을 위한 센터-부모-졸업생-지역사회 간 선순환공동체를 구성	연속적 돌봄과 선순환공동체 구성
	해솔직업사관학교	탈북청소년에 대한 기초교육과 기술교육 제공	탈북청소년에 대한 맞춤형 기술교육
	자오나학교	한부모 청소녀에 대한 돌봄과 교육의 통합적 제공	한부모 청소녀에 대한 돌봄공간과 교육체계를 한 공간에서 동시에 제공

2016	우리들의 눈	시각장애학생에 대한 미술교육 및 일반 대중의 인식전환 도모	시각장애학생에 대한 미술교육의 가능성 지평을 여는 것
	십대여성 인권센터	온라인상의 성매매청소년 차단을 위한 동료상담 및 법개정운동 지원	온라인 또래 상담
	학교	저소득 청소년에게 IT와 예술을 결합한 컨텐츠 교육	IT와 예술 결합 교육 컨텐츠
2017	DTS 행복들고나	경계선 지능 청소년 대상 위탁형 대안학교로 국내 최초 경계선 지능 청소년에 특화된 예술통섭 프로그램 제공	경계선 발달장애에 대한 예술교육을 통섭적으로 실시
	레인보우 희망재단	저소득 비행·장애·탈북·다문화 등 위기 청소년을 대상으로 스포츠(야구) 프로그램을 운영하며 이를 통해 청소년 사회성 향상 및 성장 지원	여러 위기청소년이 함께 야구를 하면서 어려움을 극복하는 컨셉
	코드클럽한국 위원회	영국 라즈베리파이재단에서 제공하는 무료 소프트웨어 교육을 진행하며, 선진화된 소프트웨어 교육환경 마련을 위한 최적의 커리큘럼으로 단계적 교육 시행	초등학생부터 보편화되는 코드 교육에의 접근성 애로 해소
	피치마켓	발달장애인 정보 소외 극복을 위한 책 제작 및 독서 동아리를 운영하며, 발달장애인을 위한 책 제작, 독서 동아리 운영을 통해 장애·일반 학생 통합교육 시행	독서를 매개로 정보접근성 제고 및 장애 및 비장애 청년 간 상호 소통 증진

5) 아산『파트너십 온』사업과 기존사업의 비교

이러한『파트너십 온』사업이 메트라이프코리아, 아산복지재단, 삼성복지재단의 사업과 어떤 차이를 보이고 있는지를 살펴보면 다음 표와 같다. 먼저 전자는 조직의 성장 가능성과 사업의 혁신성에 초점을 두고 사회적 영향력과 재정적인 출구전략에 관심을 보이는 반면, 후3자는 차별화된 콘텐츠와 성공 가능성에 주목한다. 전자는 조직의 역량강화에 초점을 두면서 재단·자문위원·전문위원·혁신리더의 운명공동체적 성격을 강조하는 반면, 후3자는 자문교수의 컨설팅과 워크숍에 치중하면서 조직역량강화의 중요성에는 상대적으로 관심이 낮다.

〈표 2-5〉 아산나눔재단 『파트너십 온』 사업과 기존사업 수행방식의 차이 비교

<table>
<tr><th>단계</th><th colspan="2">비교준거</th><th>아산 파트너십 온</th><th>기존 사업</th></tr>
<tr><td rowspan="5">선정
단계</td><td rowspan="2">주요
선정
기준</td><td>조직</td><td>• 성장 가능성</td><td>• 신뢰할 만한 기관</td></tr>
<tr><td>사업</td><td>• 혁신성
• 위험관리
• 출구전략
– 사회적 영향력
– 재정적인 출구전략</td><td>• 사각지대 해소
• 새로운 접근방법</td></tr>
<tr><td colspan="2">지원기간</td><td>• 최대 3년
– 큰 문제 없으면 매년 연장</td><td>• 1년
– 우수하면 매년 연장
– 최대 3년</td></tr>
<tr><td colspan="2">기관당 지원규모</td><td>• 2억</td><td>• 1,000~10,000만 원 정도</td></tr>
<tr><td colspan="2">예산편성의
자율성</td><td>• 자율적
– 인건비 편성 가능
– 임대료 편성 가능
– 리모델링비 편성 가능</td><td>• 직접사업비에 집중
– 인건비 편성 제한적
– 임대료 편성 제한적
– 리모델링비 편성 제한적</td></tr>
<tr><td rowspan="7">선정
후
지원
단계</td><td colspan="2" rowspan="3">용어 차이</td><td>• 혁신리더</td><td>• 기관장</td></tr>
<tr><td>• 혁신리더기관</td><td>• 사업수행기관</td></tr>
<tr><td>• 파트너</td><td>• 재단</td></tr>
<tr><td colspan="2">고도의 관여</td><td>• 매달 1회 VP Partners회의
– 재단
– 자문위원(사업담당)
– 전문위원(조직역량강화담당)
– 혁신리더
• 1년에 총 3회의 워크숍</td><td>• 자금제공기관과의 정기적인 만남은 워크숍 때
– 선정된 프로그램에 대한 자문교수의 컨설팅 위주</td></tr>
<tr><td colspan="2">비재정적 지원</td><td>• 조직역량강화 강조
– 전문위원을 배치
– 조직컨설팅용 예산 3천만 원을 2억 원과 별도로 책정・지원</td><td>• 조직역량강화 지원 부재</td></tr>
<tr><td colspan="2">중간진행과정
점검</td><td>• 구체적인 마일스톤(milestone)으로 요구
– 미흡 시 하반기 예산지원 조정에 반영</td><td>• 형식적인 중간모니터링</td></tr>
<tr><td colspan="2">기대효과 수준</td><td>• 성과(outcome)
• 사회적 영향력
• 재정적인 출구전략 마련</td><td>• 성과(outcome)</td></tr>
</table>

6) 공모지원사업에의 VP 적용에 따른 쟁점 및 과제

(1) 대상선발 : 성장 가능성과 출구전략 판단

일반적으로 민간복지재단이 신청사업을 선정할 때 크게 두 가지를 살펴본다. 첫째는 그 기관이 이 사업을 제대로 수행할 수 있는가이며, 둘째는 신청사업 내용이 얼마나 매력적인가다. 후자가 핵심이지만, 사업수행은 일종의 예술(art)이며 누가 하느냐에 따라 사업의 진척 정도나 질이 달라지기 때문에 전자 또한 선정과정에서 중요하게 다루지 않을 수 없게 된다.[11)]

먼저 기관의 적합성이다. 민간복지재단은 자신의 운영철학에 부합하는, 사업을 잘 수행할 수 있을 것으로 예상되는 사회복지기관을 선발하고 싶어 한다. 하지만 사회복지기관이 지원기관의 지향방향을 정확하게 이해하고 있는지, 사업수행능력을 충분히 갖추었는지를 복지재단이 정확하게 알기란 쉽지 않다. 정보의 비대칭성이 존재하기 때문이다. 리더십이 좋은지(지휘부와 수행부 간의 알력은 없는지), 예산구조가 튼튼한지(명시적인 융자뿐만 아니라 객관적으로 드러나지 않는 부채는 없는지) 등에 대한 사회복지기관의 정확한 실정을 민간복지재단에서는 제대로 알기 어렵다. 이러한 한계를 극복하기 위해 복지재단에서는 흔히 객관적인 지표를 통해 드러나는 정보로 판단하게 된다. 그러므로 기관의 규모, 기관의 공신력, 이사회 및 운영위원회 구성 내용, 유사사업 수행경험 등에 관한 정보를 요구하게 된다. 그렇다 보면 결국 '좋은 기관이 좋은 사업내용을 구상하면 이에 지원하겠다'라는 논리로 흐르게 되고, 많은 경우 상대적으로 규모가 큰 각종 복지관이나 협회가 지원을 받을 확률이 높아지게 되는 것이다. 그렇게 되면 대외적 인지도가 높은 사회복지기관이 정보거래과정에서 유리한 고지를 점하게 된다.

하지만 벤처기부의 시각에 따르면 평판이 좋은 사회복지기관보다는 규모나 인력 면에서 지금은 취약하지만 앞으로 지원을 통해 성장할 수 있는 가능성이 큰 사회복지기관을 주목하게 된다. 그렇게 되면 남겨진 과제는 성장 가능성이

---

11) '프로그램 기대효과수준'이란 doner가 산출(output), 성과(outcome) 또는 사회적 영향력(social impact) 중 어디까지를 donee한테 요구하는지를 의미한다.

있는지를 어떻게 판단하는가이다. 이는 기대확률을 예측하는 것과 같다. 미래를 경험해 본 자가 아니면 선정된 사회복지기관이 미래에 성장할 것인지를 정확하게 예측하기는 불가능하다. 기대확률값이 실제 값에 유사하도록 하기 위해서는 신청기관에 대한 정보를 정확하게 파악해야 하고 아울러 성공요소를 맹아적 형태라도 잉태하고 있는지를 살펴봐야 한다.

이를 위해 아산나눔재단은 신청기관을 직접 방문해서 2시간 넘게 인터뷰를 진행한다. 기관장은 어떤 문제의식을 가지고 있는지, 현실을 어떻게 인식하고 있는지, 성장을 위한 발판과 동력이 무엇이라고 생각하는지, 그 기관이 얼마나 이를 보유하고 있으며 미래를 위해 무엇이 얼마나 필요하다고 생각하는지, 또 어떤 꿈을 꾸고 있는지, 아산나눔재단에 기대하는 바가 무엇인지, 재단의 지원이 기관에게 어떤 의미를 지니는지 등에 대해 깊이 있게 이야기를 나눔으로써 미래의 성장 가능성을 판단하게 된다. 더불어 2015년도 당시 사업수행기관을 선정할 때는 1박 2일로 진행하여 같이 생활해 보면서 서로에 대한 정확한 이해를 도모하고 오해를 최소화하기 위한 노력을 기울이기도 한다.

둘째로 사업내용의 매력이다. 통상 기존 지원방식에서는 대상이 새롭거나, 대상이 유사하더라도 접근방법이 차별적일 때 매력적이라고 이해된다. 자금을 지원하는 재단 입장에서는 전국적으로 또는 대다수의 사회복지기관이 이미 수행하고 있는 사업에 대해 지원해서 얻어지는 결과물에 대한 사회적 의미가 크지 않기 때문이다. 그런데 아산나눔재단에서는 사업내용의 매력이라는 것을 출구전략과 연결시켜 판단하고 있다. 출구전략은 사회적 영향력과 재정적인 출구전략으로 나뉜다. 사회적 영향력은 이 사업을 수행해서 당해 사업참여자에 대한 변화를 도모하는 것 외에 사회적으로 어떠한 파급효과가 있는지를 따져보는 것이다. 즉, 타 기관에서 동 사업을 벤치마킹하려는 욕구가 생기거나, 지역사회가 이 사업을 유사기관들 모두 동참하도록 지역사회정책으로 전환하거나 국가적으로 법령개정 등을 통해 사업을 확산시키려는 노력이 일어나는 것을 말한다.

한편 재정적인 출구전략이란 사업수행기간 동안에 재정을 추가적으로 확보할 수 있는 역량을 강화시키고 실제 재정확보 실적을 쌓아 이후 아산나눔재단으로부터 재정지원이 중단되더라도 계속 사업을 수행할 수 있는 여력을 갖는 것을 의미한다. 즉, 사업내용의 매력이라는 것은 당해 사업에 참여하는 자의 의미 있는 변화 외에 사회적 영향력을 발휘할 수 있는 토대를 형성하거나 재정적인 출구전략을 마련할 수 있는 준비나 구상이 확고한 것을 포함하고 있다. 이와 더불어 위험관리(risk management)도 중요하다. 도전적이고 새로운 영역에 대한 개척은 불가피하게 예상치 못한 위험에 직면하게 될 확률을 높이게 된다. 이러한 위험에 대해 어떻게 대응할 것인지는 출구전략 구상에 못지 않게 중요하며 이러한 내용들이 함께 마련될 때 사업내용의 매력도는 높다고 판단된다.

문제는 신청기관이 얼마나 벤처기부방식을 잘 이해하고 있고 출구전략과 그에 따른 위험관리요소를 얼마나 구체적으로 고민하는가이다. 위험관리, 출구전략 등의 용어가 아직까지는 사회복지기관들에게 낯설고 관련 개념들과 내용을 이해하지 못한 상태에서 투자신청서를 적고 있는 사례가 많기 때문이다. 나아가 세월이 지나면 이러한 개념과 내용에 대해서는 익숙해지겠지만 공모방식을 통해 재단과 사회복지기관들 간의 정보의 비대칭성을 극복할 수 있겠는지에 대한 의문은 여전히 남는다. 실력 있는 신청기관을 짧은 선발과정을 통해서는 제대로 스크린하는 데에 한계가 있기 때문이다.

그럼에도 방법을 찾자면 두 가지를 들 수 있다. 첫째는 현장심사를 보다 강화하는 방법이다. 현재의 현장심사 방식도 타 복지재단에 비해서는 상당한 시간과 컨설팅적 기능을 함축하고 있다. 그러나 그렇게 하더라도 신청기관에 대한 이해관계자들의 다각적인 이해를 모두 구하기 힘든 형편이고 짧은 기간 동안에 신청기관의 지배구조 등 사업수행상에 걸림돌이 될 수 있는 소지를 파악해 내는 것은 여전히 쉽지 않을 것이라 생각된다.

둘째는 공모방식이 아니라 발굴방식에 무게중심을 두는 것이다. 즉, 어떤 기관이 혁신적인 아이디어를 가지고 사업을 수행하고 있고, 실제 그 기관을 둘러싼 정보가 어떻게 형성되어 있는지를 알아나가면서 검증하는 데는 보다 많은 시간이 필요하기 때문이다. 아울러 주변에서 다양한 경로를 통해 추천해 주어야 하는데 추천 및 그에 따른 후속조치가 제대로 이루어지기 위해서는 1년 내내 후보기관 발굴에의 상시가동체계가 필요하다고 본다. 그러므로 앞으로는 선발대상기관의 모집단을 추정하고 이들에 대한 정보를 지속적으로 시계열적으로 축적하면서 제3자에 의한 평판이 좋고 벤처기부정신에 적합하다고 판단되는 기관에 대한 모니터링 시스템을 갖추는 것도 한 방법이다.

(2) 예산편성의 자율성 허용범위

아산나눔재단은 지원된 예산의 사용에 대해서는 지원기관의 형편과 사업내용에 맞게 구성하려는 당해 기관의 요구를 최대한 인정하고 있다. 이러한 방식이 일반적인 것은 아니다. 많은 경우에는 기관의 인력과 공간은 주어진 환경으로서 고정된 것으로 두고, 그 범위 안에서 사업비를 구성하는 것으로 제한된다. 물론 지원금 안에서 인건비 사용을 허용하는 복지재단도 있지만, 이 또한 지원금 내에서 일정 비율 이상을 넘지 않도록 제한되는 경향이 있다.

하지만 예산편성의 자율성을 어디까지 허용할 것인지가 논란이 될 수 있다. 가장 적합한 예산편성비율이 무엇인지에 대한 지원기관의 주관적인 판단을 객관화시키기가 쉽지 않기 때문이다. 그렇다고 기준의 부재를 이유로 지원기관이 요구하는 대로 인정하기도 곤란하다. 재단과 혁신리더기관이 어떤 것이 더 바람직한지를 두고 관점이 다를 수 있기 때문이다.

대표적인 경우는 「현실적 애로 해소」와 「재정적인 출구전략 마련」 간의 긴장이다. 예를 들어, 혁신리더기관에서 편성한 인건비 비율이 높을 때, 재단은 인건비 편성의 불요불급성에 대한 재검토를 요구할 수 있다. 3년 뒤 충분한 출구전략을 마련하지 못하면 채용된 인력은 해고될 가능성이 높고 그에 따라 사업수행 동력을 잃게 될 것이기 때문이다. 반면 혁신리더기관의 입장에서는 새로운 사업을 제대로 수행하기 위해서는 신규 인력의 영입을 고려하지 않을 수 없다. 즉, 장기적인 관점에서는 부담스러운 신규인력채용이 합리적이지 않다는 것을 이해

하더라도, 이미 부족한 인력으로 겨우 지탱해 온 비영리조직의 입장에서는 사업비 2억의 예산을 사용하는 데는 인력운용에의 부담이 가중되는 현실 때문에 신규채용 없이는 폭넓은 행보를 하기가 어렵다고 생각하는 것이다.

따라서 벤처기부에 따른 지원에서는 투자자가 혁신리더기관의 이사회에 이사의 자격으로 참여하여 각종 주요 의사결정에 '관여(engagement)'하게 되는 것이다. 이것이 '간섭'이 아니려면, 투자자 자신이 책임 있는 자세로 이사회에 참여해야 하며, 미래를 대비하여 재정적인 출구전략을 짜는 데 있어서도 주인의식을 가지고 임해야 한다. 무엇이 바람직한가라는 원칙적 기준이 필요할 때도 있지만, 내가 당사자(stakeholder)로서 어떤 결정을 내릴 것인지에 대한 진지한 고민이 문제해결방법을 빨리 찾을 수 있는 지름길일 수 있다.

그러나 우리나라의 사회복지법인, 사단법인은 서구에 비해 다소 사유적 성격을 가지고 있다(김진우, 2015). 투자자가 재정을 지원한다는 이유로 이사회 구조나 주요 결정을 바꾸는 개방성을 갖기 어렵다. 파트너십 온 사업에서도 마찬가지다. 지원에 따른 대가로서 이사회에 참여하는 것이 이점보다는 법인 운영에의 부당한 간섭으로 간주될 가능성이 높다. 현실적으로는 아산나눔재단이 사업설명회 때 '예산편성의 자율성'이라는 원칙과 함께 실제 운용에서의 '예산편성의 합리성'이 요구된다는 것을 사전에 명확하게 제시할 필요가 있다. 즉, 예산편성의 이유와 논리가 아산나눔재단이 추구하는 벤처기부의 원칙과 철학에 부합하는지에 대한 혁신리더기관의 소신과 논거가 명확해야 함을 요구하고, 그 소신과 논거가 마일스톤에 반영되어야 하며 마일스톤에 의한 상호약속이 지켜지는 과정에서 예산편성의 자율성과 합리성을 계속 유지할 것인지를 판단하는 시스템을 구성하는 것이 바람직하다고 본다.

(3) 비재정적 지원의 실효성 문제

비재정적 지원은 벤처기부방식의 핵심이다. 사실 비재정적 지원의 시작은 삼성복지재단의 「작은나눔 큰사랑」에서 이미 시작되었다. 1992년부터 시작된 작은나눔 큰사랑 사업은 사업수행기관에 대해 자문교수를 배치하여 사업수행과정에서 필요한 조언을 얻고 충분히 상의하면서 사업을 진행할 수 있도록 하여 당시 타 공모사업 지원방식과의 차별성을 보여주었다(김진우, 2012). 그 후 메트라이프 아동복지재단 등 여러 복지재단들이 자문교수 제도를 도입하여 사업수행기관들이 겪을 수 있는 어려움을 최소화하도록 지원하고 있다.

하지만 아산나눔재단의 비재정적 지원방식은 기존의 비재정적 지원과도 상이한 점이 있다. 사업수행기관에게 자문교수를 배치하는 것이 당시의 획기적인 방식이었다면, 아산나눔재단은 자문교수뿐만 아니라 조직 전반의 성장을 도모하는 비재정적 지원을 부가적으로 구상했다. 즉, 조직을 진단할 수 있는 자체적인 평가도구인 ACT4VP를 개발하고 이를 활용하여 현재의 조직상태를 진단하여 리더십, 회계관리, 조직 및 인사관리 등 제반 분야에 있어 부족한 역량 중 시급성과 중요성을 가지는 부문에 대해서는 추가적인 재정투입을 통해 해당 역량을 갖추도록 한다는 것이다.

여기에는 사업의 성공적인 수행도 중요하지만 앞으로 이 조직이 사회적 영향력을 미치는 혁신적인 사업을 지속적으로 수행하기 위해서는 수행 조직의 역량이 강화되고 체질이 개선되어야 한다는 벤처기부의 관점이 녹아 있다. 그러나 문제는 이러한 비재정적 지원의 취지와 의미에 대해 사업수행기관이 얼마나 이해하고 있으며 또 이러한 비재정적 지원이 사업수행에 어떻게 도움이 되도록 할 것인가이다.

여기에서 현재 사업수행기관 가운데 기관의 전체 연간사업예산이 2억 원보다 더 큰 경우가 많지 않다는 점에 주목할 필요가 있다. 지원사업을 수행하는 것 자체가 기관 전체에서 차지하는 비중이 크고 그에 따른 부담감은 적지 않은 상황에서, 재정지원 첫 해부터 조직진단에 이은 비재정적인 컨설팅과 그의 후속조치를 이해하고 이를 수행하는 것은 심리적으로나 시간적으로 큰 부담이 된다. 더군다나 사업수행에 모든 감각이 집중되어 있는 상태에서 조직진단에 따른 조직역량강화사업은 부가적인 숙제를 감당해야 하는 느낌으로 다가오는 것이다.

이렇게 되다 보면 누구를 위한, 무엇을 위한 조직역량강화사업인지 혁신리더기관이 겪는 혼동은 불가피한 것처럼 보인다. 그렇다면 이슈는 비재정적인 지원을 통한 조직역량강화사업이 1차년도에는 왜 필요하고, 그것이 사업수행에 어떤 도움이 되는지, 3년 후 재정지원이 중단되더라도 강화된 조직역량에 기반하여 사업수행을 보다 원활하게 추진할 수 있을지에 대한 명확한 논리적 연결고리와 청사진이 필요하다. 이런 점에서 아산나눔재단은 사업의 연차적 진행과 지원 연도별 강조점을 구분해 볼 필요가 있다. 즉, 1차년도의 조직역량강화사업이 2차년도 사업수행에 어떤 영향을 미치는지, 전반적인 조직역량강화의 로드맵 속에서 조직역량강화를 위한 노력이 왜 지금 이 순간에 이루어져야 하는지에 대한 공감대를 형성할 필요가 있다.

비재정적 지원과 관련해서 부가적으로 논의해야 할 바는 선정 당시의 조직 성격과 수준에 대한 것이다. 3년이라는 제한된 시간 내에 사회적 영향력까지 이끌어 내야 하기 때문에 사업내용이 매력적이라 하더라도 걸음마 단계에 있는 조직을 선정하는 데 따른 위험부담이 있다. 즉, 수행할 사업에 대한 사회적 공감대와 내부적 합의가 있다 하더라도 조직이 갖는 역량의 한계가 매우 큰 경우 이를 인큐베이팅하고 액셀러레이팅하는 데 있어 3년이라는 시간이 부족할 수 있다. 그렇기 때문에 3년 내에 사회적 영향력을 거두기 위해서는 조직운영수준이 그나마 일정 수준 이상이어야 한다고 생각할 수도 있다. 비유하자면 미적분까지 배우기 위해서는 적어도 2차 함수 정도는 알고 있어야 하는데 사칙연산조차 제대로 못한다면 기한 내에 목표를 달성하기 어렵게 된다. 그러므로 기관장의 리더십, 업무분담 및 운영체계, 수행사업분야에의 헌신, 부채 등 재무구조 등을 복합적으로 판단하여 제한된 시간 내에 요구되는 성장을 이룰 수 있는 기관 선발이 다시금 중요할 수밖에 없다.

(4) 사회적 영향력 여부 판단 문제

출구전략으로서의 사회적 영향력을 확보하는 것은 기존의 복지재단들이 지향하는 바와는 큰 차별성을 갖는다. 하지만 사회적 영향력이 제대로 발휘되게 하는 데에는 몇 가지 고민이 뒤따른다.

첫째는 3년 내에 사회적 영향력이 생기겠는지이다. 사회적 영향력이 있는지의 판단은 3년의 시간이 모두 종료될 시점에서 이루어진다. 즉, 당장 사회적 영향력이 있는지를 판단할 수 있는 것이 아니라 3차년도 지원 이후에서부터 종료 시점까지의 기간이 사회적 영향력을 판단할 수 있는 시기이다. 물론 1차년도나 2차년도가 사회적 영향력과 무관한 것은 아니다. 즉, 사업 설계 단계부터 이 사업이 사회적으로 어떤 긍정적인 영향을 미칠 것인지가 고려되고 이를 위한 준비가 1차년도부터 시작될 수 있다. 그러나 3년이 사회적 영향력을 발휘하게 하기에 충분한 시간인지는 자신 있게 말하기 어렵다. 벤처기부정신에 따른 재정지원은 최소한의 기간이 3년이다. 3년은 벤처기부정신에 입각한 사업이 출구전략을 마련하고 이를 사업구조에 녹여내는 데 필요한 최소한의 시간이지 충분한 시간을 의미하지는 않는다. 그렇기 때문에 벤처기부에서도 사업지원기간을 3~5년으로 간주한다.

지원기간과 기간별 단계를 잘 설정하고 있는 것 중의 하나로 비영리단체 지원기관인 임페투스(Impetus)를 들 수 있다. 영국에서 벤처기부정신에 따라 비영리조직을 지원하고 있는 Impetus라는 중간기관[12)]은 비영리단체에 대한 재정지원을 사업초점화단계(Focus Stage), 사업구축단계(Build Stage), 사업확장단계(Scale Stage) 등 3단계로 나누어 진행한다. Focus 단계인 1년 동안은 £100,000를 지원하면서 Impetus의 사업지향방식을 잘 이해하고 마일스톤을 달성하면 그 다음 단계로 진입한다. Build 단계인 3~5년 동안은 매년 £200,000를 지원하면서 조직역량강화, 사업의 성과확대 등 조직 및 사업의 성장을 보여주면 다음 단계 진입 여부를 타진하게 된다. Scale 단계 이후는 본격적인 사회적 영향력을 가시화하고 극대화하기 위해 전폭적인 지원을 아끼지 않는 단계로서 매년 £500,000를

12) 중간기관이란 재정을 지원하는 기관과 직접 사업을 수행하는 비영리기관 사이에 있는 기관을 말한다. 모기관으로부터 재정을 지원받아 사업수행기관을 모집하여 사업수행예산을 지원하고 지원에 따른 사업성과를 거둘 수 있도록 지원하고 지원성과를 기반으로 모기관에게 재정지원의 책임성을 가시적으로 보여줘서 지속적으로 모기관으로부터 재정을 지원받아 배분사업을 대행하게 된다. 이들 기관은 충분한 자질과 능력, 철학과 사업수행경험을 기반으로 모기관을 설득하여 재정지원의 효과성을 챙기면서 자신만의 노하우를 쌓아나간다.

지원한다. 임페투스(Impetus)는 차기 단계로 나아갈 때 벤처기부에 대한 이해가 충분한지, 지원사업의 성과가 충분히 가시적으로 나타나고 있는지를 판단하다가 5년 이후부터 사회적 영향력에 대한 마일스톤을 설정하고 있다.

다시 말해, 사회적 영향력에 대한 요구가 1차년도부터 있는 것이 아니라는 점이다. 첫 단계에서는 지원기관과 사업수행기관 간 상호이해 증진에 초점을 두고, 두 번째 단계에서는 사업의 외적인 확장에 주력하며, 마지막 단계에서는 사회적 영향력의 가시화에 대해 고민한다(Impetus, 2014). 이러한 기간을 전체적으로 합치면 약 7년 정도 된다. 이는 아산나눔재단에 비해서는 좀 더 긴 기간을 염두에 두고 단계적으로 성장하도록 돕는다는 점에서 차이가 난다. 그런 점에서 사회적 영향력을 3년 만에 보여달라는 사업방식은 많은 황금알을 갖기 위해 거위의 배를 가르는 것과 같다. 보다 긴 안목에서 성숙과 숙성의 단계를 거쳐 사회적 영향력을 제대로 이끌어 내는 것이 필요하다고 본다.

둘째는 사회적 영향력을 어떻게 측정할 것인가이다. 측정주체는 다양할 수 있으나 객관성을 담보하기 위해서는 제3의 기관이 적절해 보인다. 하지만 비용이 추가된다는 단점이 있다. 사회적 영향력의 범위가 매우 유동적이라는 점에서 이를 측정하는 방법 또한 간단하지 않다. 특히 지역주민의 이해도 증진 등 일정 규모 이상을 설문조사한다든가 장기간에 걸친 추적조사가 필요한 경우 비용뿐만 아니라 조사를 끝까지 책임지고 수행할 만큼의 충분한 지원과 중단 없는 관심이 필요하게 된다.

7) 함의 및 결론

아산나눔재단이 벤처기부에 기초하여 시행한 「파트너십 온」 사업은 5년에 걸친 짧은 기간이었지만 한국사회에 많은 교훈을 남겼다. 벤처기부에 따른 선발 및 사업지원방식은 잠재력이 높아 성장 가능성이 크지만 사회적으로 주목받지 못하고 사각지대에 있던 기관들이 짧은 기간 동안 성장할 수 있는 기회를 제공했다는 점에서 매우 긍정적이었다. 하지만 과연 전통적인 지원방식을 대체할 것인지에 대해서는 아직 판단하기 어렵다. '바보의 나눔'에서는 프로그램 지원사업 뿐만 아니라 단순지원도 부족한 절박한 현실에서 고통받고 있는 사회취약계층과 비영리기관에 대한 일회성 지원을 병행하고 있듯이, 전통적인 프로그램 지원 방식도 벤처기부에 따른 지원방식과 당분간 공존할 것으로 보인다. 다만, 지원 방식은 지금보다 훨씬 다기화할 것으로 전망할 수 있다. 우선 벤처기업들이 벤처기부정신에 입각하여 공동으로 세운 '아이들과미래'가 있고, 전략적 접근에 따른 전략적 제휴 및 혼합가치사슬을 만들어 가는 다양한 지원재단이 늘어나고 있으며 나아가서는 사회혁신 클러스터, 사회혁신채권의 필요성을 강조하는 재단들의 활동이 점차 활발해지고 있기 때문이다.

이제까지는 벤처기부 정신에 입각한 아산나눔재단의 「파트너십 온」 사업이 한국의 기업복지재단에 소개되는 단계에 있다면 이후 이의 확산을 위해서는 다음과 같은 다양한 질문들을 고민해 볼 필요가 있다. 첫째, 현재 대다수의 기업복지재단 수행하는 지원방식과 벤처기부에 입각한 지원사업 간에 차이가 있는지, 둘째, 차이가 있다면 그것이 규모의 차이인지 아니면 선발 및 지원방식의 차이에서 기인하는 것인지, 셋째, 비재정적 지원이 어떻게 성공적인 사업수행에 기여했는지, 넷째, 사회적 영향력을 가시화시키기 위해서는 몇 년 정도 지원이 필요한지 그리고 사회적 영향력을 어떻게 측정할 것인지 등이다.

5. 최근의 다양한 흐름

삼성복지재단의 「작은나눔 큰사랑」이 시작될 때만 하더라도 우리나라에서 사회복지서비스를 제공하는 주체의 대부분이 사회복지법인, 학교법인, 종교법인이 운영하는 사회복지시설이었다. 어쩌면 '사회복지 프로그램 개발과 평가'는 전통적인 사회복지시설, 즉 정부의 보조금을 받으면서도 정작 사업비가 없거나 부족하여 민간복지재단의 사회복지 프로그램 지원사업에 기웃거려야 하는 슬픈 현실의 주인공에 국한되었다.

사회복지시설은 법정 시설이면서 소비의 주체이지 이윤창출의 주체가 아니며 그런 성격은 지금도 여전하다. 국가 및 지방자치단체의 보조금 수입이 전체 지출의 대다수를 차지하고, 부족하다면 운영법인에서 지원하거나 일부 수익사업을 운영할 수 있다. 하지만 수익금이 많으면 본래 수행해야 하는 본업에 충실했는지 지도감독기관의 매서운 감사를 피할 수 없었고, 적으면 부족한 정부보조금의 구멍을 메우는 데 큰 보탬이 되지 않았다. 그러한 기존 패러다임에서 보면 다소 이질적인 모습으로 새롭게 등장한 것이 사회적기업이다. 제목에서부터 알 수 있듯이 태생적으로 이윤창출을 위한 기업이면서 사회적 목적달성에도 기여하도록 설계되었다. 즉, 이윤을 창출하기 어려운 사회적 목적달성과정에서 생겨나는 적자분을 메울 수 있도록 이윤 창출을 허용한 것이다.

앞서 언급한 바와 같이 사회복지 프로그램 개발과 평가는 전통적인 사회복지시설 위주의 내용이었다. 하지만 사회복지시설과 유사한 설립목적을 가지고 새로운 형태의 기관이 등장함에 따라 민간복지재단에서는 당연히 혼란을 겪지 않을 수 없었다. 이윤추구를 할 수 없는 기관과 지속적인 이윤추구 가능성을 담보해야 하는 기관을 모두 한 바구니에 담기란 쉽지 않다. 사업신청서 양식도 그러하거니와 심사기준도 모두 달라야 하기 때문이다. 그러한 애매함과 더불어 전통적인 사회복지시설은 보건복지부 소관인 반면, 사회적기업은 고용노동부 소관이라는 점에서 사회적기업 지원에 대한 고민이 자연스럽게 등장하게 되었다.

이러한 고민이 이어지는 가운데 새롭게 등장한 또 다른 이슈는 지속가능성이라고 볼 수 있다. 사회복지시설에 대한 지원이 대부분 단년도이며 3천만 원 이하의 금액 위주여서 지원이 중단되면 자생적으로 사업을 계속 추진하기는 어렵다. 이에 대한 대안으로 모색된 것이 다년도 사업으로 인건비 지원을 허용하면서 대규모 사업을 추진할 수 있는 장을 마련하는 것이다. 이때 충분한 지원을 통해 도전하고자 하는 이슈에 대해 포괄적으로 접근하되 지원 종료 후에도 이 사업이 의미 있다면 어떻게 사업을 계속 유지하게 할 것인지에 대한 책무성을 사업신청기관에게 물을 수 있다. 지원종료 후에도 계속 사업을 유지하기 위해서는 결국 수입구조의 변화를 요구할 수밖에 없다. 즉, 후원금을 획기적으로 늘리든지, 소셜펀딩역량을 향상시키든지, 사업성과를 판매로 연결시키는 등 다소 사업규모는 축소될지라도 사업의 의미가 사라지지 않도록 하는 것이 중요하다.

마지막으로 최근 흐름으로 살펴볼 것이 소셜벤처 지원이 많이 늘었다는 점이다. 창업을 통해 비즈니스 성과와 사회적 가치를 창출하고 달성하기 위한 스타트업 생태계 속에서 사회적 혁신 창업가를 위한 지원은 전통적인 사회복지 프로그램을 개발하는 것과는 상당히 이질적인 위치에 서 있다. 즉, 사업주체는 사회적 가치를 실현하려는 전통적인 사회복지시설에서부터 소셜벤처에 이르기까지 매우 다양해졌다. 그런데 '사회복지 프로그램'의 정체성은 시대의 변화와 흐름을 따라가고 있는 것 같지 않고 여전히 사회복지 프로그램 기획을 필요로 하는 기존 수요자들에 적용하는 전통적 패러다임에서 크게 벗어나지 않고 있다.[13] 그 결과, 지금의 '사회복지 프로그램 개발과 평가'라는 교과목의 정체성은 사회복지시설이나 사회복지분야에서의 사회단체에 초점을 맞추고 있다. 그 범주 내에서 일어나는 여러 가지 변화들에 대해서는 충분히 담아내려고 하지만 그 외의 다양한 종류의 사업수행기관을 포섭하기 위해서는 한국사회복지교육협의회가 '사회복지 프로그램 개발과 평가' 교과목 편성지침에 다양한 성격의 사업주체들을 대상으로 하는 개발과 평가라는 것을 보다 구체적으로 적시하여 시대적 흐름을 반영할 필요가 있다.

---

13) 이 이슈는 마지막 장(章)에서 가까운 미래에 등장할 이슈와 연결시켜 이야기를 전개해 보고자 한다.

제 2 부

사회복지 프로그램 개발

제3장

사회복지 프로그램 개발의 의미

사회복지 실천현장이 프로그램에 눈을 돌리게 된 계기는 1970년대 석유파동이 몰고 온 전 세계적인 경기침체라고 할 수 있다. 제2차 세계대전 이후 전후복구과정에서 전 지구적인 호황이 계속되면서 정부의 재정수입은 계속 늘어났고 그에 따라 복지국가 실현의 꿈은 손에 잡힐 듯했다. 하지만 1970년대 초까지의 눈부신 경제성장 기조는 산유국가들의 카르텔로 인한 유가인상으로 인해 곤두박질치면서 전대미문의 스태그플레이션(stagflation) 상황으로 이어졌다. 경기는 침체되어 고용은 줄어드는데 물가는 오히려 올라가는, 두 마리 토끼를 다 놓치는 상황이 벌어진 것이다. 당연히 정부재정도 적자로 곤두박질쳤다.

일부는 그러한 경기침체의 원인으로 과도한 복지재정의 팽창을 지목했다. 그렇지 않아도 정부재정수입이 감소됨에 따라 우선순위가 낮은 복지정책의 삭감은 불을 보듯 뻔했다. 그 과정에서 '어떤 사업이 정책 효과성이 낮은지' 옥석을 가려내는 작업이 필요했다. 정부 예산을 받아 사업을 펼치는 사업기관으로서 "이거 하면 뭐가 더 좋아지지? 이 정도의 성과를 거두는 데 이만큼의 예산을 꼭 써야겠어? 굳이 그렇게 해야 하는 이유가 뭐지?"라는 거친 공격에 대해 억울한 마음을 억누르고 대꾸를 해야만 했다. 뭔가 조직적으로 움직이는 모습을 보여주어야 했다. 정부로서도 실제로 그 사업이 또 그만큼의 예산이 필요했는지 그리고 효율적으로 움직였는지 되짚어보고 싶은 마음이 굴뚝 같았을 텐데, 마치 이 상황이 울고 싶은 사람의 뺨을 때려주는 격이 된 것이다.

그러면서 단순히 '뭐가 부족하니 이만큼의 예산을 달라'는 식이 아니라 종합적이고 체계적인 노력으로 목표하는 바를 차근차근히 달성해 나가는 제안서(proposal)를 제출하고 예산부서에서는 이를 심사해서 지원하고 철저히 평가해서 계속 지원 여부를 살피는 방식에 대해 자연스럽게 관심이 커지게 되었다.

그러나 이러한 서구의 흐름과 달리 우리나라는 다소 다른 역사적 맥락에서 출발했다고 해도 과언이 아니다. 즉, 불우이웃돕기 식의 일회적이면서 단순히 필요물품을 지원하는 차원에서 벗어나 인적・물적 자원의 결합체로서의 사회복지기관이 '성과'라는 목표를 가지고 일관되게 노력하는 내용과 방법을 구상하도록 유인하는 도구로서 프로그램 기획이라는 부분이 태동・발전하게 된 것이다. 이는 사회복지공동모금회뿐만 아니라 민간복지재단에 마치 유행처럼 펴져 나갔다. 그만큼 사업비가 없었던 사회복지시설로서는 프로그램 지원사업이 단비와 같은 역할을 해주었기 때문이다.

그렇다면 이제 우리 스스로 물어봐야 한다. 그 다음의 도약점은 어디를 향해야 하는 것일까? 민간 사기업 부문에서 사업을 수주하기 위해 사업계획서를 작성하는 만큼 과연 우리도 치열한 준비와 도전의식으로 똘똘 뭉쳐 있는 것일까? 사회복지부문에서는 경쟁이 치열한 일반 사기업의 상품개발이나 사업프로젝트를 설계하는 만큼 치열하게 분석하고 대안을 모색하고 있는 것일까? 사기업과는 다른 맥락에 놓여 있다면 그 이유는 무엇이고 어떤 점에서 차이가 있는 것일까?

1. 일반적인 상품을 개발할 때의 과정

통상 2차산업에서 어떤 상품을 개발한다고 할 때 어떤 절차를 거칠까? 물론 상품의 종류에 따라, 업무의 성격차이에 따라 다양한 단계로 나누어질 수 있지만, 일반적으로 '기획－디자인－프로토타입(prototype)－생산' 과정을 거치게 된다.

먼저 개발의 첫 단계인 기획은 아이디어를 도출하고 개발일정을 계획하는 것이다. '이런 걸 만들어 볼까?'라는 질문은 '사람들이 이런 걸 필요로 하지 않을까?'라는 생각에서 출발한다. 사람들이 필요할 것이라 생각하는 이유는 그러한 필요를 충족할 만한 제품이 시중에 없기 때문이다. 그렇다면 여기서 확인해야 할 것이 무엇일까?

"정말 시장에 그런 제품이 없는가?"

"정말 그 제품을 생산하면 사람들의 필요와 욕구를 충족할 수 있을까?"

이 질문에 답하기 위하여 다양한 채널을 통하여 시장조사를 하게 된다. 이것이 상품이 될 수 있다는 확신을 가질 수 있는지를 점검하는 것이다.

둘째는 디자인, 설계이다. 이는 기획단계를 거치면서 '이것은 상품이 된다'라는 확신을 가지게 될 때 단순히 아이디어 차원이 아니라 구체적인 내용을 짜임새 있게 구성하는 것을 말한다. 어떤 재료를 쓸 것인지, 어떤 세부기능을 갖출 것인지, 외관상 어떤 핏(fit)으로 라인을 잡을 것인지 등등에 대한 일련의 결정필요사항에 대해 답을 해 나가는 과정을 거치게 된다.

그 다음은 시제품을 만들어 테스트하고 일정 기준을 통과하면 양산체제로 돌입하게 된다.

2. 사회복지 프로그램 개발의 의미와 단계

이제 사회복지 이야기를 해보자. 먼저 프로그램을 개발한다는 것은 무엇을 의미하는 것일까? 위키백과에서는 개발(開發)이라는 용어를 '무엇인가를 보다 쓸모 있거나 향상된 상태로 변화시키는 행위'라고 정의하고 있다. 이렇게 보면 프로그램을 개발하는 것이나 상품을 개발하는 것이나 유사한 내용과 단계를 거칠 수밖에 없다는 것을 알 수 있다.

기존의 방법과 대응으로는 지금 목도되고 있는 사회문제나 당사자의 고통을 경감시킬 수 없고 새로운 인적 및 물적 자원과 노력이 정교하게 설계되어 투입되지 않으면 안 되는 충분한 이유를 찾고 주변 관계자들에게, 특히 재원을 부담하는 자에게 이를 설득할 수 있어야 한다.

그런데 한 가지 주목할 것은 시제품 개발단계이다. 상품을 개발할 때는 시제품을 만들어 제품의 사양이 소비자의 욕구를 충분히 충족시키는지, 허용 가능한 범위 내의 비용으로 생산 가능한지 등을 살펴보는 것은 향후 양산체제로 넘어갈 것인지를 점검하게 된다. 또 이를 통하여 시행착오를 최소화하기도 한다. 하지만 사회복지 프로그램 개발단계에서는 이를 허용하기가 쉽지 않다. 프로그램을 기획해서 시범적으로 시행해 보는 경우가 없지는 않겠지만, 대부분의 경우 민간복지재단으로부터 소요비용을 받아 시행하는 경우 아이디어 차원에서의 프로그램신청서를 제출하고 선정되면 바로 시행해야 하기 때문이다. 이러한 이유로 많은 경우 프로그램 내용과 실제 집행 사이의 큰 괴리가 발생하는 것을 다수 목격할 수 있다. 신청 후 면접과정에서 프로그램의 실행 가능성을 물어보면 모두 문제 없다고 답하지만 실제 실행과정에 들어가면 이야기는 완전히 달라진다. 대다수의 프로그램이 초반 사업참여자 모집에서부터 어려움을 겪는 경우가 많다. 그런 점에서 아산나눔재단에서의 벤처기부방식과 같이 단계적 지원방식의 도입도 긍정적으로 검토해 볼 필요가 있다. 지원 첫 해에는 소규모로 지원하고 1년이 지난 후에 본격적인 지원을 할 것인지를 결정하는 시스템이다.

그렇다면 사회복지 프로그램을 개발하는 단계는 어떻게 나누어질 수 있을까? 크게 두 단계를 생각해 볼 수 있다.

첫째는 기획단계이다. 이 단계에서는 새롭게 제안할 프로그램이 기존의 프로그램으로서는 대응하지 못하는 현실의 문제에 대한 도전이며 실제로 사람들이 이러한 프로그램의 제공을 기대한다는 것을 기획자 스스로 확신하고 주변 관계자에게 동의를 얻는 절차를 필요로 한다는 특징을 지닌다.

둘째는 프로그램 설계단계이다. 설계단계는 기획단계에서 가진 확신에 기반해서 실천하고자 하는 바를 프로그램화하는 과정을 말한다. 어떤 모델에 기반해서 전체 내용을 구성할지, 어떤 사람을 사업참여자로 끌어들일지, 그들의 변화를 어떻게 이끌어 내고 어디까지 변화시킬지, 어느 정도 재원이 필요한 것인지, 진행단계별로 어떤 점에 유의해야 하는지, 담당하는 직원은 어떤 역할을 어떻게 수행할 것인지 등등의 세부내용을 확정할 수 있어야 한다.

3. 사회복지 프로그램 개발의 다양한 속성

일반상품도 그렇듯 사회복지 프로그램에서도 개발의 수준과 차원은 매우 다양하다. 간단한 플라스틱 제품도 있지만 상품을 기획하는 데 오랜 시간과 다양한 기술과 디자인을 요구하는 스마트폰도 있다. 사회복지 프로그램도 마찬가지다. 어떤 것은 과연 프로그램이라고 부를 수 있을지 의문이 들게 하는 간단한 수준의 내용도 있다. 예를 들어, 사회복지기관에 대한 차량지원사업을 들 수 있다. 물론 지원되는 차량을 통해 어떤 사업을 구상하고 어느 정도의 주민들이 혜택을 받는지 등등의 관련 내용을 제시해야 하겠지만 인적・물적 다양한 결합과 실행을 요구하는 고차원의 프로그램에 비해서는 상대적으로 단순하다.

또 다른 예로는 지방자치단체가 각종 기관이나 단체에 대해 운영비를 정기적으로 지원하기 어려운 점을 감안하여 대안으로 제시하는 것이 제안 프로그램에 대해 소요비용을 지원해 주는 사업이다. 서울시의 장애인자립생활센터 지원사업이 여기에 해당한다. 민간복지재단이 요구하는 것에 비하면 프로그램의 정교함이 떨어지더라도 그 사업의 의미가 좋으면, 또 어느 정도 필요하다고 판단되면 지원해서 재정적 어려움을 다소 경감시켜 주려는 의도에 무게중심을 두고 있다. 이 경우에도 '사회복지 프로그램 개발'에서 논의하는 각종 구성요소와 그 요소별로 수준 있는 전문성을 제대로 요구하지 않는 경우가 많다. 만약 무한경쟁 시장에 내놓는다면 제대로 팔리기 어려운, 완결성이 떨어지게 되면 종국적으로는 도태될 수밖에 없겠지만 사회복지분야에서 추구하는 또 다른 가치 때문에 살아남게 되는 것이다. 그와는 정반대로 최근에는 다년도 사업을 지원하면서 사업 신청기관이 제시한 성과 이외에 사회적 영향력까지 다양하고도 정교한 노력이 요구되는 사업까지 등장하고 있음도 주목할 필요가 있다.

사회복지 프로그램 개발의 또 다른 속성은 제시하고자 하는 내용과 관련된 선행경험의 유무와 관련된 논의에서도 찾을 수 있다. 학부 수준에서 사회복지 프로그램을 개발하는 학생이라면 관련 경험이 없거나 충분하지 않을 수 있다. 다분히 선험적인 내용에 머물 가능성이 크다. 관련 교과목에서 배운 내용이거나 자신이 간접경험으로 학습한 내용에 기반해서 프로그램을 기획할 수 있다. 석박사 논문도 마찬가지다. 어떤 학생이 노인빈곤요인에 대해 연구한다고 할 때 패널데이터로 주요 요인들 간의 관계를 분석하는 것은 노인의 빈곤실태에 대한 직접적인 경험이 없다 하더라도 가능하다. 그런 의미에서 직접적인 경험에서 우러나오는 프로그램 기획이 아니라 할지라도 그러한 아이디어를 제안하고 그와의 관련성을 이리저리 구상해 보는 노력은 그 나름대로의 의미가 있다. 다만, 그러한 아이디어와 생각이 실제 현장의 변화를 일으킬 수 있는 내용으로 구성되었는지에 대한 다각적인 내외부 검토가 이루어져야 한다. 즉, 타당성과 효과성을 담보하기 위해 다양한 시각에서의 검토가 필요하다. 이때 구상한 아이디어를 시범적으로 실행해 보는 것도 좋은 방법이다. 관념에 사로잡혀 어떠해야 한다는 당위론에 매몰된 경우에는 실천단계에서 시행착오를 겪을 수밖에 없다. 또 매우 치밀하게 설계되었다 하더라도 한 번도 경험해 보지 않은 현장의 역동성과 해당 지역주민의 목소리 그리고 뼈아픈 지점을 제대로 포착해 내지 못한 점을 발견하고 이를 분석·보완해서 효과성을 제고시키는 과정이 있다면 비록 처음에는 상상에 기반한 아이디어에서 출발했지만 현장에 기반한 다양한 이해관계자들의 목소리가 담기면서 실천력을 높이는 프로그램으로 탈바꿈하게 되는 것이다.

학부학생이 아닌, 사회복지시설이나 사회단체에서 개발하는 프로그램은 어떨까? 대다수는 자신이 맡은 사업을 진행하다가 어디에도 도움의 손길이 닿지 않는 비어 있는 욕구를 발견하게 된다. 사람들은 이렇게 어려움을 겪고 있는데 왜 아무도 이에 대해 관심을 갖지 않지? 왜 이런 방식으로 사업을 하려고는 생각하지 않았지? 꼬리에 꼬리를 무는 질문들에 자신이 답하기 위해서 관련 전공서적을 뒤적이고, 다른 기관에서의 선행경험을 찾으면서 발로 뛰며 확인한 내용들에 기반해서 프로그램을 기획하게 되면 탄탄한 실행력을 담보할 수 있게 된다.

어느 경우에서든지 간에, 프로그램이 왜 필요한지에 대한 문제의식을 투철하게 갖기 위해서는 현장이 이야기하는 목소리에 깊이 귀 기울여야 한다는 점에서는 이견이 없어 보인다. 선행경험이 없는 경우라도 상품개발에서의 시장조사처럼 내가 가진 문제의식이 실제 당사자들에게도 공감대를 이루고 있는지, 이런저런 대응이 필요하다고 생각되는데 과연 그렇게 하면 효과적일 수 있겠는지 피드백을 받는 과정은 반드시 필요하다. 이와 관련된 내용은 이후 프로그램의 기획과 설계과정에서 보다 자세하게 설명하고자 한다.

MEMO

제4장

사회복지 프로그램 기획

사회복지 프로그램을 기획하는 것이 어렵다고들 한다. 맞다. 쉽지 않다. 그런데 왜 그럴까? 그 이유를 압축해 보면 두 가지 정도이지 않을까?

첫째는 관념적으로 접근하기 때문이다. 대학생으로서 사회복지 실천현장에 대한 경험은 자원봉사나 3학년 때 실습 정도이다. 실습도 처음 접하는 현장에 적응하느라 정신없어 현장을 분석하거나 현장의 어려움이 마음 깊숙이 파고들 시간적 여유가 많지 않다. 그런 학생이 프로그램 개발과 평가 과목을 들으면서 프로그램 하나를 기획해야 한다면? 막막하기 그지없다. 빈곤 현장에 대한 깊은 이해가 없어도 패널데이터를 가지고 빈곤요인을 분석해 낼 수는 있지만 프로그램을 기획하는 것은 차원을 달리한다. 문제의식은 현장에서부터 나오기 때문에, 막연한 상상력은 그 자체로서 한계를 지닐 수밖에 없다. 그 분야에 대한 관심, 경험 그리고 현장에 대한 이해가 탄탄할수록 기획이 성공적으로 이루어진다. 그러면 뭐부터 해야 할까? 나 스스로에게 물어봐야 한다. 나에게 가장 눈에 밟히는 현장은 어디이며 누구일까?

둘째는 다양한 각도에서 현장을 조망할 수 있는 생각의 힘이 약하거나 자기 자신의 생각에 매몰되는 경우이다. 어떤 문제의 현장을 포착하고 있어도 'A에 대하여 B로 대응하면 되는 것 아닌가?'라는 생각 그 너머로까지 나아가지 못할 때가 있다. 더 이상 뭘 하라고? 주위에서 여러 조언을 주더라도 내 생각에 매몰되어 있으면 생각의 외연을 넓히기 어렵다. 예를 들어, 프로포절 심사과정에서 A라는 문제상황에 대해 "왜 C는, D는, F는 대안이 될 수 없냐"고 물으면 기관실무자가 이에 대해 적절한 대답을 비교하여 주장하기보다는 왜 B가 절실한지에 대해서만 이야기하는 경우가 종종 있다. 필요성과 당위성에 매몰되어 있어 자기 생각을 객관화시키지 못하는 것이다.

생각해 보면, 프로그램 기획은 나를 위한 것이 아니다. 사업참여자를 위한 것이다. 최대한 생각의 폭을 넓혀나가는 데 있어 필요한 사람들의 조언과 조력을 모두 빨아들여 내 것으로 만들 필요가 있다. 듣고 또 들어 생각의 그릇을 좀 더 유연하고 실행 가능한 모습으로 변화시켜 나가야 한다.

혹여 그렇게 했는데도 프로그램 지원사업에 선정되지 못했다면? 그래도 너무 자책하지 말자. 물론 심사위원들이 보기에 제안서가 유연하고 수려한 내용으로 구성되지 않았기 때문일 수도 있다. 하지만 때로는 심사위원이 프로그램 신청자의 생각을 쫓아가지 못하는 경우도 가끔 있다. 때가 맞지 않아서 그런 거다. 그러니 포기하지 마시라. 언젠가는 그 뜻이 펼쳐질 날이 분명히 온다. 나도 그런 대열에 속해 있을까 봐 늘 조바심이 난다. 현장전문가에게 그런 상처를 줄까 봐. 그래서 심사하다가 머리를 흔들며 자꾸 되뇐다. '초심으로 돌아가자! 사업 내용과 의도를 기관실무자의 마음으로 이해해야지? 그래야지?'

본 장에서는 실무자가 프로그램을 기획하겠다고 할 때 '기획한다는 것이 무엇인지, 기획한다는 것에 함축되어야 하지만 흔히 간과되는 것이 무엇인지'에 대해 살펴보고자 한다. 이는 기획을 할 때 사회를 바라보는 나의 관점, 현장의 어려움을 변화시키고자 하는 노력을 어떤 관점에서 접근할 것인지, 그리고 이 사업이 왜 필요하며 왜 내(내가 소속된 기관이)가 이 사업을 수행해야 하는지, 또 잘 해낼 수 있는지 등과 관련되어 있다. 마지막으로 그동안 심사하면서 신청기관이 프로그램 기획과정에서 선행 프로그램을 조사할 때 겪게 되는 불편함에 대해 생각해 보고자 한다.

1. 프로그램 기획(Planning)

1) 프로그램을 기획한다는 것의 의미

프로그램을 기획한다는 것은 인적·물적 그리고 시간 자원을 투입해서 의도한 바를 이루는 데 필요한 내용들이 상호 긴밀하게 잘 짜여질 수 있도록 노력을 기울이고 이를 위해 필요한 의사결정을 해 나간다는 것을 의미한다. 그러한 과정을 통해서 얻어진 결과물을 우리는 계획 또는 계획서라고 부른다. 프로그램을 기획한다고 했을 때 어떤 요소, 어떤 성격이 내포되어 있는지를 살펴보자.

첫째, 의도성이다. 기획한다는 것은 자연발생적 사건들이 일어나도록 내버려두면서 소기의 성과가 저절로 이루어지게 해 달라고 주술적으로 기도하는 것과는 거리가 있다. 물적인 자원과 시간을 투여하고 사람의 노력을 들이는 것은 그 프로그램의 생기를 불어넣어 의도한 바가 실제로 이루어지도록 하기 위함이다. 아울러 사업계획서의 '문제의식' 또는 '사업필요성' 부분에서 이러한 의도가 제대로 드러나도록 관련 내용을 포착하는 데 신경을 써야 한다.

둘째, 비용발생적이다. 아무런 노력 없이 의도한 결과가 현실화되지는 않는다. 사람의 품이, 돈이, 시간적·공간적 비용이 소요된다. 이 프로그램을 기획하지 않았다면 그만큼의 품, 돈, 시간을 다른 소중한 분야에 사용할 수 있게 된다. 결국 프로그램 공모전에 참여한다는 것은 그러한 자원을 동원해서 현실과 그 현실을 둘러싼 여건을 바꾸는 데 조직 내외적인 비용을 투여하겠다는 의사결정의 첫 단계라고 볼 수 있다.

셋째, 상호연계성이다. 제안사업의 하위 구성내용들은 매우 긴밀하게 연결되어 있다. 왜 이 프로그램을 기획하는지 그 동기와 이유가 분명하다 하더라도 그것이 세부단위사업으로 이어져 있어야만 기획의도를 실현할 수 있게 된다. 아울러 설정된 목표는 세부사업이 차질 없이 수행되면 달성될 수 있는 것이어야 한다. 또 목표는 평가방법과 연결되어 있다. 사업수행 이후 설정한 목표를 달성했는지 여부를 평가하게 되는데 목표의 성격에 따라 평가방법이 달라진다. 즉, 목표가 수정되면 평가방법도 수정될 수밖에 없다. 한편 사업의 구체적인 내용은 예산편성 속에 용해되어야 한다. 이렇듯 프로그램의 모든 세부내용이 서로 영향을 주고받는다. 그러므로 프로그램을 기획한다는 것은 시간 흐름에 따라 하나하나 결정하면 전체가 완결되는 그런 단선적 모습과는 거리가 멀다. 계속 앞뒤 내용의 상호연계성을 감안하면서 전체가 체계적이고 수미일관되게 잘 짜여 있는지를 나선형식으로 점검해 나가는 모습에 가깝다.

넷째, 독창성이다. 다른 사람의 프로그램을 그대로 베끼지 않는 한, 자신이 구상한 프로그램과 100% 똑같은 것은 세상 그 어디에도 없다. 사업참여자의 수도, 선정방법도, 홍보방안도 비슷할지언정 똑같을 수 없으며 지향가치도 기획 의도와 관점에 따라 차이가 날 수밖에 없다. 덧붙여 기관마다 처해 있는 행정적・재정적 사정과 환경적 요소가 달라 타 기관에서 시행한 적이 있는 아무리 좋은 프로그램이라 하더라도 자신의 기관에 적용하기 위해서는 전면적으로 그 프로그램을 수정・보완하는 과정이 필요하게 된다.

2) 기획동기

프로그램을 기획하는 동기는 기관실무자가 현실을 있는 그대로 받아들이기보다는 조직적 노력과 활동을 통해 보다 바람직한 방향으로 변화시키고자 하는 의도와 의지에서 출발한다. 실천경험이 중요하지만, 자신이 배운 지식이나 간접경험에 기초하여 프로그램을 기획할 때도 있다. 또 여러 해외사례를 보면서 한국에는 도입되어 있지 않지만 많은 선행경험을 통해 그 효과가 입증된 외국 프로그램을 한국의 상황에 맞게 적용해 보고 싶을 수 있다. 물론 그 또한 그런 지식과 간접경험이 현실을 통해 다시 투영된다고 보면 현실을 무시한다기보다는 현실에 기반한 문제의식이 하나의 프리즘처럼 통과하여 다양한 모습을 띠는 것으로 이해될 수 있다.

3) 기획 시 지향가치가 중요한 이유

현실에 대한 비판의식이 기획의 동기이자 출발점이라면, 종착점은 무엇이라고 할 수 있을까? 그것은 잘 짜여진 사업계획서라고 할 수 있다. 변화된 현실을 끌어내는 데 왜 그러한 세부사업들이 필요하며 그 세부사업은 언제 어떻게 착수되고 모니터링되고 종결되어야 하는지, 이를 위하여 얼마만큼의 인력과 재원이 투입되어야 하는지, 또 돌발사태에 대해 어떻게 대응하면 되는지를 염두에 둔 치밀한 시나리오가 준비되어야 한다. 그러한 얼개를 설계하고 연결시키는 작업은 많은 경험을 필요로 한다. 하지만 그보다 더 중요한 것이 있다면 무엇일까?

(1) 내가 그 문제상황을 어떻게 이해하고 있는가?

내가 어디에 서서 어느 방향을 바라보는가에 따라 보이는 것이 달라진다. 교수가 강단에서 학생들을 바라보면 학생들의 얼굴과 그 뒤의 창문을 통해 건물 바깥쪽의 세상이 눈에 들어온다. 하지만 학생들은 전혀 다르다. 학생들의 뒤통수와 교수의 얼굴과 몸, 그리고 PPT가 띄워져 있는 화면이 눈에 들어올 것이다. 어쩌면 늦게 강의실에 입장하는 학생의 어쩔 줄 몰라 하는 얼굴을 교수보다 앉아 있는 학생들이 먼저 눈치를 채는 것과 같다.

문제상황을 이해하는 관점은 모두 다르다. 지향하는 목적지는 같아도 어떤 실무자는 A 프로그램을 통해 실현하고자 하고, 다른 실무자는 B 프로그램의 타당성을 설파한다. 어느 것이 옳은가에 대해서는 정답이 없다. 하지만 논거는 있을 것이다. 왜 A 프로그램을 주장하며, 왜 B 프로그램을 고집하는지. 그렇다면 그 논거가 자신만의 아집이 아니라 어느 정도의 객관적인 타당성을 담보하고 있음을 대외적으로 입증받으려면 이에 대한 논의가 필요하다. 이 과정에서 먼저 자신의 의견이 적어도 한 기관 내에 있는 동료에게 설득될 수 있어야 한다. 나아가 필요하다면 기관 외 전문가에게 리뷰를 받아 볼 수도 있을 것이다.

예를 든다면, 지역주민을 변화시키는 데 지역주민의 개인적인 역량강화에 초점을 두어야 하는지, 지역주민이 생활하고 있는 삶의 공간을 변화시켜야 하는지, 지역주민을 둘러싼 정치지형을 바꾸어야 하는 것인지 고민이 될 수 있다. 이때 개인의 내적인 부분에 치중할 것인지, 집단을 둘러싼 환경변화에 초점을 둘 것인지에 따라 구상하게 될 사업의 구체적인 프로그램 내용은 다르게 된다.

(2) 사회가 동의하는 이념, 가치에 대한 이해[1)]

사업신청기관은 프로그램 시행의 필요성에 따라 사업을 기획할 때 이 프로그램이 지향하거나 성취하고자 하는 가치가 무엇인지를 고민할 필요가 있다. 지향 또는 실현 가치가 무엇인가에 따라 세부사업내용의 갈래가 달라지기 때문이다. 예를 들면, 발달장애인이 학교 학습을 통해 습득하는 지식이 부족하거나 사전 경험적 배경이 부족하여 교과 내용을 이해하는 데 어려움이 있어 계절별 역사유적지를 탐방하는 것을 기획한다 하더라도 이를 기획하는 과정에서 '발달지원'을 위해 어떤 프로그램이 고안될 수 있는지, '선택권' 행사를 보장하기 위해서 탐방 기획 및 과정에서 어떻게 선택권의 가치를 녹여 넣을 것인지, 그러한 탐방이 장애인 인권에 어떻게 연결되는지 등에 대해서는 또 다른 차원의 고민이 수반된다는 것을 알게 된다. 즉, 교과서 학습내용으로 나와 있는 역사유적지를 나열하고 이를 시간적으로 안배하는 정도로 단순하게 프로그램을 짤 수도 있지만, 어떤 지향가치를 가지고 사업 내용과 방식을 녹여 넣을 것인지의 고민에 대해서는 아무리 투자해도 아깝지 않다. 만약 그렇게 치열하게 고민하지 않고 단순히 '매주 토요일 여가시간이 많아진 학령기 아동에게 다양한 지원이 필요하니 프로그램

1) 김진우 · 김상곤 · 문순영(2011)에서 일부 발췌한 것임.

을 진행하기 위한 재원을 달라'고 하면 복지재단으로서는 그러한 환경변화에 따라 프로그램 사업이 더 필요하게 된 사회환경적 변화와 그에 따른 욕구의 증가에 대해서는 공감하겠지만, 왜 하필이면 그 기관에 예산을 지원해야 하는지, 그렇게 지원했을 때 타 기관들에게 주는 함의는 무엇인지 등에 대해 의문은 여전히 남게 된다. 그러므로 같은 지원이라 하더라도 접근하는 방식에서, 지향하는 가치에서 차별성을 두는 것을 기획단계에서 염두에 두어야 한다.

한편 이러한 지향가치, 철학 등이 전체 사업에 대한 것인지, 세부 프로그램에 대한 것인지에 대한 의문이 생길 수 있다. 이에 대해서는 전체 프로그램을 이끌어 가는 지향가치가 있을 수 있고, 이와는 별개로 세부프로그램에서 적용하고자 하는 지향가치가 병렬적으로 제시될 수도 있다고 본다. 예를 들어, 프로그램을 통해 이용자의 역량강화를 도모하는 사업인데 이를 위해서는 세부프로그램으로 당사자에 대한 '이용자 참여(user participation)'가 강조되어야 할 때 양자를 모두 적시해도 상관없다.

아울러 최근 사회서비스 제공의 가치와 방향에 맞게 서비스를 제공하는 데 관심을 둘 필요가 있다. 예를 들면, 반찬배달서비스라도 종전의 방식과 달리 어떻게 서비스 이용자의 주체적인 참여를 담보해 낼 것인지, 농어촌지역의 모형을 어떻게 개발할 것인지 등 서비스 제공방식과 가치의 변화를 추구하는 것일 필요가 있다. 나아가서는 우리 사회가 지향해야 할 핵심적 가치를 구현하기 위한 프로그램 내용으로 구성하고 이를 성공적 경험으로 이끌고 부족한 부분을 피드백하여 보다 나은 프로그램으로 만들어 가려는 방향성을 내포하고 있어야 한다. 그러므로 단순히 서비스의 결핍 자체를 사각지대로 간주하기보다는 종전에는 시도해 보지 않았던 방식과 가치를 사각지대라고 보고 이를 해소하기 위한 기관의 노력을 자금제공기관이 높이 평가하려는 경향을 읽을 필요가 있다. 이러한 핵심가치를 예시로 표현하면 다음과 같다.

〈표 4-1〉 지원사업의 대표적 지향방향

개인지원	강화사업	이념지향	개선사업	기 타
발달(성장)지원 학습지원 심리정서지원 자립(독립)지원 사회성 향상 취업지원	역량 강화 가족기능 강화 경쟁력 강화 연계수준 강화 네트워크 구축	사회통합 사회적 참여 자기결정권 선택권 자립생활 강점관점 생명존중 파트너십 이용자중심	인식개선 지역사회 개선	인권증진 자기실현 노년의 삶 이해 이용자 삶 이해

프로그램 내용의 실제에 있어서는 이러한 지향가치가 사업내용을 이끌어 내지 못하고 단순히 형식적 수사(修辭)나 장식에 지나지 않는 경우도 많다. 한편 똑같은 사업이라 하더라도 지향가치에 따라 그 세부 구성내용이 달라질 수밖에 없는데 '지향가치 따로, 사업 따로'인 경우 과연 제대로 된 지향가치에 대한 이해에 기반하여 기획한 사업인지 의구심을 품게 만든다.

예를 들어, 강점관점을 차용하면서도 사업참여자에 대한 분석은 약점 위주로 기술하거나 강점을 발굴하고 지원하는 것과는 전혀 거리가 먼 내용을 나열하는 것이다. 또 자기결정을 지향하면서도 프로그램 내용에 있어 프로그램 이용자가 자기결정을 할 수 있는 여건을 전혀 만들어 주지 않거나 부각시키지도 않는 경우가 있다. 이것은 '말만' 특정 가치를 지향한다고 하면서 가치를 내포한 사업내용으로 이끌어 낼 수 있는 충분한 식견이나 경험을 갖추지 못한 데서 연유한다. 이 경우 심사과정에서는 상호연계성 미흡으로 높은 평가를 받기 어렵다.

2. 사업 필요성에 대한 설득

사회복지 실천현장에서 프로그램을 기획하는 구체적인 사정은 여러 가지가 있을 수 있다. 첫 번째는 그동안 동일한 또는 비슷한 프로그램을 시행하다가 여러 가지 사유로 인해 중단될 위기를 극복하고 서비스의 연속성을 확보하기 위해 필요하다고 판단하는 경우, 두 번째는 특정 대상에게 사업을 실시하다가 문제의식을 가지게 되어 제안 사업내용을 추가로 실시해야 할 필요성을 느낀 경우, 세 번째는 지역사회의 아픔에 대해 문제의식을 가지고 있다가 더 이상 방관할 수 없어 이에 대한 대응방안을 마련하려는 경우 등을 들 수 있다.

이때 사업필요성을 서술하는 방식은 두 가지가 있을 수 있다. 첫째는 Bottom Up 방식이다. 내가 사회복지 실천현장에서 일을 하면서 느낀 문제의식을 먼저 서술하면서 사업신청기관이 위치한 지역사회의 여건과 지역사회자원과의 관계에 대해 이야기하는 방식이다. 즉, 철저하게 자신이 느낀 문제의식에서 출발해서 이를 해소하는 데 사업신청기관이 재원마련에 있어 어려움이 있고, 지역 내 유관기관에서도 이러한 사업에 대해서는 아직 손을 대고 있지 못하고 있다는 점을 부각하면서 재원을 지원받게 되면 지금 이 분들의 삶을 보다 긍정적으로 변화시킬 수 있다고 설득하는 방법이다. 둘째는 Top Down식이다. 사업신청기관이 해소하고자 하는 이슈나 문제가 우리 사회에서 어떤 의미로 다루어지고 있고, 사업신청기관이 소재한 지역사회 내에서는 어떻게 논의되고 어떻게 다루어지는지를, 나아가 지역사회의 특성 및 사회복지기관들의 지리적 분포 등을 고려할 때 얼마나 그 문제가 심각한지를 설명하는 방법이다. 물론 여기에서도 덧붙여야 하는 것은 그 문제에 대한 자신의 경험과 문제의식이다. 어느 방식을 채택하든지 간에 크게 차이가 나지 않는다. 하지만 최근 추세는 사업신청기관의 사업담당자가 현장의 어려움을 이야기식으로 풀어내는 것에 보다 집중하는 경향을 보이고 있다.

한편 사업필요성으로 제시한 내용이 사업담당자 자신의 주관적인 판단에 기초하고 있지 않음을 객관적으로 보여줄 필요가 있다. 이를 위해서는 이 프로그램이 지역사회에서 반드시 필요하다는 것을 입증해야 하는데 그 방법으로는 다음과 같이 제시할 수 있다. 첫째, 지역사회보장계획에서의 관련되는 내용을 인용하는 것이다. 어느 시군구마다 지역사회보장계획은 마련하므로 이를 통해 도전하고자 하는 사업과 관련된 지역사회 현황을 잘 연결해서 설명하는 방법이다. 둘째, 기관이 프로그램 시행에 필요한 직접적인 자료를 얻기 위해 주요 정보제공자(key informants) 또는 서비스 이용자(service users)를 대상으로 하는 자체 설문조사를 실시하거나 포커스 그룹 인터뷰를 진행하여 사업의 필요성에 대한 현실적 근거를 추출할 수 있다. 셋째, 도전하고자 하는 문제 및 사업과 관련한 전문가로부터 다양한 문제분석과 그에 따른 해결방안에 대한 아이디어를 얻고 그로부터 사업을 기획하게 되었다는 점을 강조할 수 있다.

그런데 문제의 핵심은 시의성이다. 설문조사를 하기 위해서는 문항작성 및 실제 조사 후 분석까지 상당 기간 소요되며 포커스그룹을 운영하기 위해서도 관계자들이 한 자리에 모일 수 있어야 하는데 이 또한 간단한 작업은 아니다. 뿐만 아니라 공모발표 후 사업계획서 제출마감까지는 언제나 그렇듯이 그 기간이 길지 않기 때문에 이러한 사전작업을 하려고 선뜻 손을 대기가 쉽지 않은 것이다. 그러므로 공모사업 시기를 감안하여 미리 설문조사 등을 약식이라도 진행하거나 공모발표 후 바로 포커스그룹의 미팅을 할 수 있도록 사전준비를 해 놓는 것이 필요하다. 그렇게 내용을 구성했을 때 심사위원들도 기관의 준비성에 가점을 주지 않을까.

3. 사업수행능력에 대한 입증

자금제공기관이 어떤 기관의 사업에 지원할 것인가는 제공기관마다 조금씩 그 중심축을 달리하기 때문에 일률적으로 말하기가 쉽지 않다. 자신들이 지원하는 재원이 소중히 사용되기를 기대한다면 조금이라도 성공 가능성이 더 높은 기관을 선정할 가능성이 높다. 하지만 성공 가능성보다는 성장 가능성에 보다 초점을 둔다면 지금의 상태에 초점을 두기보다는 미래 성장할 수 있는 모습에 무게중심을 두게 된다. 즉, 지금은 인력이나 경험면에서 다소 일천하다 하더라도 사업 아이템이 좋으면 조직역량강화 지원을 통해 사업을 담당할 조직의 역량을 강화시키면 허약한 체질을 강하게 바꿀 수 있고 그렇게 되면 사업내용을 확산할 수 있는 기회가 주어질 것이라 기대하는 것이다. 어떤 쪽이든 간에 사업신청기관에서는 자신이 성공적인 사업수행능력이 있음을 피력할 필요가 있는데 이때 활용되는 내용은 다음 세 가지로 대별될 수 있다.

첫째는 선행 프로그램을 고찰하는 것이다. 민간복지재단이나 공동모금회 등에서 이미 지원하여 사업결과보고서까지 나온 프로그램들과 사업신청기관이 제안하고자 하는 프로그램과 비교해 볼 때 유사한 것이 없는지를 살펴, 있다면 선행 프로그램 대비 신청 프로그램의 특징과 차별성을 명확하게 제시할 필요가 있다.

둘째는 사업신청기관(사업담당자 포함)이 신청사업과 유사한 사업을 진행해 본 경험이 있는지, 있다면 그 경험으로부터 어떠한 시사를 받을 수 있는지에 대한 내용을 기재해서 "내가 이 사업을 성공적으로 수행할 수 있는 능력이 있음"을 가시적으로 보여주는 것이다.

셋째는 신청사업과 관련하여 우리나라에서 선행 프로그램도, 유사 프로그램을 해본 경험도 없는 경우이다. 이는 심사자로 하여금 이 프로그램이 성공적으로 추진될 수 있을까에 대한 우려를 갖게 할 수 있다. 이때 도전정신은 높이 평가될 수 있겠지만, 그에 비례하여 작성자는 이 사업을 성공적으로 추진할 수 있다는 근거 또한 심사자에게 명확하게 각인시켜 주는 것이 필요하다. 이를 위해서는 학문적 근거를 인용해도 좋고, 외국의 사례를 이해하기 쉽게 소개해도 괜찮다. 국내외적으로 아무런 선행검토가 없는 프로그램을 시행하는 것은 아닐 것이기 때문이다. 하지만 실제로는 유사 프로그램이 있음에도 불구하고 사업신청기관이 자료검색을 소홀히하여 이를 없다고 소개한다면 이에 대해 심사과정에서 일정 수준의 불이익을 감수할 수밖에 없다. 참고로 선행 프로그램이 갖는 한계를 극복하는 새로운 접근방식을 채택하거나, 대상 또는 세부 프로그램의 구성이 독특한 경우에는 최초 시행이라기보다는 선행 프로그램에 대한 차별성을 드러내는 것으로 가닥을 잡는 것이 바람직한 위험회피적 전략이라 할 수 있겠다.

4. 선행 프로그램 검색체계 개편 제언

'이 프로그램이 선행 프로그램과 어떤 차별성을 가지는가?', '기존 사업에 비해 신청사업은 어떤 사회복지적인 함의가 있는가?'라는 질문은 자금제공기관들이 사업신청기관에 대해 묻는 단골질문이다. 사업필요성과 신청사업의 의의를 적는 부분에서는 이 대목을 피해갈 수 없고 직면하여 승부수를 던져야만 한다. 사업담당자들은 이 질문에 답하기 위해 논문을 검색하며(www.riss4u.net) 공동모금회나 각종 민간복지재단의 홈페이지를 방문하여 어떤 사업들이 진행되었는지를 살펴보게 된다.

하지만 이 과정에서 몇 번씩 좌절하고 만다. 각 홈페이지에 업로드되어 있는 각종 사업결과보고서의 내용을 제목만 보고 일일이 클릭해서 파일을 열어봐야 내가 참고할 파일인지 아닌지를 알게 된다. 물론 홈페이지 화면에서 지원받았던 사업의 리스트가 보이지만 그 제목만으로는 내가 참고할 사업인지 아닌지를 100% 확신하기가 어렵다. 제목이 슬로건 식으로 되어 있어 그것만으로는 내가 찾고자 하는 바와 관련이 있는지의 여부를 판단하기가 쉽지 않기 때문이다.

설사 그렇게 찾았다 하더라도, 곰곰이 생각해 보면 왜 기관실무자가 민간복지재단의 홈페이지를 일일이 방문해서 불편한 방식으로 찾아야 하는 수고를 감당해야 하는가? 프로그램 지원을 신청하려면 그 정도의 수고는 당연한 것으로 봐야 하는가? 그렇지 않다. 자금제공기관이 서로 협업하려는 패러다임이나 자세, 협업방식이 갖추어져 있지 않기 때문에 결과적으로 그러한 수고를 기관실무자에게 전가하는 모습으로 나타나고 있는 것이 우리의 현실이다.

그렇다면 어떤 대안이 있을까? 공동모금회가 주축이 되든, 민간복지재단의 모임에서 함께 의견을 모으든 각 개별 자금제공기관의 분절성을 극복하고 사업결과보고서 전체를 데이터베이스화하여 이를 사회복지 실천현장에 있는 실무자들이 쉽게 검색할 수 있도록 하면 된다. 예를 들어, 각 수행사업별로 '사업참여자종류－세부종류－지향 이념이나 가치－핵심사업－수행연도－자금제공기관명－지역'을 엑셀표의 각 셀에 입력하는 것이다. 「성인 발달장애인의 건강증진 및 자기결정권 향상을 위한 영양교육 프로그램」이 있다고 한다면 엑셀표의 각 셀에서 '장애인–발달장애인–건강증진–자기결정권–영양교육–공동모금회 서울지회–2016–서울–사업명' 이렇게 기입하고 전체 사업에 대하여 모두 이런 방식으로 데이터베이스화하는 것이다. 여기에 검색기능을 얹혀 시스템화하는 것이다. 이후 검색창에서 '발달장애인 영양교육'이라고 입력하면 전체 사업에서 해당 검색어와 매칭되는 사업들이 화면에 뜨게 되고 해당 사업명을 클릭하면 사업결과보고서로 연결되어 새로운 창으로 관련 내용이 화면에 보이게 하면 사업담당자로서는 자신이 기획하고자 하는 사업이 기존의 유사사업과 어떤 차별성을 가지는지 가장 정확하게 그리고 효율적으로 검토할 수 있게 된다.

이 작업을 자금제공기관 중 어디에서라도 먼저 주도권을 가지고 작업을 해주어야 한다. 이 작업은 별도의 1명 직원을 굳이 두지 않더라도 충분히 해낼 수 있는 작업이며 일자리 창출의 의미에서 직원을 채용한다 하더라도 – 물론 이때는 공동모금회가 해야 하겠지만 – 전국의 사업담당자로 하여금 불필요한 소모적 검색시간을 절약해 주므로 전체적으로 훨씬 비용효과적이다.

MEMO

제5장

사회복지 프로그램 개발 틀

기획은 구상하는 프로그램이 좀 더 체계적으로 구체화될 가능성이 있을지를 살펴보는 과정이다.

프로그램을 기획하는 기관 외 다른 기관이나 단체에서 이미 많이 시행한 내용이거나 최근의 패러다임과 그 맥을 같이하지 않는 것이라면 과감하게 접어야 한다. 더 이상 이를 구체화해서 개발할 필요가 없기 때문이다.

기획된 내용은 구체적이고 체계적인 하위요소들을 갖춘 하나의 프로그램으로 틀에 맞게 재구성되어야 한다. 그렇다면 그 틀은 무엇일까? 사업신청서 양식이다. 사업신청서는 얼핏 보면 행정서식 중의 하나로 보여질 수 있다. 하지만 양식의 구성내용을 보면 일정한 패턴이 있다. 인적·물적 재원을 얼마만큼 써서, 어떤 활동을 통해 어떤 산출과 성과를 보일 것인지, 이를 어떻게 입증할 것인지를 적는 것이다. 이러한 사업신청서의 대부분은 논리모델의 사고 틀에 기초해 있다. 하지만 앞서 언급한 바와 같이 프로그램이나 사업의 성과를 보여줘야 예산삭감을 당하지 않는 1970년대 미국의 정부사업 관리모형을 우리나라 프로그램 사업에 접목한 것이 논리모델이라는 점에서 비판의 여지가 있으나, 우리나라 프로그램 개발분야에서 아주 오랫동안 터주대감 노릇을 해 오고 있다. 하지만 해당 사업의 성과 외에도 사업수행과정과 그 결과에서 긍정적인 변화가 무엇이고 그러한 변화를 가져오기 위해서는 무엇이 필요한지에 대해 논리적 과정을 짚어 보는 변화모델이 그 대안으로 1990년 이후 제시되고 있다.

요즘은 어떨까? 시대가 격변한 만큼 프로그램을 구성하는 틀도 많이 달라졌다.

첫째는 「투입-활동-산출-성과」라는 시계열적 사고에서 벗어나 핵심내용에 주력하는 모습을 띤다. 사업내용이 무엇인지, 사업을 왜 하려고 하는지, 그 사업을 수행해서 어떤 변화가 있을 것이고 그 변화 있음을 어떻게 입증할 것인지를 기술하게 하는 것이다.

둘째는 위의 연장선으로서 가급적 내용을 간단하게 기술하도록 요구하는 경우가 많아졌다. 이 사업이 왜 필요하고 성과와 사회적 영향력을 어떻게 달성할 것인지에 대한 자금제공기관과 사업신청기관 간 공감이 보다 중요하게 인식되면서 자금제공기관이 굳이 신청단계부터 사업신청기관으로 하여금 복잡한 내용을 작성하도록 요구하지 않게 된 것이다. 그 대신 면접이 보다 중요해지고 선정 이후 사업착수 전에 전문가집단으로부터 컨설팅을 받아 최종적인 사업계획서로 다듬어 나가는 경우가 많아졌다. 특히 평가부분에 대한 내용작성을 사업신청서 작성자가 어려워하기 때문에 사업 선정 후 수정·확정하는 사례가 늘어나고 있다.

우리나라 사회복지 실천현장에서 사회복지 프로그램을 기획·구성할 때 그 발상은 자유롭게 시작하지만 이를 구체화하는 단계에서 실무자는 프로그램 작성 틀에 영향을 받지 않을 수 없다. 그동안 사회복지 실천현장에서 공동모금회는 사업신청서 양식과 관련하여 다른 자금제공기관에 대해 영향을 주기 마련인데 전통적으로는 이러한 양식이 논리모델에 입각해 있었다. 이에 여기에서는 논리모델(Logic Model)의 의의와 구성요소, 그리고 한계를 먼저 살펴보고 논리모델이 갖는 한계를 극복하기 위해 등장한 변화이론(Theory of Change)에 대해 간단하게 살펴보고자 한다. 마지막에는 정교해 보이는 위의 모델과 달리 최근 각종 민간복지재단에서 제시하는 사업신청서 양식을 분석해 보면 위와 같이 정치한 내용을 담는 틀을 제시하기보다는 신청기관이 스스로 자신이 무엇을, 왜 하려고 하는지, 또 어떻게 그러한 구상들을 펼쳐나갈 것인지를 사업신청서 작성과정에서 스스로 깨닫게 하는데 좀 더 초점을 두고 있는 흐름에 대해서도 추가로 기술하고자 한다.

1. 논리모델의 성과와 한계

1) 논리모델의 의의

논리모델(Logic Model)이란 프로그램이 어떻게 작동할 것인지에 대한 기대와 예측을 구체적인 내용과 함께 도표로 나타내는 것을 말한다. 프로그램을 논리모델에 근거해 기획한다는 것은 논리모델에 따라 필요한 관련 내용을 작성하는 것이다(이봉주·김기덕, 2014). 이러한 논리모델은 미국, 캐나다, 호주 등에서 활발하게 프로그램 기획과 평가, 그리고 관련 연구에 활용되고 있다. 캐나다에서는 공공 프로그램의 성과관리 체계인 '결과기반 경영 및 책임성 프레임(RMAP : Results-based Management and Accountability Framework)'의 필수요소로 논리모델을 명시하고 있다. 미국도 비슷하다. 정부 예산 수립 가이드라인(OMB Circular A-11)에서 정부성과법(GPRA : Government Performance and Results Act)에 따른 성과보고서 작성 시 산출과 성과 간의 논리적 관계를 표현하도록 하고 있으며 비록 '논리모델'이라고 명시하고 있지는 않지만 미국에서 논리모델이 크게 활용된 것은 GPRA에 의해 촉진된 바가 크다(김동립 · 이삼열, 2010 : 65)고 볼 수 있다.

우리나라도 성과주의 예산을 강조하면서 공동모금회가 배분신청서 양식을 제시할 때 성과를 강조하면서 논리모델에 입각하여 프로그램을 기획하도록 유도하고 있고 이에 영향을 받은 많은 민간복지재단들이 공동모금회의 양식을 차용하거나 이에 기초하여 자신들의 조직 정체성에 맞게 일부 변형하여 사용해온 것이다.

2) 논리모델에 따른 프로그램의 구성요소

논리모델에 따라 작성되는 내용의 주요 구성요소는 투입, 활동, 산출, 성과라고 볼 수 있다.

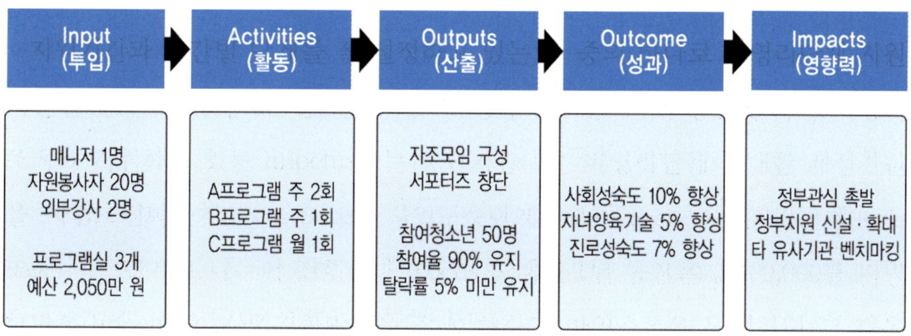

[그림 5-1] 논리모델의 흐름

투입(inputs)은 프로그램을 작동하게 하는 자원을 의미한다. 목표한 성과를 달성하기 위해서는 반드시 자원을 필요로 한다. 이러한 자원은 크게 사람, 재원, 시간 등 세 가지로 구성된다. 사람은 일정 수 이상의 사회복지 실천현장 전문가일 수 있고 소속기관의 사업담당자일 수 있다. 때로는 유 · 무료 자원봉사자도 포함될 수 있으며 지역사회주민이 적극적으로 참여해야 하는 프로그램도 있다. 그 다음으로 재원은 금전적인 것과 비금전적인 것이 모두 포함된다. 금전적인 것은 자금제공기관으로부터 받은 재원일 수 있고 기관에서 자부담으로 출연한 것일 수도 있다. 비금전적인 것은 컴퓨터·정보통신망 등 기술적인 것 등을 들 수 있다. 마지막으로 사업신청기관이 기획한 사업을 수행하는 데는 일정 정도 이상의 시간소요를 전제로 한다. 시간 또한 기회비용으로 볼 수 있다. 하지만 예산처리, 간접적인 지원 등에 직원들의 시간 투입이 적지 않음에도 불구하고 계량적 수치로 투입을 계상하기가 쉽지 않다는 점에서, 통상 논리모델에서 별다른 특징이 없는 한, 시간은 대부분 기재하지 않게 된다. 이러한 투입에서의 인력과 재원은 이후 소요예산으로 표현된다.

활동(activities)은 투입되는 인력과 재원으로 어떤 내용의 사업을 할 것인지에 대한 것이다. 이를 사업진행순서로 풀어보면 먼저 프로그램에 참여할 사람들을 모으기 위한 프로그램 홍보활동과 모집전략이 수행된다. 일정한 선정기준에 따라 프로그램에 참여할 사람들이 확정되면 이들에 대한 다양한 세부프로그램이 진행된다. 세밀한 욕구를 파악하기 위한 절차, 이들이 함께 이야기 나누는 집단프로그램, 심리상담가 등 전문가와의 만남, 때로는 서로의 흉금을 터놓기 위한 1박 2일 캠프를 떠나기도 하고, 전문가의 특강을 듣기도 한다.

이러한 활동은 다양한 세부 프로그램으로 구성되지만 그 각각이 분절적으로 존재해서는 곤란하다. 세부 프로그램들 간에는 선후관계를 가질 수도 있고, 어떤 프로그램은 다른 프로그램에 대해 선행조건에 해당할 수 있다. 또 일회성이 아니라 매주 정기적으로 프로그램을 진행해야 하는 경우도 있을 것이며 이에 필요한 규칙을 만들고 그 규칙을 어길 때 돌아오는 벌칙도 미리 예상될 수 있어야 한다.

산출(outputs)은 활동과 구분되기도 하면서 구분하기 어려운 경우도 있다. 먼저 산출을 활동에서 설정한 사업내용을 실제로 수행한 경우 활동의 결과를 산출이라고 볼 수 있다. 예를 들어, 주 2회 A프로그램을 실시하겠다는 것은 활동내용이지만, 실제 주 2회 실시한 것은 산출로 간주될 수 있다. 그러나 활동을 하는 과정에서, 또 활동을 종료했을 때 프로그램 담당자가 마음대로 하기 어려우면서 실제 성과를 도출하는 데 반드시 필요한 것을 산출로 설정하기도 한다. 예를 들어,

A프로그램의 출석유지율을 90% 이상 유지한다는 목표는 담당자가 임의로 조작할 수 없고 사업참여자가 꾸준히 A프로그램에 출석해야 가능한 것이다. 아울러 출석률이 낮으면 출석한 사람이 아무리 A프로그램으로 인해 긍정적인 변화가 있었다 하더라도 이는 참여인원의 일부에 불과한 것이므로 의미가 반감되고 이는 성과를 충분히 달성했다고 보기 어렵다는 의미에서 성과달성 여부 및 정도와 연결되어 있다고 볼 수 있다.

성과(outcome)는 프로그램의 시행 목적과 방향을 담고 있으면서 프로그램을 통해 달성하고자 하는 의미 있는 변화를 말한다. 즉, 사업참여자의 의미 있는 변화를 성과로 간주한다. 제시된 성과는 평가 틀에 대해 그 달성 여부와 정도를 측정하게 되고 사업의 성공과 미진을 가늠하는 주된 잣대가 된다. 또 그만큼 사업수행기관이 재원을 투입하고 이러저러한 노력을 기울이지만 그 모든 것이 성과 달성에 집중되어 있다. 어떠한 일을 하든지 간에 성과로 직간접적으로 연결되지 않으면 소기의 목적을 달성할 수 없게 된다는 점에서 제시된 성과목표는 사업의 초점을 분명하게 하는 역할을 한다.

영향력(impacts)은 달성한 성과가 어떤 사회적 파급효과를 가져오는가이다. 이에 대해서는 제9장에서 별도로 자세하게 다루고자 한다.

3) 논리모델의 한계

이러한 논리모델은 활동, 산출, 성과로 이어지는 일련의 과정을 명시적 또는 암묵적으로 가정하게 되는데, 논리적 모델은 이러한 과정을 시각적으로 정리하고 각 단계별로 무엇을 하게 되고, 무엇을 성취해야 하는지를 명확하게 보여주는 장점이 있다.

그러나 논리모델은 이러한 장점에도 불구하고 그것이 태생적으로 예산제도와 맞물려 정부의 공공사업 부문에서의 예산의 효과적 사용을 이끌어 내기 위한 장치였다는 점에서 과연 비영리 부문인 사회복지사업에도 적용 가능한 것인지에 대해서는 재고해 볼 필요가 있다. 그 의문의 핵심에는 흔히 1년도 채 못 되는 단기간 사업수행을 통해 가시적인 성과를 도출해 낼 수 있는 것인지와 관련되어 있다.

예를 들어보자. 건설부문에서는 공정률이 있는데, 5년 동안에 걸쳐 항만 1개를 건설하는 경우 공정률에 따라 1년 동안에 진행을 완료해야 할 공정이 도출된다. 하지만 사회복지에서 설사 다년간의 프로그램이라 하더라도 '1년 동안 클라이언트가 20% 변한다'라고 설정하기 어렵다. 더군다나 1년인 경우에는 이렇듯 가시적 성과가 눈부시게 나타나는 것이 과연 정상적인지에 대해서도 의문을 제기할 수 있다. 그렇기 때문에 사회복지 프로그램은 그 내용과 성격에 따라 사업참여자가 1년 동안 사업에 참여하더라도 설사 변화과정 중에 있을지언정, 가시적인 성과를 내지 못할 경우도 있을 수 있다. 그러나 그런 경우 성과를 달성하지 못했다 하여 실패로 규정되어서는 곤란하며 오히려 수치적인 성과제시를 강요하기보다는 과정상의 변화내용에 집중할 수 있도록 배려할 필요가 있다.

2. 변화이론(Theory of Change)의 의의와 한계

1) 논리모델에 대한 비판적 관점[1)]

논리모델은 투입과 활동, 그리고 산출과 성과 간 관계를 설계하거나 실제 그러한 논리적 체계를 정립하는데 매우 체계적인 관점을 제공한다는 장점이 있다. 즉, 사업의 내부논리를 확인하고 이들이 합리적으로 연계되었는지를 점검하는데 매우 유용하다. 사업계획단계에서부터 사업의 핵심요소들이 잘 구성되었는지를 알 수 있게 하여 사업활동의 논리적 구성 여부를 점검할 수 있게 해준다. 하지만 이러한 논리모델이 갖는 장점에도 불구하고 사업의 복잡한 관계와 맥락을 지나치게 단순화하여 보여준다는 비판을 받기도 한다. 사업의 진행이 선형적이 아니라 다양한 인과관계가 존재할 수 있다는 점 또한 비판의 핵심내용이다.

1) 아래 논리모델에 대한 비판적 관점과 변화이론의 핵심내용은 http://ibr.kr/2976에서의 「변화를 꿈꾼다면 펜을 들어라 : '변화이론(Theory of Change)' 알아보기」의 내용 중 일부를 옮긴 것임.

〈표 5-1〉 논리모델과 변화이론모델 비교

구 분	논리모델	변화이론모델
역 사	30년의 역사	1990년대부터 사용하기 시작
용 도	프로그램 구성요소를 파악하고 이를 한눈에 표현하기 위해 사용하기 시작 복잡한 이론을 단순화시킴	인과모형(causal model) 사용을 통한 복합적인 이니셔티브(initiative) 기획/평가 프로그램에 대한 비판적 통찰(엄격한 평가, 개입실패원인 파악)
구성방식	프로그램 구성요소의 나열 (list of component)	변화의 과정 표현 (pathway of change)
성 격	프로그램의 구성요소를 시각적으로 정리하는 것(descriptive)	활동과 결과의 연결, 어떻게 왜 변화가 나타날 것인지 설명(explanatory)
출발점	해당 프로그램(what you are doing)	변화목표(what you want to achieve)
고려사항	프로그램 구성요소의 파악 지표	매 단계 개입의 정당화 과정 필수적(인과적 모형) 지표 → 개입의 의미 파악
한계점	결과가 나타난 이유에 대한 설명 부재	사용 시 많은 노력과 시간이 필요함

2) 변화이론의 핵심내용

논리모델에 대한 비판의 연장선에서 변화이론이 등장한 것은 1990년대부터이다. 1980년대 Aspen Roundtable for Community change를 중심으로 논의된 내용들이 1995년 처음으로 책으로 소개되었고 이후 변화이론이라는 이름으로 점차 확산되었는데, 2000년대 들어서 다양한 측면에서 변화이론을 활용한 사례들이 등장하게 되고 2002년에 변화이론을 소개하는 홈페이지(www.theoryofchange.org)가 개설되면서 널리 알려지게 되었다.

변화이론은 변화과정이 특정 맥락하에서 왜 그리고 어떻게 나타나는지에 대한 인과적 틀을 보여준다(A causal framework of how and why a change process will happen in a particular context). 이러한 변화이론은 활동과 산출을 통해 성과를 도출하는 논리모델과 달리 달성하고자 하는 궁극적인 목표와 성과를 가장 먼저 설정하도록 요구하고, 그 다음에는 이를 충족시킬 수 있는 조건들을 고려해야 함을 강조하고 있다. 논리모델에서는 투입을 근거로 활동을 하고, 활동을 하게 되면 산출과 성과가 달성된다고 하는데, 그러한 자동적 인과관계에 대해 변화이론은 문제를 제기하면서 대안을 제시하고 있는 것이다.

3) 변화이론에 따른 내용구성 절차[2)]

첫째, 장기목표를 설정하는 것이다(Identifying long-term goals). 논리모델은 사업을 구상함에 있어서 상향식 의사결정에 의존하지만, 변화이론에서는 하향식 의사결정구조를 갖는다. 논리모델의 경우 '내가 어떤 자원을 가지고 무엇을 했을 때 어떤 산출과 성과를 가져올 수 있는지'를 생각하게 한다. 그러나 변화이론에서는 먼저 영향력이나 성과, 즉 이 사업을 통해 변화시키려고 하는 바를 먼저 고민하게 한다. '어떤 상태를 만들려고 하느냐? 지향하는 바가 무엇이냐? 장기적인 목표(A)가 무엇이냐?'인 것이다. 논리모델에서 보면 '거꾸로 그림 그리기'인 셈이다. 다음 그림은 가정폭력 생존자의 생활임금을 위한 장기고용 프로그램을 예시로 변화이론에서 목표설정이 가장 선행되는 작업임을 보여주고 있다.

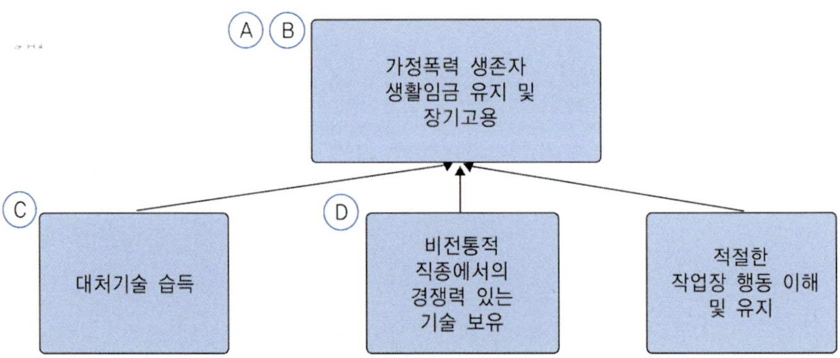

[그림 5-2] 변화이론에서의 목표 설정하기

2) Ivy So & Alina Staskevicius(2015). Measuring the Impact in Impact Investing에서 Theory of Change 부분의 일부 내용을 정리한 것임.

둘째, 그러한 장기적인 목표를 달성하기 위해서 필요한 선행조건 또는 요구사항을 획정하고, 그러한 선행조건이 왜 필요한지, 설정된 그러한 조건으로 충분한지를 거꾸로 연결하고 맵핑하는 것이다(Backwards mapping and connecting the preconditions or requirements necessary to achieve that goal and explaining why these preconditions are necessary and sufficient). 다음 그림에서는 세팅된 장기고용 프로그램의 하위구성요소로서 제시된 대응기술, 비(非)전통직종에서의 경쟁력 있는 기술습득, 적절한 작업장 내 행동 등을 함양하기 위해서 어떤 선행조건들이 필요한지, 어떤 사업들이 진행되어야 하는지를 보여주고 있다.

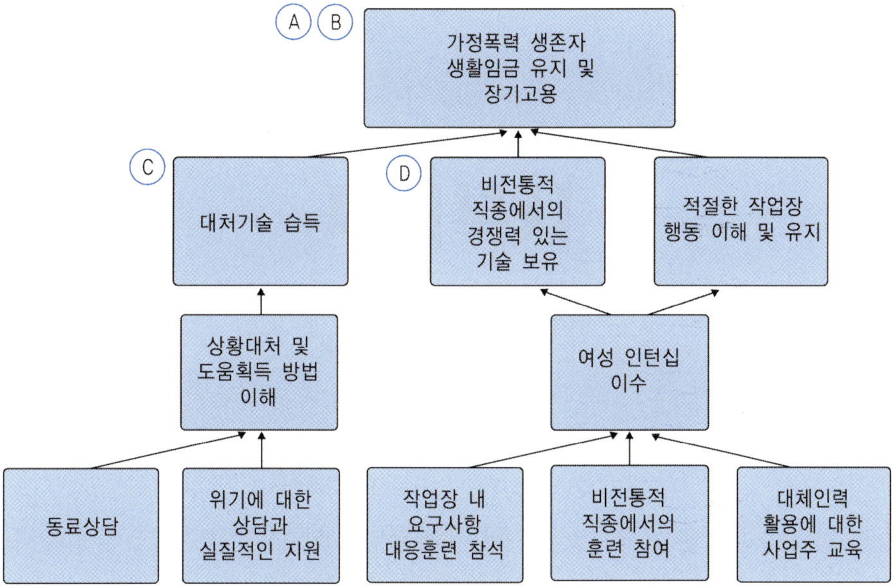

[그림 5-3] 변화이론에서의 설정목표에 따른 선행조건 검토하기

셋째, 그 다음에는 주어진 상황에 대하여 기본적인 가정을 확인하는 것이다(Identifying your basic assumptions about the context). 논리모델에서는 인적·물적 그리고 시간적 자원을 가지고 활동을 하는 데 뭔가를 가정하지 않으며, 그러한 활동이 이루어지면 어떠한 가정 없이 산출과 성과로 연결되는 것을 상정한다. 하지만 현실에서는 그렇지 않다. 또 변화이론에서처럼 그렇게 전환되는 데 따른 전제조건들이 실제에서 계획대로 발생해야 하는 것을 암묵적으로 가정하고 있음을 의미한다. 그러므로 프로그램 기획단계에서부터 그러한 가정적 요소들을 미리 짚어봄으로써 생길 수 있는 변수들, 다양한 국면들을 미리 구상하고 이에 대비하는 것은 사업의 성공적 수행을 위해 매우 요긴한 작업이라고 볼 수 있다.

넷째, 여러 사업들이 바라는 변화를 만들도록 하는 개입을 확인하는 것이다(Identifying the interventions that your initiative will perform to create your desired change). 여기서의 개입은 어떤 세부 프로그램을 시행할 것인지를 말한다.

다섯째, 각종 세부사업을, 성과를 측정할 수 있는 지표를 개발해야 한다(Developing indicators to measure your outcomes to assess the performance of your initiative).

여섯째, 이러한 조치들의 논리를 설명하는 내러티브를 작성해야 한다(Writing a narrative to explain the logic of your initiative).

3. 기존 흐름에 대한 반성

삼성복지재단이 프로그램사업을 처음 실시한 이후 사회복지공동모금회가 프로그램 지원사업에 착수, 오랜 기간 수행해 오면서 제시된 사업신청서 양식은 「사회복지 프로그램 개발과 평가」라는 과목의 교재에 기반하여 구상되었다고 해도 과언이 아니다. 또 그러한 교재는 많은 다수의 사회복지시설들이 따를 수밖에 없는 사회복지공동모금회의 사업신청양식과 전혀 다른 패러다임을 제시할 수 없었다. 오랜 기간 대학교재와 현장실무는 서로 영향을 주면서도 상대의 존재양식에서 크게 일탈할 수 없었던 것으로 보인다.

그럼에도 불구하고 사회복지공동모금회의 사업신청양식이 최선인지에 대해서는 많은 논의가 있었다. 사회복지 프로그램 개발이 불모지였던 초창기에는 1970년대에서 1990년대까지 논의되고 수입된 외국의 이론적 모델에 기반하는 경우가 많았으나, 점차 사회복지 실천현장에서 프로그램 개발경험이 축적되면서 과연 우리가 그러한 외국 모델의 틀에 기초해서 사업을 구상하는지 의문을 가질 필요가 있다. 우리의 경험에서 출발한 시행착오를 통해 얻은 학습효과를 새로운 대안으로 연결시켜 지금은 보다 다양한 형태의 프로그램 구성 틀을 민간 복지재단에서 제시하고 있다.

1) 구성 틀의 변화

우선 사회복지공동모금회부터 그 양식을 전면 혁신하였다. 2016년 사업신청서양식 개선을 위한 연구에 기반해서 2018년 사업부터 새로운 양식을 적용하기 시작하였다. 지금 독자들이 접할 수 있는 양식이 오래전부터 사용해 오던 것으로 보여질 수 있지만, 실제로는 그 역사가 오래되지 않았는데, 주요 변화내용은 다음과 같다.

첫째, 논리적 연역보다는 실무자의 경험에 기반한 작성순서로의 재편에 무게를 둔다. 과거에는 이론적 배경에서 출발해서 내가 이 사업을 왜 해야 하는지에 대해 설득하는 작업이 우선시되었다. 하지만 곰곰이 생각해 보면 두 가지 점에서 모순이 있다. 그 하나는 신청자가 제시하고자 하는 사업과 관련된 이론적 배경을 검토하고 학문적 논쟁까지 검토한 다음에 비로소 사업의 필요성을 절감하는가이다. 실제로는 그렇지 않기 때문이다.

신청자는 소속기관에서 목도하게 되는 현실에 대해 일종의 분노를 느끼고 현실개혁가의 입장에서 공모사업의 형식을 빌려 변화를 도모해 보고자 하는 마음의 발로가 사업신청인 것이다. 책과 논문을 읽고 사업 필요성을 느끼는 것이 아니다. 나머지 하나는 심사자로서의 불편함이다. 신청자는 이 사업의 필요성에 대해 열심히 설명하고 있지만 정작 사업필요성을 읽는 심사자는 신청자가 무슨 사업을 하려는지를 모르는 상태에 있다. 무엇을 하려는지도 모르는데 구구절절한 필요 이유를 들어야 한다. 앞뒤가 맞지 않다. 그렇기 때문에 개편된 사업신청서는 '누구에게 무엇을 하려고 하는가?'라는 질문을 먼저 하고 있다. 그 이후에 그 사업이 왜 필요한지를 적도록 하고 있다. 즉, 신청사업의 핵심은 '누구에게 무엇을 하겠다는 것인지'이다. 신청자로 하여금 이 사업을 해보고 싶다는 이야기를 자신 있게 전달해 달라는 메시지이다.

이때 누구에 대한 사업인지를 설명함에 있어서도 지역사회 전체의 인구나, 지역사회 내 특정인구집단의 크기를 궁금해하지 않는다. 사업에 참여할 사람을 구체화하는 과정에서 실제로는 그러한 표적화(narrowing down) 과정을 거치지 않는다. 내 눈 앞에 밟히는 사람들로부터 사업참여자를 논리적으로 확장하는 절차를 거치는 것이 상례이기 때문이다.

둘째, 출구전략이다. 출구전략이라는 말 자체가 생소해 보일 수 있다. 종래에는 그냥 재원을 지원하여 하고 싶다는 사업을 하도록 해주는 것, 그 자체가 목적이었다. 재원을 투입해서 소기의 성과를 거두었다고 하면 그만이었다. 그러나 그러한 소규모 단년도 사업으로는 근본적인 변화를 이끌어 낼 수가 없었다. 무한정 길 수는 없지만 그래도 다년도 사업을 통해 신청자가 속한 해당 기관의 발전뿐만 아니라 다른 유사기관과 지역사회에게, 법과 제도에 뭔가 울림을 주어서 더불어 함께 변화를 도모하고 모색할 수 있는 기회를 창출해 내는 역할도 민간복지재단에서 수행해야 하는 게 아닌가라는 비판적 성찰이 요구되었다.

그러한 반성은 사회복지공동모금회뿐만 아니라 많은 민간복지재단에서 공감하였고, 실제 사업의 형태들을 1억 넘는 대규모 장기간 지원사업으로 조금씩 그 무게중심을 옮겨갔다. 하지만 그러한 좋은 취지에도 불구하고 대규모로, 그것도 적어도 3년 동안 지원하게 되면 불가피하게 수반되는 애로사항이 있는데 그것은 다름 아닌 '지원종료 후에 지금까지 수행하던 사업을 계속 유지할 수 있는가?'라는 것이다. 다년도 지원이 오히려 더 많은 의존성을 불러일으키는 것은 아닌지 걱정을 수반하게 된다. 이런 고민을 해결하고자 하는 의도에서 출발한 것이 출구전략이다. 지원종료 후 어떻게 이 사업들을 자생적으로 이끌어 나갈 것인지를 사업신청기관에게 묻고 대안을 모색하게 하는 것이다. 물론 사업신청기관으로서도 쉽지 않은 대목이다. 어디서 1~3억 원의 재원을 사업시행기간 종료시점까지 마련한다는 것인가. 하지만 문제가 발견되면 흔히 해결책 모색도 뒤따르기 마련이다. 이제까지 고민해 보지 않았던 것을 사업신청기관에서는 사업 초기부터 해결방안을 모색하게 된다. 후원금 개발이든, 클라우드 펀딩이든, 지속적인 펀딩 소스를 개발하는 것이든, 또 모금역량을 포함한 마케팅 역량을 향상시키는 것이든 본 사업 수행 외에 부가적으로 재원마련에 대한 고민을 진지하게 하게 하는 순기능도 존재한다. 그런 점에서 정부의 국가보조금이나 민간복지재단의 지원금에의 수동적인 의존성에서 탈피하여 적극적으로 재원창출의 방안을 모색하는 새로운 모습을 사회복지시설이나 민간단체에게 출구전략 마련을 계기로 요구하게 되는 것이다.

2) 사용 용어의 변화

용어 사용의 변화부문은 격세지감을 느낄 정도로 많은 변화가 이루어졌다.

제일 먼저 '사업대상자'라는 용어이다. 사업대상자라는 용어는 사업을 신청하는 직원과 신청기관의 입장에서 제시하는 단어이다. 즉, '내가 좋은 사업을 구상할 텐데 그것은 너를 위한 것이야'라는 관점을 담고 있다. 사업을 하는 데 있어서 그 내용을 적용할 대상이 누군지를 밝히는 것이 '사업대상자'이다. 이는 신청자와 신청기관의 우월적 지위를 내포하고 있다. '내가 너에 대해 잘 아는데 네가 겪는 어려움을 내가 해소해 줄게'라는 마인드에 기초해 있는 것이다. 하지만 이제는 그 패러다임이 변화되었다. 어떤 사업을 할 것인가라는 구상단계에서부터 어떤 사람이 이 현실에서 미충족 욕구로 인해 고통을 받고 있는지를 확인하고, 진짜 그러한 내용의 사업이 필요한지도 당사자에게 물어봐야 한다. 당사자가 피동적으로 동원되는 것이 아니라 그 사업에 적극적으로 참여해서 내가 겪고 있는 이 문제를 해결해 보자고 노력하는 변화의 주체인 셈이다. 그런 의미에서 '사업대상자'라는 용어는 '사업참여자(participants)'로 대체되고 있다. 사회복지공동모금회뿐만 아니라 아산사회복지재단, 아산나눔재단 등 많은 민간복지재단에서 용어의 변화를 시도하고 있다.

둘째는 사업대상자 집단을 추출해 내는 이론적 사고과정에 따르면 흔히 타버와 피니간(Taber & Finnegan, 1980, 황성철, 2009 : 180 재인용)의 일반집단, 위험집단, 표적집단, 클라이언트집단으로 나누고 논리적 연역체계를 통해 최종 사업대상자를 선정해 내는 방식을 많은 교재에서, 일부 민간복지재단에서 여전히 사용하고 있다. 하지만 실제 사업을 구상하는 신청자의 입장에서는 위와 같이 탑다운(top down)식의 사고를 통해 사업대상자를 선정하기보다는 사회복지 실천현장에서 발견되고 공유되는 이슈와 관련된 사람을 포함하여 이와 유사한 어려움을 겪고 있는 사람을 어떻게 모을지와 같은 바텀업(bottom up) 방식으로 접근한다. 현실과 맞지 않는 '프로그램 대상집단 추출방식'은 사회복지 프로그램 기획과 평가 무대에서 사라지는 추세에 있다.

3) 패러다임의 변화

제1장에서 소개한 바와 같이 전통적인 사회복지시설이나 민간단체에 대한 프로그램 지원사업의 틀에서 벗어나 사회적 가치를 창출하는 다양한 형태의 조직들을 새로 만들거나 그들이 운영하는 사업의 다각화를 위해 필요한 지원을 신청하거나, 또 이를 지원하는 다양한 재단들이 늘어났다. 이는 기존의 사회복지법인 우위의 생태계에 새로운 물결로 다가왔다. 최근에는 운영주체의 형태와 성격보다는 추구하고자 하는 이념과 가치가 사회복지적 요소를 담고 있다면 이 또한 지원대상으로 포섭하는 민간복지재단이 늘어나고 있다. 즉, 속성은 사회적 가치를 추구하지만, 조직형태상으로는 복지시설이 아니라 일정 정도의 이윤추구를 근본으로 하는 기업이라는 점에서 차별성이 있지만 사회복지 생태계를 바꾸어 놓을 수 있는 멀티 플레이어로서 역할하고 있다.

한편 소셜벤처에 대한 지원은 어떤 내용의 사업계획서를 요구할까? 한 예로 언더독스에서 제시한 창업가이드를 통해 변화하는 흐름에 대해 이해해 보자. 전체적으로 언더독스는 새로운 사업모델을 구상함에 있어 먼저 문제를 정확하게 정의하고 진단하려고 한다. 문제가 진단되면 그와 관련된 고객, 사용자, 문제당사자로 직간접적인 사업참여자를 분류하고 사회학 용어인 '페르소나'라는 개념을 도입해서 다양한 이해관계자들의 존재를 파악하고 이들이 어떤 입장에서 어떤 가면을 쓰고 있는지를 분석한다.

무엇에 도전할 것인지, 그와 관련된 자들이 누구이고 어떤 속성을 가지고 있는지가 확인이 되면, 그 다음은 어떤 관점에서 어떤 대안을 제시하는가로 무게중심을 옮겨나간다. 이것이 가능하려면 어떤 현실의 어려움을 해소해야 하는지, 어느 것에 제일 큰 우선순위가 있는지를 명확하게 해야 그에 따른 대안제시도 명확해진다. 물론 관점이 달라지면 솔루션도 다를 수 있기 때문에 솔루션을 제시하기 전에 내가 서 있는 지점이 어디이고, 어디를 바라보는가 라는 입장을 먼저 결정해야 한다.

이후의 시장과 비즈니스모델은 사회복지분야에 적용하기에는 무리가 따른다. 적자생존의 경쟁적 구도의 시장 상황과 사회복지사업의 전개과정은 차이가 있다. 물론 소셜벤처분야에서는 기업가정신으로 무장된 생존전략이 뒷받침되지 않으면 사업의 지속가능성을 담보해 내기 어렵다는 점에서 당연한 검증절차에 해당한다. 하지만 사회복지분야는 제로섬게임에 기초해 있기보다는 윈윈전략적 지형에 가깝게 위치해 있다. 그러나 생존에의 위협이 없다고 사업내용 구상에의 다각적인 고민이 생략되어도 좋다는 것은 아니다. 정부지원사업이든 민간지원재원이든 간에 사업내용의 타당성과 효과성 담보를 위한 노력은 언제나 사업신청기관의 몫이다. 아울러 그러한 노력이 경주되도록 민간복지재단 등 자금제공기관에서는 신청기관의 생리를 잘 고려하여 사업수행에의 강한 의지와 성과달성을 위한 끈질긴 노력을 동원할 수 있는 사업신청시스템을 구축할 필요가 있다.

〈표 5-2〉 소셜벤처 설립계획 수립과정이 사회복지 프로그램 개발에 주는 시사점

<table>
<tr><th colspan="3">언더독스(소셜벤처창업)</th><th>복지지원분야</th></tr>
<tr><th>범주</th><th>단위과제</th><th>부가 설명</th><th>주요항목</th></tr>
<tr><td rowspan="5">문제</td><td>문제 도출하기</td><td>해결 가능한 문제?</td><td rowspan="4">왜 이 사업에 착수해야 하는지에 대한 자기 명증을 하는 단계</td></tr>
<tr><td>해결할 문제 선택하기</td><td>심각성, 시의성 조합</td></tr>
<tr><td>문제 원인 찾기</td><td>외부지식과 자신의 인사이트에 기초</td></tr>
<tr><td>Mission 정하기</td><td>문제에 대한 역할사명</td></tr>
<tr><td>핵심가치 도출하기</td><td>문제해결을 통한 달성가치</td><td>사업을 통해 무엇을 더 낫게 하는지 타기팅</td></tr>
<tr><td rowspan="5">사람</td><td>페르소나 구분하기</td><td>고객, 사용자, 문제당사자 구분 및 인구통계학적 이해</td><td rowspan="2">직간접적인 사업참여자 분석</td></tr>
<tr><td>페르소나 탐색하기</td><td>정성적 특징 이해 (불편한 것, 원하는 것)</td></tr>
<tr><td>가설 세우기</td><td>페르소나에 대해 알고 있는 것과 알고 싶은 것 구분하고 더 알아가기 위해 필요한 가설 설정</td><td rowspan="3">사업제시내용이 실제 사업참여자의 문제해결에 도움이 될지 확인하는 작업</td></tr>
<tr><td>가설 검증 계획 세우기</td><td>어떻게 검증할 것인지</td></tr>
<tr><td>가설 검증 후 정리하기</td><td>검증된 것과 검증할 것</td></tr>
<tr><td rowspan="3">관점</td><td>기존 솔루션 찾기</td><td>기존 솔루션의 장점과 한계</td><td rowspan="3">어떤 관점에 기초해서 해결방안을 찾을 것인지 결정하는 작업</td></tr>
<tr><td>관점 도출하기</td><td>위의 모든 내용 정리 + 핵심가치 재정의</td></tr>
<tr><td>비즈니스 솔루션 정의하기</td><td>무엇에 대해 어떻게 하겠다는 핵심진술문 작성</td></tr>
<tr><td rowspan="5">솔루션</td><td>핵심가치와 핵심기능 도출하기</td><td>고객의 니즈를 핵심가치와 핵심기능으로 분해·치환</td><td rowspan="5">시도해 볼 수 있는 대안을 구상하고 검증하여 최종적인 사업내용으로 확정하는 작업</td></tr>
<tr><td>스토리보드 그리기</td><td>니즈에 대해 어떤 과정을 통해 불편함을 해소하는지</td></tr>
<tr><td>MVP 기획하기</td><td>Minimum Viable Product</td></tr>
<tr><td>MVP 검증계획 수립하기</td><td>어떻게 준비해서 누구에게 어떻게 검증받을지</td></tr>
<tr><td>MVP 인사이트 도출하기</td><td>검증을 통해 얻은 시사점</td></tr>
</table>

<table>
<tr><td rowspan="5">시장</td><td>시장 정의하기</td><td>우리가 진입하려 하는
초기시장</td><td rowspan="5">경쟁적 구도에 있지
않은 사회복지분야에서
시장개념 적용에는
다소 무리
다만, 얼마나 이 사업이
타 기관, 지역사회로의
확장 가능성을
내포하고 있는지
분석에는 도움</td></tr>
<tr><td>사장 규모 분석하기</td><td>어느 정도 규모인지
(서비스초기핵심, 유효, 전체)</td></tr>
<tr><td>시간 성장률 분석하기</td><td>연평균성장률</td></tr>
<tr><td>경쟁자 분석하기</td><td>경쟁사 지향 핵심가치 파악</td></tr>
<tr><td>포지셔닝 맵 그리기</td><td>2가지 핵심가치 충족 정도
(4사분면 활용)</td></tr>
<tr><td rowspan="3">비지
니스
모델</td><td>이해관계자 분석하기</td><td>다양한 이해관계자의 영향력</td><td rowspan="3">적용하는 데 무리가
따르나 수입구조의
다변화 등 출구전략을
고민해야 하는
경우에는
비즈니스모델의 일부
내용은 고려 필요</td></tr>
<tr><td>공급자 리스트업하기</td><td>제작, 가공, 유통, 현금조달의
자체해결능력</td></tr>
<tr><td>비즈니스 모델 개발하기</td><td>“솔루션 구현”을 둘러싼
다양한 이해관계의 도식화</td></tr>
</table>

제6장

사업참여자(Participants) 결정 : 프로그램의 주인공

떡을 써는 한석봉 어머니가 있다. 어둠 속에서 쓴 석봉이의 글씨가 엉망이라 바로 어머니의 준엄한 꾸짖음이 내려진다. TV 교양 프로그램이었으면 아마도 간격과 방향이 일정하게 가지런한 떡과 대비되는 글자체가 줌인(zoom in) 되었을 것이다. 공부 좀 한답시고 으스대는 자식의 교만을 잠재우는 어머니의 깊은 배려가 눈부신, 참으로 교양스러운 장면이다.

그런데 자꾸 이 대목에서 심사(心事)가 배배 꼬인다. 부모의 자식에 대한 엄한 교육방식이 소중하다는 건 이해하지만, 그 상황설정이 못마땅하다. "나는 ~~을 할 테니 너는 ~~을 하거라" 게임의 조건을 정한 것은 어머니다. 부모는 그러한 것을 일방적으로 정할 권한을 가지고 있다. 아마 석봉이는 당시 미성년자이였으리라. 굳이 이해하자면 무리가 없어 보인다. 하지만 누군가는 Rule Maker가 되고, 누군가는 Rule Follower가 된다. 대다수 전자는 후자에 대해 유리한 입장에 서게 된다. 저자도 한때 고시학원에서 행정고시 준비반 학생들에게 왜 중앙부처에 들어가서 일해야 하는지 웅변을 늘어놓은 적이 있다. "세상에는 Rule Maker와 Rule Follower가 있다. Rule을 만드는 과정에서 지식과 정보는 자연스럽게 권력의 중심으로 모여든다. 중앙부처는 Rule Maker의 역할을 한다. 여러분들이 이 자리에 있는 것은 그 역할을 하고 싶어서이다. 그것을 상상하라. 그 상상이 현재의 막막함과 막연함이 주는 두려움과 고통을 덮어버리게 해라. 그날은 반드시 온다!"

지금 생각하면... 참 손발이 오글거린다.

그러나 사회복지 실천현장에서 기관이 Rule Maker가 되고 당사자를 Rule Follower로 구분하고 이를 고정화하는 것은 실패의 문턱을 넘는 것과 같다. 오랜 현장경험에 기반하여 힐러리 코탐(Hilary Cottam)은 2019년 『Radical Help』라는 책을 세상에 내놓았다. 성숙한 복지국가를 만들기 위해 많은 나라들이 노력하지만, 해결되지 않는 삶의 현장을 목도하면서 찾아낸 것이 "관계(relationship)의 중요성"이다. 그녀는 20여 개 기관에서 70여 명의 전문가가 지원하는 어느 한 가정의 사례에서 지난 수십년의 세월 동안 그 많은 지원에도 불구하고 전혀 나아지지 않는 상황에 주목한다. 그녀는 새로운 방법을 제시했는데 그 돈으로 그 가족이 자신이 필요한 사람을 고용한 후 중요하다고 생각하는 문제를 하나하나 풀어나가도록 한 것이다.
Rule Maker인 전문가가 내놓은 솔루션을 Rule Follower인 가족구성원들이 수동적으로 따르기보다는 무엇이 필요하고 어느 것부터 해결해 나갈지를 가족구성원으로 하여금 결정하도록 했더니 문제해결의 실마리가 찾아지더라는 것이다.
이것이 우리나라 사회복지 프로그램을 다루는 실천현장에 주는 시사점이 뭘까? 여전히 사회복지사 등 직원은 자신이 프로그램을 개발한 후 이 프로그램이 적용될 대상으로서 적합한 사람을 찾고, 이 프로그램에 참여하면 문제를 해결할 수 있다는 Rule Maker와 Rule Follower의 구분 패러다임에 머물러 있는 우리의 현실에 대해 경종을 울리는 것은 아닐까? 이제는 더는 그 사람들을 '사업대상자'라고 부르지 말자. 그들은 '대상'이 아니라, 그 프로그램에 적극적으로 참여하는 주인공이기 때문이다.

본 장에서는 프로그램에 참여하는 사람들을 어떤 관점에서 바라봐야 하는지, 어떤 기준으로 선발할 것인지, 어떻게 하면 프로그램 참여가 필요한 사람들이 프로그램의 존재와 의의를 알 수 있게 할 것인지에 대해 살펴본다. 여기에서의 핵심은 기존에 관행처럼 쓰여 오던 '사업대상', '수혜대상'에 대한 비판에서 출발한다. 마지막에는 '사람을 변화시키는 것에 국한되어 있는 지원사업의 관행'이 과연 적절한지도 함께 살펴보자.

1. 현재까지의 관행 반성

1) 랩과 포이트너(Rapp & Poetner)의 분류방식의 문제점

랩과 포이트너(Rapp & Poetner, 1991)는 프로그램 대상자를 선정하는 과정에서 집단유형을 일반집단, 위기집단, 표적집단, 클라이언트집단으로 유형화하였으며 다음 표와 같이 예시될 수 있다.

〈표 6-1〉 종래의 사업대상자 확정방식

대상구분	서비스 대상자 산출근거	단위 수/명
일반집단	서울시 도봉구 거주 발달장애아동 가족	1,420
위기집단	일반대상 중 차상위계층 이하	910
표적집단	위기집단 중 강북장애인종합복지관 등록 가족	334
클라이언트집단	표적대상 중 프로그램 참여에 동의한 가족	13

이제까지 신청된 사업계획서의 대부분은 랩과 포이트너(Rapp & Poetner, 1992)의 일반집단, 위기집단, 표적집단, 클라이언트집단으로 구분되는 네 가지 유형 구분을 사용한다. 공동모금회도 종전에는 이 양식을 사용하였고 많은 「사회복지 프로그램 개발과 평가」 저서에서도 이런 분류체계가 상식이며 정답인 것으로 다루어 왔다. 일반집단에서 출발할 사고는 클라이언트집단을 끝으로 사업대상자를 획정한다. 그러나 사회복지 실천현장에서도 과연 이런 식으로 대상자를 산

출할까? 그렇지 않다. 오히려 정반대다.

현실에서는 자신이 속한 기관에서 서비스를 제공하면서 자연스럽게 문제의식을 갖게 되고 이를 해결하기 위해 프로그램을 기획하고자 하는 결심을 하게 된다. 그러므로 생각의 논리는 전국, 광역단위 또는 해당 시군구 내 서비스 이용자의 추상적 규모로부터 출발하는 것이 아니라 자신의 눈에 밟히는, 예를 들어 저소득 맞벌이 부부의 장애아동 자녀가 겪는 방과 후 방치시간을 어떻게 해결할 것인지에 대한 고민에서 출발해서 자신의 복지관을 이용하는 장애아동 또는 인근 재가장애아동의 변화를 도모하는 사업을 구상하게 되는 것이다.

만약 그렇다면, 일반/위험/표적/개입 집단을 추정하여 작성하는 것은 연역적 논리의 결과물이라고 볼 수는 있으나 실제 기획과정에 비추어 보면 비현실적인 논리이자 작업과정인 것이다. 물론 이 방식에 따르면 전체를 가늠하면서 자신이 제공하게 될 프로그램 이용자의 범위를 체계적으로 고려해 볼 수 있다는 장점이 있다. 아울러 왜 그러한 집단에 한정하는지에 대한 자기 자신에 대한 논리를 스스로 살펴볼 준거틀로 활용될 수 있다. 하지만 그렇게 세부 집단으로 구별하는 실익이 없을까. 결국 발을 땅에 딛고 있는 기관실무자로서는 기획한 사업에 참여시킬 사람들은 이제까지 동일 또는 유사 사업에 참여해 온 분들, 실무자가 소속된 기관 이용자분들, 또는 소속된 기관의 소재 지역사회 거주하는 프로그램 참여희망자들일 것이기 때문이다.

2) '사업대상자'인가?

현재까지 대다수의 사회복지 프로그램 기획서 양식이나 「사회복지 프로그램 개발과 평가」 과목에서 '대상자 선정'이라는 용어를 쓴다. 과연 프로그램에 참여하는 사람을 '사업대상자'라고 부르는 것이 맞을까? 만약 사회복지기관이 사업을 신청하여 예산을 확보한 다음, 어떤 인구집단의 자발적인 참여 없이 일률적으로 또는 간단한 신청을 받아 일괄 지급하는 사업이라면 '대상'이라 칭하는 것에 큰 이의가 없다.

하지만 사회복지 프로그램이라는 것은 기획자의 의도가 있고, 그 의도에 맞는 사람을 신청받아 선정해야 하는 책무가 있으며, 이런저런 다양한 세부사업과 전략적 포지셔닝을 통해 의도한 바를 달성하고자 하는 시간 흐름에 당사자가 적극적으로 참여해야 한다. 즉, 그러한 프로그램은 해당 인구집단에 당연히 적용되는 것이 아니고 '내가 그 프로그램에 참여하겠다'는 자발적이고 적극적인 의사표현에 기초한다. 그런 의미에서 볼 때 그 인구집단은 더 이상 '대상(object)'이 아니며 '대상화(objectification)'되어서도 곤란하다.

때로는 복지재단에 따라 '수혜대상자'라는 용어가 쓰이기도 한다. 프로그램에 참여하는 것이 현재 상태(as-is)에서 바람직한 상태(to-be)로의 전이를 희망한다는 점에서 뭔가 혜택을 받는 것으로 이해될 수 있는 측면도 없지 않다. 더군다나 외국의 사업계획서 신청양식을 보면 'Beneficiaries'라고 쓰는 곳도 있는데 이 단어를 번역하면 '수혜대상자'라 할 수 있기 때문에 비판 없이 이를 받아들이는 것도 무리는 아닌 듯싶다. 하지만 최근 사회복지 실천현장은 사회복지기관을 이용하는 사람들을 더 이상 서비스 대상자라고 부르지 않는다. '서비스 이용자(service user)'라거나 - 다소 논쟁적이지만 - '서비스 고객(service customer)'이라고도 부른다. 그런데 사업계획서에 해당 용어를 외국에서 그렇게 쓴다 하여 굳이 우리도 그러한 용어를 무비판적으로 번역하여 쓸 이유는 없다.

2. 사업참여자

그렇다면 대안은 무엇일까? 이 사업에 참여하는 사람으로 간주해야 한다. 즉, 사업참여자라고 하는 것이 바람직하다. 흔히 연구에서도 인터뷰 대상을 피면접자(interviewee)라고 부르다가 2000년대부터 피면접자로 역할하는 아동, 노인, 장애인 등 사회취약계층의 당사자성을 강조하면서 연구에 적극적으로 참여하는 자라는 의미에서 연구참여자(research participants)라고 부르는 것처럼(김진우, 2008), 사회복지 프로그램 영역에서도 동일한 방식으로 사업참여자(program participants)라고 부르는 것이 시대정신에 부합한다.

1) 사업참여자 종류

사업참여자는 크게 두 종류로 나뉠 수 있다.

첫째는 '핵심참여자(main participants, 핵참)'이다. 핵심참여자는 성과목표 달성에의 주인공으로서 성과목표 달성 여부와 직결되는 사람을 말한다.

둘째는 '주변참여자(sub participants, 변참)'이다. 성과목표를 달성하는 데 또는 핵심참여자가 실질적으로 변화하는 데 매우 밀접하게 관여하게 되는 중요한 주변인을 말한다.

예를 들어, '조부모의 손자녀에 대한 양육기술향상 프로그램'에서 핵심참여자는 '조부모'이다. 그런데 이때 손자녀 부모(조부모의 자녀)의 매개적 역할이 필요하다면 사업내용 중에 손자녀 부모에 대한 세부 프로그램이 운영될 수 있고, 이들에 대해서도 사업예산이 쓰일 수 있다. 이때 손자녀 부모의 학습 및 역할은 매우 중요한 기능을 하게 된다. 하지만 이 모든 것의 초점은 조부모에게 있다. 즉, 손자녀의 부모에 대한 프로그램 진행과 관련하여 산출목표가 설정될 수 있지만 성과목표는 최종적으로 「조부모의 양육기술이 향상되었는지」의 여부이다.

예전에는 이 둘을 구분하지 않았다. 사업대상자로 핵심참여자만 적었던 것이다. 하지만 사업대상자가 아닌데도 사업내용에는 등장하고, 또 이들에게 예산이 사용되었다. 적어도 이 사업의 주연과 조연이 누구인지를 정확하게 밝히지 않았기 때문에 초래된 혼동이다.

이제 핵심참여자와 주변참여자를 구분하여 제시하게 되면 누가 핵심이고 성과목표 달성 여부 측정대상이 누구인지, 그리고 성과목표 달성 여부 측정대상이 아니라 하더라도 이 사업에 참여하여 최종적인 목표달성에 조력할 조연 역할을 누가 수행할 것인지를 알 수 있게 된다.

사례 발달장애인 자녀의 자기주도역량강화 향상 프로그램인 경우

이 프로그램에서 자녀의 변화를 최종적인 성과목표로 두고 다양한 사업을 펼쳐나가지만, 실무자의 견해로는 그러한 자녀의 어머니 또한 양육과정에서의 올바른 양육태도와 가치관, 양육스킬이 필요하고 그러한 변화가 자녀의 성과달성에도 기여한다고 한다면 그때 '발달장애인 자녀의 부모는 누구인가?'라는 궁금함에 봉착하게 된다. 왜냐하면 이때까지는 발달장애인 자녀만 사업참여자(종전의 사업대상자)로 진술되기 때문에 어머니의 역할에 대해서는 참여자 관련 내용에서 알 수가 없었다는 것이다.

그러나 핵심참여자와 주변참여자를 구분하게 되면 발달장애인 자녀의 변화를 최종적으로 도모하는 프로그램이기 때문에 그 자녀의 어머니는 조력자의 역할에 불과하지만 그러한 성과달성에 중요한 역할을 하게 되므로 어머니의 변화에 관련 예산을 투입하여 프로그램을 기획할 수밖에 없다는 것을 사업참여자 진술에서 제시할 수 있게 되고 심사자로서도 전체 프로그램의 구성과 맥락에 대해 사업참여자 진술에서 미루어 짐작할 수 있게 되므로 보다 사업의 윤곽을 정확하게 이해할 수 있다는 장점을 가진다.

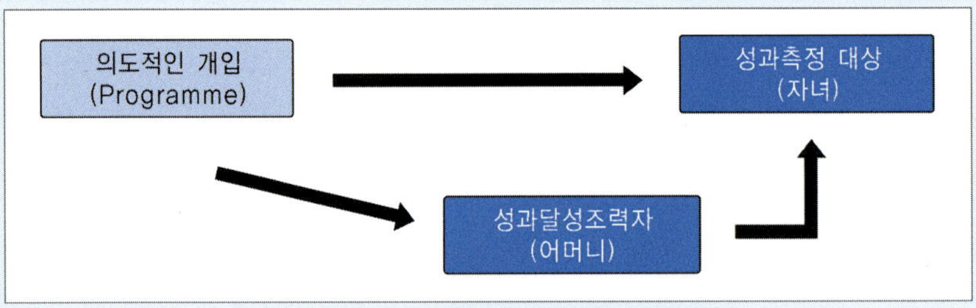

2) 참여자 선정기준

참여자 선정기준은 명확해야 한다. 흔히 저소득층, 국민기초생활수급자 우선의 사업을 많이 추진한다. 하지만 반드시 경제적 약자가 우선순위를 가져야 하는가? 공적부조 및 사회보험과 달리 사회서비스는 욕구에 대한 대응이며, 사회복지 프로그램도 이 범주에 속한다. 그런데 많은 경우 사업참여자 선정기준에서 욕구보다도 소득을 앞세운다. 일부 프로그램에서는 그럴 수 있지만 모두 그럴 필요는 없다.

한편 이 사업에 참여하고자 희망하는 자가 모집상한규모를 넘어서는 경우 누구에게 기회를 줄 것인지를 명확하게 해야 한다. 모집기준을 설정할 때 고민해야 할 지점은 다음 예시와 같다.

■ 욕구의 크기 우선인가, 저소득층 우선인가?
- 저소득층의 욕구가 큰 경우가 많지만 반드시 일치하지 않는다는 점을 유의
  예 도벽이 있는 아동에 대한 개입은 도벽성향의 심각성에 초점을 두어야 하겠지요.

■ 변화의 가능성이 어느 정도 엿보여야 하는가, 변화의 가능성을 발굴하는 쪽이어야 하는가?
- 이는 기관의 미션과 비전과 연결됨. 남들이 돌아보지 않는 심각한 경우에 초점을 둘 것인지, 개입을 통해 성과를 보여줘서 사회적 환기를 통해 사업 확장을 의도하는 것인지를 판단하여야 함

■ 제도권에 있는가, 아니면 경계선급인가?
- 제도권이라 하더라도 정부지원의 사각지대는 있을 수밖에 없고 급여수준도 낮아서 이를 보충하는 개념인지, 아예 정부 지원 대상은 아니지만 현실에서 어려움을 겪고 있는 자들에 대한 대응인지를 판단
  예 장애인 vs 장애인은 아니나 경계선급의 아동, 수용자 vs 수용자의 가족

출처 : 한국사회복지공동모금회(2017).

3) 참여자 모집방안

참여자는 프로그램 기획자의 마음대로 움직여 주지 않을 때가 많다. 제일 경계해야 할 것은 '종전에 내가 해 오던 방식대로 하면 되겠지'라는 생각이다. 가장 조심해야 할 것이 예전의 성공경험을 그대로 현재에 적용하는 것이다.

그렇기 때문에 오히려 중점을 두어야 할 것은 사업참여자가 겪는 어려움과 아픔, 살아가는 현실에 대한 이해라고 볼 수 있다. 생각해야 할 것으로 ① 지역사회 내에 어디에 잠재적인 사업참여자가 있는지, ② 어떤 매력을 던져야 잠재적인 사업참여자가 실제 참여하겠는지, ③ 사업에 참여할 때 배려해야 할 부분은

무엇인지 등을 들 수 있다.

모집방안은 사업의 성격에 따라 공개적으로 널리 홍보해야 할 때도 있고 눈덩이방식(snowballing)으로 비슷한 처지에 있는 분들을 소개받아 모집해야 할 때도 있다. 또 지역에 따라서도 달라지기도 한다. 서로 간의 친밀감이 높은 지역사회와 익명성이 높은 지역사회에서의 접근방법이 달라질 수밖에 없다.

사례 1

영구임대아파트 내 지역주민 중 중년남성 10명을 참여하게 하여 지역사회에서 자신들이 기여할 수 있는 역할을 찾고 이를 통해 자아존중감을 높이고 사회참여 기반을 확대하는 프로그램을 지원한 적이 있다. 실무자는 사업에 착수하여 중년남성 10명을 프로그램 참여자로 세웠지만 잘 모이질 않았을 뿐만 아니라 모이더라도 도통 결속력이 생기질 않았다.
생각 끝에 나는 그 실무자에게 해당 지역의 야구구장에 가서 응원하면서 결속력도 다지고 어떤 사업을 할지 기획해 보라고 하였다. 이후 논의 중에 나온 것이 지역방범순찰이었으나 실제 실행해 보니 지역주민들로부터 오히려 '무섭다'는 뜻밖의 반응에 조기에 그만두어야 했고, 다른 사업에 대해서도 시큰둥하기는 마찬가지였다.

다시 아이디어를 낸 것이 계단 물청소였다. 신혼 시절 맞벌이였으나 다니던 직장을 그만두고 공무원 시험을 준비하던 나는 그냥 집에 있고 아내는 출근한 뒤에 벌어진 에피소드에서 아이디어를 빌려왔다. 매주 아파트 계단이 깨끗하게 젖어 있었다는 것을 무심결에 지나쳤는데 출근하지 않던 첫 토요일에 저 위층에서부터 내려오는 물소리가 들렸다. 5층에서 4층으로, 4층에서 3층으로, 이윽고 저자가 살던 2층으로 내려오는 3층 아주머니를 맞아 앞집에 사는 할머니가 나와서는 한 소리 하셨다. "아니~~ 앞집에는 인기척이 나는데 코빼기도 안 보이네!! 도대체 요즘 젊은 것들이란... 쯧쯧쯧..." 하면서 들으랍시고 큰 소리로 역정을 내신다.
청소가 다 끝나고 30분 뒤 용기를 내서 앞집 할머니를 찾았다. 평소에도 인사를 나누던 사이였지만 막상 그런 이야기를 듣고 난 뒤에 방문하는 마음이 불편했다. "딩동~~!" 소리에 할머니가 문을 열어주시면서 먼저 말을 건넨다. "아이고~~ 계셨네요?" 약간 당황해하면서도 일부러 놀라는 눈치다. 들어오라는 말에 문 앞 거실 입구에 걸터앉아 나지막이 고백했다. "제가 집에 있던 건 맞는데요... 사실 제가 지난 주에 직장을 그만뒀는데 토요일에 할머니나 아주머니를 만나면 제가 실직자라는 게 알려질까 봐 부끄러워서 선뜻 청소하러 나서지를 못했어요. 죄송합니다"라고 말씀드리고 문을 나서면서 바로 슈퍼에 달려가 빗자루 하나를 샀다.

참 시간은 빨리도 흘러 그 다음 주 토요일 아침. 물소리가 쏴아~~ 들린다. 5층, 4층, 3층 내려오면서 언제쯤 나가야 하나... 용기를 내고 하나 둘 셋을 외치면서 "날씨가 좋네요. 안녕하세요?" 하고 억시인사를 한다. 그러고 얼마 지나지 않아 할머니와 위 아래층 아주머니와 그렇게 친해졌다.
하지만 1년이 지났을까... 그 계단청소는 청소용역업체에서 대행하게 되었다. 그런데 놀랍게도 주민들이 토요일 날 운동 삼아 하신다던 그 계단 물청소가 그렇게 힘들었다는 것을 나중에서야 알았다. 빠지자니 미안하고, 토요일에 시간 맞춰서 집에서 대기하는 것도 힘들고. 그것도 매주... 정말 누가 대신해 줬으면 했다는 것이다.

그렇게 그 중년남성들의 사업내용으로 제안한 계단 물청소는 나의 과거 경험에서 출발한 것이었다. 영구임대아파트에서는 청소용역을 맡길 수도 없었기 때문에 중년 남성들이 도맡아 계단 물청소를 하는 것을 모든 주민들이 고마워했던 것이다.

다시 처음 이야기로 돌아가서, 사업실무자는 중년남성들이 참여할 수 있는 사업을 제시하면 모두 적극적으로 모일 것이라는 예상을 했지만 어쩌면 그 실무자는 중년 남성들의 마음, 주민들의 필요, 서로를 바라보는 시선 등에 대한 실제 내막을 정확하게 꿰뚫어보지 못한 상태에서 막연히 좋은 사업을 하면 참여자를 모을 수 있을 것이라는 난관적 기대에 의지했던 것이다.

이제는 사업을 기획해 보려는 여러분들이 사업참여자를 끌어들일 수 있는 자신감의 근거를 물어볼 차례다.

사례 2

사업참여자를 적기에 모집하지 못해 고생했던 또 다른 사례는 40~50대 중도장애인의 자립생활을 지원하는 프로그램을 기획했던 모 복지관의 사업이다. 40~50대에 장애가 생기면 종전의 삶의 방식과 매우 다른 국면에서의 삶을 살아야 하기 때문에 이들에 대한 적절한 지원이 필요하다고 판단한 것이다. 먼저 경제적으로 장애로 인해 수입이 줄어들었다면 남은 생애 동안 재정설계를 어떻게 해야 하는지 난감할 수 있고, 심리적으로도 전혀 생각지도 못한 장애를 어떻게 안고 살아가야 할지 막막할 수 있다. 또 만약 휠체어를 이용하게 된다면 집 안 구조도 문제다. 문턱이 있다면, 화장실에 접근이 어렵다면 일정 정도 개조가 불가피하게 된다. 이러한 어려움들을 경감시켜 다방면에서의 자립생활이 가능하도록 지원하는 프로그램이어서 시도해 볼 만한, 또 크게 사회복지 프로그램으로서 관심 가져본 적이 별로 없다고 생각하여 사업계획서를 선정하여 지원하기로 하였다. 물론 지금으로부터 7년 전의 이야기이지만.
사업담당 실무자는 복지관 홈페이지에 공고를 내고 복지관 이용자 분들로부터 Snowballing 방식으로 추천을 받기도 했다. 관내에 있는 장애 관련 기관에게 협조공문도 보내놓은 상태고 소관 구청뿐만 아니라 이웃구청, 그리고 이웃 구의 각종 복지관에도 협조요청을 하였다. 그러나 결과는 참담했다. 3월에 시작하여 5월이 되었는데도 참여자가 하나도 없다는 것이다. 자문교수인 나로서도 참 난감했다. 다행히 6월에 1명이 모집되었으나 이미 12월 마감을 고려하면 절반의 시간이 지나간 셈이다. 6월 말부터 조바심이 난 나로서는 일단 장애가 생기면 찾아갈 법한 곳이 병원이라고 생각하여 국립재활원에 SOS를 요청하기로 하였다. 다행히 거기서 2명 추천을 받고, 또 재활병원으로 연락을 해줘서 추가적으로 4명, 총 6명의 사업참여자를 모집할 수 있었다.

시간이 지나서 알고 보니 중도장애인의 특성을 우리가 잘 몰랐던 것이었다. 장애가 발생하면 그 어려운 상황에 다른 사람의 도움, 그리고 전문가라는 사람을 만나는 것 자체가 당사자로서는 상당히 심리적으로 부담이 되고 또 자신의 장애에 대한 정체성이 흔들리는 상태에서 누구를 만나고 싶지도 않다는 것이다. 세월이 지나면 이미 경제적으로나 심리적으로, 그리고 생활 면에서 다시금 어느 정도 균형상태를 찾아가고 있어서 굳이 복지관의 프로그램에 참여할 이유가 없었던 것이다. 이리저리 떼고 나니 남은 참여자 범위는 그리 넓지 않았던 것이다. 여기에는 나의 잘못도 기여했다. 참여자 선정기준을 '장애가 발생한 지 2년 이내'라고 하여 스스로 참여자 범위를 좁혀 모집을 어렵게 한 것이다.

3. 사업참여자 그 너머

1) 문제의식

프로그램을 기획한다는 것은 반드시 장애인, 노인, 아동, 결혼이주여성 등 사회취약계층의 변화를 염두에 두어야 하는 것일까? 일정한 시간과 인적 및 물적 자원을 쓴다는 것은 현재의 이 열악한 상황이 그대로 지속되면 안 된다는 것을 의미하는 것이지 반드시 사람의 변화를 꿈꿔야 하는 것은 아니다.

예를 들어보자. 영구 임대아파트에 거주하는 지역주민들의 네트워크를 구축하는 사업이 있다고 하자. 이러한 지역주민이 딱히 10명, 20명으로 국한될까? 아니면 10가정, 20가정으로 표현하면 보다 더 정확한 것인가? 마을 축제와 같이 공동의 목표와 일거리를 함께 갖추고 이루어 나가는 과정에서, 먼저 온 주민들이 신규진입 주민들을 보듬고 감싸 안으면서 점차 지역주민의 관계 유대망은 넓어지고 두터워진다고 할 때 그런 사업에서 사업참여자가 몇 명이라는 표현에 끼워 맞출 수 있을까?

또 다른 예를 들어보자. 흔히 종합사회복지관에서 저소득계층에 대한 교육지원사업을 하고 있다. 일종의 무료 과외교사, 에둘러 이야기하면 교육봉사자를 모아서 학생들과 매칭해 준다. 교육복지투자우선사업이든, 교육지원센터 건 간에 이러한 사업은 매우 보편화되어 있다. 뿐만 아니라 민간복지재단에서도 이러한 교육투자사업에는 돈을 아끼지 않는다. 그런데 자세히 살펴보면, 이러한 교육봉사자들이 투철한 사명의식을 가지고, 자신들이 잘 훈련받아서 배치되는 경우는 흔치 않다. 봉사자의 역량은 봉사자 스스로가 개발해야 하는 처지에 있는 경우도 많다. 물론 봉사의 필요성이야 사업수행기관에서 이야기해 주겠지만, 꾸준히 지속되는 봉사라면 학생, 즉 청소년에 대한 이해도 필요하고, 가르치는 비법이나 교재에 대해서도 함께 교육봉사자들끼리 도움을 주고받을 수 있으면 좋겠다고 생각이 들 때도 있을 것이다. 이런 점에 착안하여 비영리기관에서 학습내용을 쉽게 이해할 수 있는 교재를 만들고, 그 단원마다 학생들이 어떠한 내용들을 어려워하고 어떤 실수를 하는지, 또 그럴 때 어떻게 대응해야 하는지 등에 대한 내용을 담은 교육매뉴얼을 만드는 작업에 소요되는 재원을 신청하는 프로그램에서는 도대체 '사업참여자'라는 개념이 어떻게 적용될 수 있을까? 물론 이러한 매뉴얼을 만드는 것이 저소득계층에 대한 교육사업과 별개의 것이 아니라 그러한 교육복지 실천과정을 통해 도출될 수 있는 것이다. 하지만 그때 관련되는 저소득계층의 학생들이 사업참여자라고 보기는 어렵고, 또 성과목표 설정 및 달성 여부를 체크하는 대상이 될 수도 없는 노릇이다. 그러므로 이런 내용은 기존 배분사업 신청내용 및 체계와는 전혀 맞지 않게 된다. 만약 심사자가 전체적인 사업체계의 일관성 문제 때문에 낮은 점수를 준다면 과연 납득할 수 있을 것인가?

2) '사업참여자'라는 포맷이 어려운 사업들

이렇듯 '사업참여자'가 적용되기 어려운 구조의 사업을 기획하고자 할 때는 사업참여자를 반드시 적어야 하는 기존의 작성 포맷에 의하면 매우 혼란스럽게 되고 작성자는 자신의 사업형태가 주어진 사업계획서 틀에서 벗어나 있음을 알게 된다. 매뉴얼을 작성하여 배포하겠다는 사업에 사업참여자가 특정되기 어렵고, 다년도에 걸쳐 새로운 지표를 개발하는 사업 또한 사업참여자가 존재하기 어렵다. 지역주민의 네트워크를 구축하는 것이라든지 사례관리체계를 구축하는 것은 매우 어려우면서도 반드시 필요한 사업임에도 불구하고 이 사업의 성격을 감안해 볼 때 사업참여자를 설정하는 것은 오히려 억지스러워 보인다. 다음은 이와 관련된 사례를 제시한 것이다.

사례 1 교육자원봉사자 학생지도 매뉴얼 마련 · 보급 / 소년원 출소 이후 자립홈 거주 청소년 자립역량강화 매뉴얼 마련 · 보급

통상 교육복지관련기관에서나 종합사회복지관에서 저소득층 가정의 중고등학교 학생들에게 교육봉사자를 모집하여 이들을 연결시켜 주는 사업을 많이 한다. 또 기업복지재단에서도 유사사업에 공을 들이고 있다. 그런데 <드림○○포올>이라는 비영리단체에서는 교육봉사자에게 과외비 성격의 돈을 지원하지도 않으면서 우수한 교육봉사자를 모집하는 것으로 유명했다. 그것은 그만큼 교육봉사자의 성장과 발전에도 단체가 심혈을 기울이기 때문이다. 즉, 교육봉사자에게 자신의 강의패턴을 이해하고 단점을 보완할 수 있도록 워크숍을 개최하고, 개개 교육봉사자의 애로를 해소하기 위해 각별하게 상담해 나가고, 청소년에 대한 이해를 통해 단순히 영어나 수학의 지식을 전달하는 것이 아니라 청소년에 대한 멘토 역할을 할 수 있도록 다양한 지원을 아끼지 않는다. 그렇게 교육봉사자가 든든하게 무장해야 그것을 기반으로 저소득층 자녀에게 좋은 가르침을 줄 수 있다고 믿기 때문이다.

이 기관에서 나에게 자문을 요청해 왔다. 여러 복지관과 교육복지관련기관에서 자기 단체에게 문의가 온다는 것이다. 어떻게 하면 좋은 교육봉사자를 모집할 수 있냐고.

또 <드림○○포올>이 하고 있는 교육봉사자에 대한 교육내용을 자기들에게 주면 자기들이 모은 교육봉사자에게 줘서 도움이 되게 하고 싶다고. 하지만 <드림○○포올>에서는 교육교재를 단일화하여 선달해 줄 수 있는 내용이 없었넌 것이다.
그러던 차에 저자가 매뉴얼 정리와 관련된 강의를 하는 것을 들었다는 것이다. '이렇게 저렇게 해야 한다'라는 내용뿐만 아니라 '이렇게 해서 이렇게 실패했다', '저렇게 했더니 이런 부작용이 나타났다'는 이야기도 함께 실어야 참고할 수 있는 내용이 보다 풍성하게 독자들에게 다가올 것이고. 그런데 그렇게 하자니 이때까지의 경험을 총망라해서 집대성해야 하는데 그 과정이 간단하지 않고 비용 또한 많이 들어서 공모사업에 신청해 보겠다고 했다.
하지만 이어진 난감한 질문은 "그렇게 되면 사업참여자가 누가 되느냐?"는 것이었다. 사실 그러한 매뉴얼을 만드는 작업에서는 사업참여자를 설정하기가 어렵다. 물론 매뉴얼을 만들면서 계속 적용해 보고 수정보완해 나가는 작업과정에서 참여하게 되는 청소년, 그리고 교육봉사자가 있겠지만 이 사업은 '청소년이나 교육봉사자의 변화 그 자체를 기획하는 것은 아니'라는 것이다. 그렇기 때문에 성과목표 또한 청소년이나 교육봉사자의 변화로 제시할 수 없는 사업인 것이다.
이후 나는 진지하게 고민할 수밖에 없었다. '사업참여자가 사업을 기획할 때마다 반드시 있어야 하는가?'

이와 비슷하게 <세상을 ○○ 아이들>이라는 청소년지원단체가 있다. 부천에서 활동하는데 소년원 출소 이후 다시 가정으로 돌아가기 힘든 청소년들이 함께 공동체 생활을 하면서 자립할 수 있도록, 다시금 재범의 길로 접어들지 않도록 지원하는 기관이다. 이들 또한 자신들의 사업모형에 공감하는 많은 청소년단체들이 어떻게 그런 사업을 수행해야 하는지에 대한 노하우를 알려달라고 하는 요청이 많아 청소년 자립역량강화 매뉴얼을 만드는 작업에 착수하게 되었다. 여기에서도 마찬가지로 다양한 사례와, 최근 변화하는 법규 추세를 반영하면서, 경험에서 우러나오는 지혜가 자칫 편협하고 편파적인 내용으로 구성되지 않도록 기울여야 하는 노력이 상당해서 여러 복지재단으로부터 재정지원을 받고자 하지만 정작 사업계획서를 쓸 때에는 '사업참여자' 기재와 같은 어려움에 봉착하게 되는 것이다.

사례 2 지역주민의 자주적 참여 활성화 도모 프로그램 / 효율적 사례관리 시스템 구축

지역축제 등을 통해 지역주민들이 이런 저런 행사와 모임에 스스로 적극적으로 참여하고 자신들이 가진 어려움들을 자주적으로 해결해 갈 수 있는 능력을 도모하기 위해 다양한 프로그램을 기획하는 경우도 딱히 사업참여자를 획정하기 어려운 경우다. 장애인, 어르신, 아동, 다문화가정 등 특정한 대상이 아니라 전체 지역주민의 참여를 전제로 한다면 되도록 많은 주민이, 그리고 가급적 많은 문제해결 경험을 갖도록 하는 프로그램인 경우 이에 참여하는 주민도 다양할 뿐만 아니라 그 숫자도 10명, 20명의 수준을 넘어선다.

또 다른 예로서는 각 복지관에서 사례관리사업을 하고 있는데 최근 서울시에서 추진하는 찾동사업에서 복지관이 어떻게 사례관리사업을 수행해야 하는지에 대한 모델을 나름대로 정립해 보고 싶다고 한다면? 그러한 사례관리체계를 구축하기 위해서는 사업추진 과정에서의 각종 시행착오와 효과적인 사례개입방법, 그리고 각 관련 주체들 간의 역할과 책임을 명확하게 할 필요가 있다. 또 그 사업내용을 어떻게 기록하고 공유할 것인지에 대한 내용 또한 중요한데 그러한 내용을 도출하는 데 기여한 사람이 사업참여자인 것은 아니다. 여러 이해관계자가 조력하여 무생물이라고 볼 수 있는 '사례관리체계를 구축'하는 것이 성과목표로 제시될 수 있다.

3) 대안이 뭘까?

(1) 사람이 변화하는 사업이라는 암묵적 합의에 대한 도전

흔히 프로그램이라는 것은 일정한 인적·재정적 자원을 투입하여 시간 흐름 속에서 사업에 참여하는 사람들의 변화를 이끌어 내는 것으로 이해한다. 이는 2016년 이전 공동모금회 양식에서도 적나라하게 나타난다. '1인당 서비스 단가'라는 것이 그 예에 해당한다. 총 예산에 대해 「사업대상」의 수를 나눈 개념이다. 즉, 전체 예산이 몇 명의 변화를 기획하고 있으며 그들 개개인에게 쓰인 돈의 규모가 평균적으로 얼마인지를 살펴보는 것이다. 이는 전형적으로 사람을 변화시키는 사업이어야 함을 암묵적으로 제시하고 있는 셈이다. 만일 위에서 제시한 바와 같이 사업참여자로 딱히 내세우기 힘든 사업의 경우에는 해당란을 억지로라도 채울 수밖에 없었다. 매뉴얼을 만드는 작업에서는 매뉴얼을 만드는 데 모의 적용해 보는 사람들의 수를 적어내는 것이다. 그래서 그러한 사람들에게 일정한 세부프로그램을 적용하면서 종국적으로 매뉴얼을 만들었다고 하는 것이다. 하지만 이 경우에도 이러한 억지스러운 사업참여자 기술은 이후 성과목표 달성 여부를 점검할 때 문제가 생긴다. 정작 이 프로그램에서의 성과는 좋은 정보를 담고 있는 매뉴얼이 만들어지는지가 핵심인데, 당사자의 의미 있는 변화를 성과라고 보면 성과달성 여부 점검대상과 실제 성과가 달라지는 기괴함이 연출될 수밖에 없다. 그러므로 이제는 프로그램을 시행한다는 것이 반드시 사람이 변화하는 사업이라는 것을 의미한다는 획일적 사고를 타파할 필요가 있다.

(2) 사업참여자 기재 응용

위에서 살펴본 사례에 대해서는 핵심참여자를 반드시 기재하지 않고 주변참여자만 기재하도록 하는 것이다. 주변참여자란 앞서 설명한 바대로 성과달성에 기여하는 사람을 말한다. 그러므로 매뉴얼 작성이 성과라면 그 성과가 잘 달성될 수 있도록 조력하는 사람은 사업참여자이되, 핵심참여자는 아닌 것이다. 매뉴얼이 현장의 목소리를 잘 반영하고, 현장의 생리를 충분히 이해한 내용이 되려면 현장에서 적용되는 많은 세부과정들을 거치게 될 텐데 그 과정에서 실제 그 매뉴얼을 적용받는 당사자, 그리고 그 매뉴얼을 작성하는 데 기여하는 사람들이 주변참여자로 기술될 필요가 있다는 것이다. 이런 대안은 지표개발사업이나 지역주민 네트워크 구축사업에서도 동일한 원리로 적용할 수 있을 것으로 본다.

4. 기존 판 바꾸기

1) 문제의식

사업대상자를 사업참여자로 그 패러다임을 바꾸는 것은 종전에 별다른 문제의식 없이 써왔던 관행에 대한 비판적 재검토에 기초한 것이다. 아울러 위에서 제시한 대안은 앞으로의 사업계획서 양식개선을 모색하는 논의과정에서 매우 중요하게 다루어질 필요가 있다.

이에 덧붙여 "내가 판을 벌일 테니 너는 참여하는 게 어떻겠니?"라는 사업기획자 중심적 관점도 비판적으로 성찰해 볼 필요가 있다. 즉, 내가 어젠다를 세팅하고 구성하여 준비하는 주체인 반면, 사업참여자는 그 판에 참여하는 정도이지, 그 판을 세팅하는 주체로 등장할 여지를 제공하지는 않는다. 나아가 프로그램의 기획도, 그 프로그램 집행에 대한 평가도 모두 암묵적으로 비영리단체 직원의 배타적 몫으로 배정되어 있는 것이 과연 바람직한지 고민해 볼 필요가 있다.

2) 대안모색

프로그램을 기획할 때 비영리단체의 직원이라 하더라도 그 프로그램이 정말 필요한지, 필요하다면 어떤 방향으로 기획되어야 하는지를 구상함에 있어 사업참여자의 의견을 구하고 이를 반영해야 한다. 그런 의미에서 기획과정에서 어느 정도 사업참여자의 의견이 반영될 수 있는 여지는 있지만, 여전히 프로그램 기획과 평가 전반에 걸쳐 헤게모니는 직원에게 있다.

이를 해소하기 위해서는 다음과 같은 방법을 고려해 볼 필요가 있다.

첫째, 어떤 프로그램을 기획할지를 직원회의에서 결정하지 않고 해당 기관 내의 사업파트별로 관련 주민들과의 간담회를 통해 욕구를 확인하고 주민들이 주체가 되어서 사업의 갈래와 대강의 내용 및 방향을 설정하도록 권한을 부여하는 것이다. 그렇게 제안된 내용에 기초하여 직원이 이를 프로그램화시키는 작업을 수행하고 최종적으로 사업계획안 수준으로 발전시켜 완성하는 것이다. 이 방법의 특징은 주민들이 이니셔티브를 쥐고 자신들에게 필요한 사업이 무엇인지를 고민하게 하고, 이를 직원이 적극 반영하도록 노력한다는 점에서 기존 방식에 비해 차별성을 가진다.

둘째, 어젠다 설정단계에서 주민들이 아이디어를 구체화해서 이를 단체나 기관에게 제안한다기보다는 주민－직원협의체에서 공동으로 브레인스토밍을 하여 사업 주제를 함께 다듬어 나가는 방식이다. 이는 전자의 방식이 주민의 제안단계에서의 아이디어로서는 이를 프로그램화 하기에 필요한 질적 전환을 이루기 어려운 경우에 이러한 어려움을 해소하고자 함께 논의하는 방안을 모색해 보는 것이다. 그러나 이 방식은 함께 논의하는 과정에서 주민들이 직원들에게 의존하거나, 직원들이 주도할 경우 주민이 가져야 할 주도성, 헤게모니가 사라질 수 있다는 단점이 있다. 이 방식은 직원들이 회의를 진행하면서 주민들의 아이디어를 구체화하도록 조력하거나, 제안된 내용이 프로그램으로 전환되는 것이 가능한지에 대한 판단을 통해 즉각 대안적 아이디어로 옮겨가도록 해서 낭비를 최소화하도록 하는 데 그 목적이 있으므로 정보와 경험이 많다는 이유로 주민들의 아이디어 제출에 앞서 의견을 제시하지 않도록 조심해야 한다.

셋째, 직원들이 사업의 아이디어를 내되, 주민들이 이를 수정・보완하는 방식이다. 주민들이 수정보완하면 부차적 역할, 사후적 역할에 그치는 것이 아니냐는 비판이 있을 수 있지만 수정보완단계에서는 얼마든지 직원들의 아이디어가 전면 개편될 수 있음을 허용해야 한다. 즉, 주민들은 직원들의 아이디어에 매몰되지 않으면서도 추진사업 아이디어 발상에 직원들이 촉매제 역할을 해주기 때문에 그러한 아이디어와 주민들의 경험이 어우러져 또 다른 발전적 대안을 모색하도록 하는 것이다.

제 7 장

사업내용(Main Contents) 구성 : 문제해결 솔루션 제시

누군들 그렇지 않겠냐마는, 저자에게 어머니는 참 소중한 존재다. 어린 시절 성적은 반에서 거꾸로 다섯 손가락 안에 들었어도 한 번도 야단치거나 기죽인 적이 없었다. 기말고사를 망치고 힘없이 들어서던 나에게 하신 말씀은 지금도 들릴 듯하다. "니는 잘 할 수 있데이~ 사람이 하는 긴데. 하늘의 별을 따는 것도 아이고, 달을 따는 것도 아인데~~ 사람이 하고 또 하다 보머~ 못하는 게 뭐 있겠노. 자~ 지금부터 또 열심히 함 해 봐래이~."

그런 어머니가 또 내게 늘 들려주시던 이야기가 있다. 옛날 옛날에 과거 시험을 보기 위해 이제 막 절에 들어가려는 자식과 그 어머니는 헤어지기 전 마지막 대화를 나눈다.
"어무이! 제가 언제 다시 집에 돌아가머 되겠습니꺼?"
"니가 공부 억수로 열심히 하면 어느 순간 배에서 뿡~ 하고 소리가 날끼다. 그때 내려오머 된다."
그러나 절에 들어간 자식은 아무리 공부를 해도 배에서 소리가 날 기미가 보이지 않았다. 하다 하다 답답한 마음에 어머니께 편지를 썼고, 이내 답장이 왔다.
"어무이, 아무리 공부해도 소리가 안 납미더. 와 이런교?"
"아들아, 아무 소리 하지 말고 소리 날 때까지 공부하거래이~ 소리 난다. 반드시."

그러한 편지가 오고 간 것이 수십 차례. 어느 날 자식은 이제 도저히 못 참겠다 싶어 마지막이라 생각하고 편지를 보냈더니, 답장이 오기를 '이제 하산하라'는 어머니의 윤허가 떨어진 것이 아닌가. 하산한 김에 과거를 봤더니 장원급제다. 자식은 기쁨에 취해 며칠을 보내다가 문득 궁금해졌다. 왜 그때 어머니가 내려와도 좋다고 했을까? 뭘 보고? 한 걸음에 어머니께 달려갔다.

"어무이, 저한테 어찌 그때 내리 오라 켔습니꺼?"
"아들아, 나는 그동안 니가 보낸 서신을 계속 유심히 봤다 아이가. 갈수록 니가 니 마음을 표현하는 깊이가 깊어지더구나. 마음을 빗대어 자연과 세상 이치를 연결시키는 글솜씨가 경지에 이르렀다고 생각되어서 내가 무릎을 쳤다 아이가. 이미 서신에서 니 능력을 보여준기라."

기관의 직원들이 나에게 자주 묻는 것이 있다. 어떻게 하면 프로그램의 내용을 잘 구성하게 되냐고. 그러면 위 이야기를 자주 들려준다. 고민의 시간이 일정 정도 지나고 생각이 농익어 푹 썩어 문드러질 즈음이 되면 좋은 내용이 펜 끝에서 흘러나온다고.
물론 그 시간이 되기까지 당사자도 이해하고, 여러 선배들의 경험과 고민들을 되씹어보고, 끝날 것 같지 않은 고민의 꼬리를 따라 생각을 펼쳐나가는 순간들, 기회들이 필요하다.
답은 현장에 있고, 끊임없이 썼다 지웠다를 반복한 내 노트 행간 사이에 이미 번쩍이는 보석이 숨어 있다. 그래도 잘 보이지 않는다면? 한숨 자고 나면 보이지 않을까?

사업참여자의 현재 상태(as is)에서 지향하고자 하는 단계나 수준(to be)으로의 변화를 이끌어 내기 위해 무엇을 해야 할 것인지를 구상하는 것은 프로그램 개발과정에서 제일 중요한 핵심적인 부분이라고 볼 수 있다. 그런 의미에서 공동모금회 배분신청서 양식에서 제일 먼저 내세우게 된 것이 제목, 그 다음으로 사업내용과 네트워크 구축이다. 거두절미하고 실무자가 무엇을 하고 싶은지를 자신 있게 적어보라는 뜻이 숨어 있으며 심사 또한 여기에 제일 큰 방점을 두겠다는 의도를 내포하고 있다.

이러한 사업내용을 기술함에 있어 과거 이를 요약정리하도록 요구하는 표 작성에 치중했다면 이제는 자유롭게 사업내용을 기술하도록 하는 방식으로 전환하고 있다. 아울러 네트워크 구축이라는 것이 협업을 하는 여러 기관을 단순히 나열하는 데 그치는 것이 아니라 사업의 진행과정에서 사업수행기관과 네트워크기관 간의 구체적인 역할과 일하는 방식을 획정하는 것임을 알아두자.

1. 어떤 세부사업들을 펼쳐나갈 것인가?

1) 사업내용의 성격

'나는 어떤 내용의 사업을 진행해서 의도하는 변화가 일어나도록 할 것인가'라는 고민에 아무리 충분히 시간을 할애해도 아깝지 않다. 사업계획 작성에서 가장 중요한 비중을 차지하는 핵심부문이기 때문이다. 실무자가 목도하고 있는 이 현실에 변화를 가져오고 싶다는 강렬한 열망을 구체적인 성과로 나타나게 하기 위해서는 내가 어떤 컨텐츠를 활용하여 어떻게 개입해야 하는지를 결정해야 한다.

하지만 어쩌면 내가 왜 이 사업을 기획하는지에 대해 명확하게 대답할 수 있다면 내가 무엇을 해야 하는지는 자연스럽게 연역적으로 도출된다. 여기서 한 걸음 더 나아가 '무엇을 변화시킬 것인지'에 대해 명확히 한 후, 수행해야 하는 작업은 '현 상태(as-is)를 어떻게 목표 지점(to-be)으로 변화시킬 것인가'이다.

물론 그 고민은 프로그램 기획단계에서 자연발생적으로 함께 이루어진다. 다만, 이 단계에서는 보다 정교하고 체계적으로 사업을 수행하기 위해서 각종 세부사업의 얼개를 구상하기 위해 고민의 깊이를 더하는 것이 필요하다. 이와 함께 덧붙여야 할 것은 네트워크를 어떻게 구축하는지에 대한 것이다. 즉, 사업내용이라는 것이 내가 지향하는 바를 이루기 위한 구체적인 컨텐츠가 무엇인지에 대한 것이라면 그러한 컨텐츠를 구현해 내는 방법 중 하나가 네트워크 구축인 것이다. 설사 기획하는 사업의 종국적인 목적이 네트워크 구축이 아니라 할지라도 '독불장군은 없다'라는 관점에서 보면 고안한 사업을 자기 기관만의 힘으로 수행하기보다는 사업수행에 도움을 얻어야 할 기관들과 연대하여 사업을 어떻게 수행해 나갈 것인지에 대한 고민이 수반되어야 한다.

2) 실제 사업내용

실제 사업내용은 각 프로그램의 종류만큼 다양하다. 비슷할 수는 있어도 동일한 내용의 프로그램이 기획되는 것은 거의 불가능하다. 그러나 그 사업의 구체적인 내용이 무엇이든지 간에 매력적일 필요가 있다. 문제는 그 매력의 수준을 판단하는 주체는 사업신청기관이 아니라 자금제공기관이라는 점이다.

자금제공기관의 입장에서는 사업수행기관을 통해 소기의 성과가 일어나기를 기대한다. 재원을 지원한 만큼 그 의미있는 피드백을 요구하는 것은 당연할 수 있다. 뿐만 아니라 자금제공기관 또한 자기들에게 재원을 지원해 준 상위 주체들에게 사업결과를 보고해야 한다. 공동모금회의 경우 기부한 일반국민과 기업 그리고 보건복지부나 국회에 대해서, 기업복지재단은 출연한 모기업에 대해서, 종교복지재단은 여기에 기부한 신도에게 사업의 의미와 성과를 보고해야 한다. 그러므로 매력적인 사업내용을 구상하고 이를 표현하는 것은 관련되는 여러 이해관계자들이 관심을 가지는 핵심포인트라고 할 수 있다.

최근 공동모금회나 민간복지재단에서는 자유롭게 구상한 사업내용을 표현할 수 있도록 허용하는 추세로 변하고 있다. 과거에는 일목요연하게 작성하도록 한다는 취지로 도표를 제시하고 이의 빈칸을 채우도록 요구해 왔다. 매우 절제된 사용어휘나 표현을 사용하도록 요구하여 사업내용을 쉽게 파악하게 하는 장점에 주목했다. 그러나 이는 '프로메테우스의 침대'와 같이 기관실무자가 표 안에 자기 생각을 맞출 수밖에 없고 그렇게 하다 보면 창의력이 표 안의 공간 범위 내로 제한될 수밖에 없는 한계를 지닌다. 그렇기 때문에 최근에는 작성자가 자신의 의도를 충분히 피력하는 데 방점을 두어 도표를 삭제하는 대신 구상한 사업을 자유롭게 그 내용과 성격에 맞게 표현하도록 독려하고 있다.

2. 사업내용에 대한 다양한 기술방식

1) 종전의 공동모금회 양식

2016년까지의 공동모금회 사업내용 작성양식은 다음 표와 같다. 사업내용이라 할 수 있는 활동(수행방법)이 어떤 성과목표를 위해서 작동하며 그것의 시행시기, 소요되는 인력, 참여인원과 몇 회를 수행하는지를 적도록 되어 있었다.

〈표 7-1〉 2016년 이전 공동모금회 양식-사업내용 부문

성과목표	프로그램명	활동 (수행방법)	시행 시기	수행 인력	참여 인원	시행 횟수 시간
1	A	a1 a2 a3 a4				
	B	b1 b2 b3				
2	C	c1 c2 c3				
	D	d1 d2 d3 d4				

여기에는 크게 세 가지 문제가 내재되어 있었다.

첫째, 특정 세부프로그램은 몇 가지 활동(수행방법)으로 구성되는데 이것이 지향하는 성과목표가 직선적으로 연결되어 있다. 하지만 반드시 그러라는 법은 없다. 예를 들면, A라는 프로그램이 성과목표1에 연결되지만 성과목표2에도 직간접적으로 영향을 미칠 수 있다면 이 표는 논리성을 갖지 못한다.

둘째, 특정한 프로그램에 따른 활동(수행방법)내용을 적다 보면 시행 시기·횟수와 시간을 적지 않을 수 없다. 그로 인해 활동(수행방법)내용을 적을 공간이 부족해서 표가 길게 늘어지는 문제가 생기게 된다.

셋째, 표는 사업을 창의적으로 구상하고 이를 표현하는 데 걸림돌이 될 수 있다. 사업내용을 가장 호소력 있고 정확하게 표현하는 방법은 얼마든지 많다. 그림을 그려도 되고, 표로 제시해도 되고, 자기 나름대로의 서술방식에 충실한 것이 문제가 되지는 않는다. 어차피 특정한 활동(수행방법)이 꼭 어떤 한 가지의 성과목표를 위해 작동하는 것이 아니라는 것을 받아들인다면 이 표를 쓸 의의는 더욱더 줄어들게 된다.

2) 삼성「작은나눔 큰사랑」

삼성 작은나눔 큰사랑의 기획매뉴얼에 따른 세부프로그램 구조도는 이러한 문제의식에 기반하여 보다 창의적으로 기술하도록 한 것으로 평가된다.

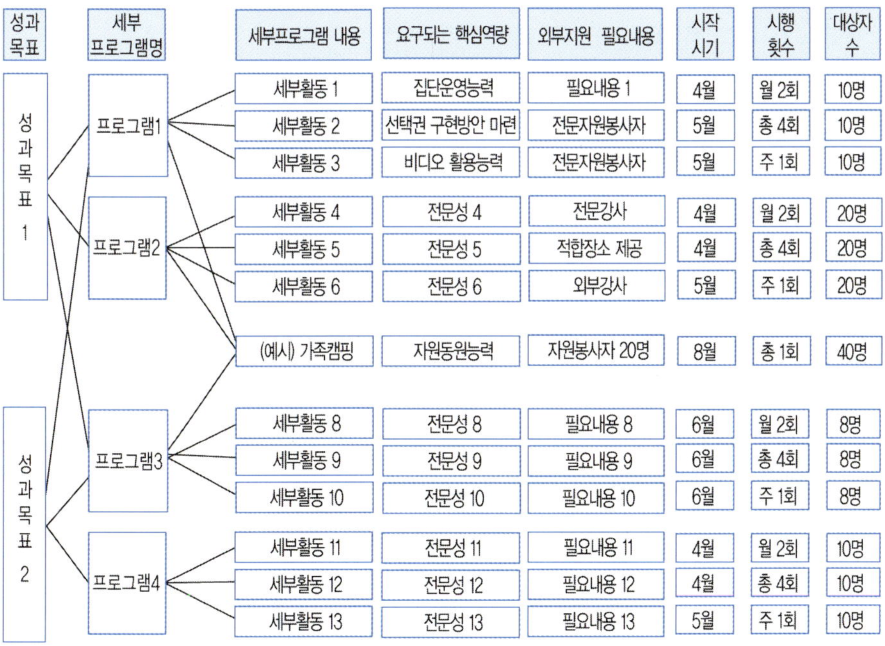

[그림 7-1] 세부프로그램 구조도[1]

이 세부프로그램 구조도는 프로그램이 특정한 성과목표 1개를 위해서만 작동한다는 선형적 사고방식이 갖는 경직성을 깼다는 측면에서 그 의의를 찾을 수 있다. 아울러 그러한 세부활동을 하는 데 어떤 전문성이 필요하며 어떤 외부적 지원이 필요한지를 프로그램 기획자가 작성과정에서 스스로 고민해 볼 수 있는 기회를 가진다는 측면에서도 매우 긍정적이다.

하지만 관련 있을 법한 부분을 모두 표현하면 너무 복잡하여 직관력이 떨어지고 이렇게 변화되더라도 여전히 세부활동을 적을 수 있는 공간은 절대적으로 부족하여 창의적인 사업내용을 표현하는 데는 여전히 한계를 지닌다고 볼 수 있다.

3) 한국 아쇼카재단

한국 아쇼카재단에서는 미국 본사에서 쓰는 양식을 그대로 번역하여 사용하는데 다음 표와 같이 서술형 질문만 존재하고 어떠한 양식도 주어지지 않는다.

〈표 7-2〉 한국 아쇼카재단 사업신청서 양식

문제의식	후보자님께서 해결하고자 하시는 사회 문제는 무엇입니까? 이 문제는 어느 정도로 심각합니까? 이 문제는 왜 발생하며, 왜 해결되지 않고 지속되고 있습니까? 2~3가지 핵심요소를 언급해 주십시오. 이 문제를 해결하기 위해 한국에서는 (후보자님 이외에) 그동안 어떤 노력들이 있었습니까? 후보자님께서 보시기에 그러한 접근 방식들이 가지는 강점과 약점은 무엇입니까?
아이디어	앞서 서술한 문제를 해결하기 위한 후보자님의 새로운 아이디어나 접근방식은 무엇입니까? 후보자님께서 제시하시는 해결책의 가장 혁신적인 측면은 무엇입니까?
전략	후보자님께서 궁극적으로 변화시키고자 하시는 목표 대상은 무엇이며, 그 규모는 어느 정도입니까?(예 지역사회, 특정업계 종사자 등) 그러한 변화를 만들어 내기 위한 후보자님의 구체적인 전략은 무엇입니까? 향후 1년차 목표, 3년차 목표, 5년차 목표는 무엇입니까? 후보자님께서는 위의 목표를 이루기 위해 어떤 기관・개인과 협력하고 계십니까? 어떤 방법으로 보다 많은 사람들이 사회문제의 해결에 참여하는 체인지메이커가 되도록 이끄셨습니까? 후보자님의 성공을 방해하는 가장 큰 장애물은 무엇입니까? 어떻게 그 장애물을 극복하실 계획이십니까?
임팩트	후보자님의 아이디어가 전 사회적으로 확산되고 관련 분야 전체의 패턴을 바꾸는 데 성공한다면, 한국 사회는 구체적으로 어떻게 달라지겠습니까? 만약 국제적인 변화를 추구하고 계시다면, 다른 나라의 모습이 어떻게 달라질지도 서술하여 주십시오. 후보자님께서 그러한 변화를 달성할 때까지 어느 정도 시간이 걸릴 것이라고 예상하십니까? 후보자님의 성과와 임팩트를 파악하기 위해 어떤 양적・질적 지표들을 사용하고 계십니까? 현재까지 후보자님의 혁신은 어떠한 변화와 사회적 임팩트들을 낳았습니까?

1) 그림 내의 선은 성과목표가 배타적으로 소관 프로그램에만 적용되는 것이 아니라 다른 성과목표를 달성하는 데 주력하는 프로그램과도 연결될 수 있음을 보여주기 위해서 작성된 것이다.

필요자원	올해 후보자님 단체의 예산은 얼마입니까? 지난 몇 년간 예산 규모가 어떻게 변화해 왔습니까? 어떤 식으로 필요한 재정을 마련하고 계십니까? 향후 후보자님의 아이디어와 조직의 성장에 필요한 재정 자원을 어떻게 마련하실 계획이십니까? 후보자님의 비전을 이루기 위해 필요한 비재무적 자원에는 어떤 것들이 있습니까? 이를 어떻게 마련하실 계획이십니까? 아쇼카는 영리기업을 운영하는 펠로우 후보자의 경우 그 목적과 동기가 이윤 창출이 아닌 사회 문제의 해결임을 분명히 하기 위한 여러 절차를 가지고 있습니다. 예를 들어, 영리 기업을 운영하는 펠로우는 향후 10년간 적절한 보수를 제외한 수익금 전액을 사회적 임팩트의 확대에 재투자하도록 권유합니다.

물론 아쇼카재단에서는 기관에 대한 지원이 아니라 한 인물에 대한 지원이라는 점에서 차이가 있지만 많은 외국의 경우를 살펴보면 대부분 특정한 양식보다는 핵심적인 질문을 던지고 이에 대해 답하게 함으로써 관련 정보를 수집하려는 경향이라는 점이 돋보이며 차별성으로 간주된다.

4) 사회복지 공동모금회

사회복지 공동모금회는 2018년 수행사업에 대한 배분신청 사업계획서부터 다음의 양식으로 바꾸었다. 이는 종전의 너무 틀에 짜여진 사업내용을 제한된 공간 안에 적도록 하는 것이 기술자의 자유로운 내용구성에 방해가 되어 오히려 창의력을 발휘하는 데 제약을 가져온다는 문제의식에서였다.

사업 내용 및 사업 집행 전략
아래 내용을 모두 포괄하되, 자유롭게 (질문순서에 상관없이) 표현해 주시기 바랍니다.
- 전체 사업을 몇 개의 세부 사업으로 분류한다면 어떻게 구성될 수 있습니까?
- 사업을 어떻게 추진할 것인지에 대하여 세부 사업별 시행방법, 시행 시기 및 횟수, 사업 진행 일정 등 구체적인 정보를 담아서 기술해 주시기 바랍니다.

5) 소 결

사업내용을 어떻게 적을지와 관련하여 각 사업내용이 갖는 고유한 정체성과 이의 서술방식을 어떻게 해야 한다고 교과서적으로 이야기하는 데는 한계가 있다. 오히려 사업내용을 독자들에게, 심사자에게 잘 전달할 수 있는 방법은 사업계획서의 종류만큼 다양할 수 있다. 그런 의미에서 최근에는 사업내용을 주어진 틀에 맞게 잘 표현하라고 요구하기보다는 다양한 방법을 빌려 마음껏 그 내용을 표현해 보라고 요구하는 쪽으로 변화하고 있는 추세이다.

또 프로그램을 기획하다 보면 담아내야 할 내용을 사업신청기관이 모두 제대로 감당하기 어려울 때는 연계·협력해야 할 기관들과의 네트워크를 구축하는 것이 매우 중요한데, 다음에서는 과거 네트워크 구축이라고 하면서도 형식에 머물러 있었던 관행을 비판하면서 새로운 네트워크 표현방법을 제시하고 있다.

3. 사업추진 네트워크

1) 연계·협력의 필요성

사업을 수행함에 있어 극히 예외적인 경우를 제외하고는 지역사회 내 유관기관들과 연계·협력이 필요하다. 종합사회복지관에서 재가장애인에게 영양교육사업을 하면서도 장애인거주시설 내 영양사 또는 보건소 내 보건영양사와 아무런 연계협력 없이 대학의 전문성만 빌려서 사업을 수행한다면 처음부터 제한적이고, 한계를 가질 수밖에 없음을 예상할 수 있다. 대학교의 관련 학과가 기여할 수 있는 방법도 좋지만 기관들 간 호혜협력의 파트너십 정신은 결코 간과되어서는 안 된다. 특히 사업의 아이디어는 좋은데 사업수행기관이 보유하고 있는 전문성이 부족한 경우에는 함께 사업을 수행하는 방식을 강구하는 것이 필요하다.

어떤 성격의 네트워크를 구축하는 것이 필요한지는 해당 사업의 성격과 내용에 따라 달라진다. 하지만 네트워크 구축에 대해 고민할 때에 다음의 질문을 던져 아이디어를 구체화하는 것도 좋은 방법이다.

〈표 7-3〉 네트워크 구축 설계에 필요한 질문

고민해야 할 질문들	판 단
• 이 사업에 도움이 될 수 있는 기관의 후보리스트는? - 그중에서 집중적으로 도움을 받을 수 있는 곳은?	
• 그 기관은 우리 기관을 위하여 어떤 역할을 해야 하는가? - 그 역할을 하는 과정에서 우리 기관은 어떤 역할을 수행해야 하는가?	

• 밀착된 네트워크가 나을까, 느슨한 네트워크가 나을까?	
• 네트워크 기관이 원하는 것은 무엇일까? - 우리는 그것을 어떻게 충족시켜 줄 수 있을까?	

2) 연계 · 협력방안 제시방법

유관기관과 네트워크를 구축하는 것은 단지 사업수행기관과 그림에서 선을 긋는 것으로, 협약식을 체결하는 것으로 충분한 것은 아니다. 이제까지의 관행을 담은 다음 표 내용을 살펴보면 연계 · 협력하겠다는 기관이 어디인지는 알겠지만 그들 기관과 왜 연계협력을 해야 하며, 어떤 역할분담체계로 협력을 하겠다는 것인지 알기 어렵다. 이렇듯 구체적이지 않은 네트워크 구축은 실제 필요한 그 단계에서 생각지도 못한 다양한 어려움에 적절히 대응하지 못하거나 양해각서(MOU)만 체결하고 아무런 진전이 없어 신청단계에서의 강한 의지가 사업실행단계에서 모두 무너지고 마는 경우가 적지 않다.

〈표 7-4〉 지양해야 할 네트워크 구축 사례

연번	자원명	내 용
1	도봉구정신건강증진센터	이용자 의뢰 및 심리상담, 정신건강 관련 네트워크 구성을 통한 통합적 사례관리 서비스 제공
2	도봉구청 복지정책과 희망복지팀	
3	각 동 주민센터 통합복지팀	
4	서울심리지원북부센터	
5	헬로스마일 도봉구성인심리상담센터	

그러므로 네트워크를 구축하는 것의 의미가 보다 구체적으로 제시되고 사업신청기관으로 하여금 충분히 고민한 후 관련내용을 작성하도록 유도하는 것이 필요하다. 이런 관점에서 볼 때 네트워크가 잘 구축되었다는 것은 사업을 수행함에 있어서 내가 할 일이 무엇이고, 협력기관이 해야 할 일이 무엇인지, 그러한 순환적 관계를 어떻게 이루어 나갈 것인지를 명확하게 보여주는 것을 의미한다. 네트워크 구축과 관련된 좋은 예시는 다음 표와 같다.

〈표 7-5〉 지향해야 할 네트워크 구축 사례

<table>
<tr><th>사업내용</th><th>사업수행기관</th><th>협력기관(예 장애인복지관)</th><th>비 고</th></tr>
<tr><td rowspan="7">재가장애인에
대한
영양교육사업</td><td>협약서 체결</td><td>협약서 체결</td><td>상호공통</td></tr>
<tr><td>대상자 발굴 협조요청</td><td></td><td></td></tr>
<tr><td></td><td>대상자 발굴・의뢰</td><td></td></tr>
<tr><td></td><td>대상자에 대한 정보제공</td><td>지속적</td></tr>
<tr><td>의뢰된 대상자에게
서비스제공</td><td></td><td></td></tr>
<tr><td>자문요청</td><td>사업수행에의 자문</td><td>순차적</td></tr>
<tr><td>중간모니터링</td><td>중간모니터링 공동수행</td><td>동시간 진행</td></tr>
<tr><th>사업내용</th><th>사업수행기관</th><th>협력기관(예 종합사회복지관)</th><th>비 고</th></tr>
<tr><td rowspan="3">손자녀 양육
조부모
양육기술향상</td><td>협약서 체결</td><td>협약서 체결</td><td>상호공통</td></tr>
<tr><td>사업 취지 및 내용 설명</td><td>사업 취지 및 내용 이해</td><td>이해증진
도모</td></tr>
<tr><td>K 세부프로그램
공동진행(主)</td><td>K 세부프로그램
공동진행(補助)</td><td></td></tr>
<tr><th>사업내용</th><th>사업수행기관</th><th>협력기관(예 종합사회복지관)</th><th>비 고</th></tr>
<tr><td rowspan="7">경증
조현병환자
지역사회
지원망 구축</td><td>협약서 체결</td><td>협약서 체결</td><td>상호공통</td></tr>
<tr><td></td><td>자체 프로그램 종결자 의뢰</td><td>이해증진
도모</td></tr>
<tr><td>프로그램 참여자로 편성</td><td></td><td></td></tr>
<tr><td></td><td>대상자 정보 계속 제공</td><td></td></tr>
<tr><td>프로그램 진행 및
협력기관 의뢰필요자
재의뢰</td><td></td><td>상태악화</td></tr>
<tr><td></td><td>전체 서비스 이력확인 및
재개입</td><td></td></tr>
<tr><td>잔여자에 대한 프로그램
계속</td><td></td><td></td></tr>
</table>

MEMO

제8장

목적과 목표(Purpose and Goal)

제목을 목적과 목표라고 했지만 사실 제8장에서는 목표에 대한 내용으로 한정하고 있다. 그런 만큼 여기에서 목적과 목표 간의 관계를 미리 설명하고 왜 목적에 대한 내용을 여기에서 기술하지 않는지에 대해 간단하게 이야기하고자 한다.

우리가 흔히 접하게 되는 미션(mission)과 비전(vision)을 구분하는 일은 늘 도전적인 숙제다. 물론 구분할 수 있다. 조직이 존재하는 이유가 미션이고, 그러한 미션을 추구하면서 어떤 가시적인 결과를 보여줄 것인지가 비전(vision)이다. 하지만 그 쓰임새에 따라서는 이 양자가 서로 바뀌기도 한다. 비전은 내가 바라보는 방향이고, 미션은 그러한 방향 속에서 당장 내가 해야 할 일이 무엇인지로 설명하는 식이다. 이 또한 그럴싸해 보인다. 결국 정답이 있다기보다는 이 개념들을 어떤 관점에서 정의하는가에 따라 달라지는 게 아닐까. 위의 둘 중에 어느 하나를 조직의 존재이유로, 다른 하나를 존재이유를 달성하기 위해 무엇을 해야 하는지에 대한 장기적인 목표로 정의한다면 그에 대한 시비는 일어나지 않을 것 같다.

한편 예전에는 목적과 목표를 구분하기도 했다. 하지만 최근 이 양자를 굳이 구분하지 않는 사례가 많아진 이유는 그 경계가 희미해졌다기보다는 목적에 대한 기술(descriptive writing)을 꼭 해야 하는지에 대한 문제제기가 커졌기 때문이다. 더군다나 기관의 존재이유가 아니라 프로그램의 목적이라고 하면 결국 프로그램의 존재이유가 되고, 이는 '사업필요성'이라는 지면에서 충분히 서술할 수 있기 때문이다.

뿐만 아니라 목적은 목표를 설정하는 방향타 역할을 하기 때문에 다소 추상적으로 기술될 수밖에 없다. 하지만 또 너무 추상적이면 모든 프로그램의 목적은 한 곳으로 수렴하게 된다. 예를 들어, 이런 저런 장애인 관련 프로그램의 경우 그 목적을 '장애인의 자립'으로 하게 되면, 다른 많은 대다수의 프로그램도 모두 자립을 지향하는 것일 수 있다. 결국 그 사업만의 목적이 잘 드러나지 않게 된다. 나아가 이보다 더 고차원적인 서술의 예로는 '~~~의 행복증진"과 같은 문구를 들 수 있다. 어느 프로그램인들 당사자의 행복증진에 맥락이 닿지 않는 것이 있을까? 대한민국헌법에서의 행복추구권은 어디에도 다 적용되지 않을까? 그런 만큼 최근에는 목적과 목표를 구분 서술하라고 하는 신청서 양식은 점차 줄어들고 있다.

반면 프로그램의 목표는 매우 중요하다. 프로그램이 잘 진행되었고, 자금제공기관에게 '저희들이 정도의 훌륭한 결과를 만들었어요!'라고 어필하는 것이 목표와 관련되어 있기 때문이며, 실제로 어느 정도 목표가 달성되었는지를 보여주게 된다. 이는 또 프로그램 평가와 연결되어 있다. 설정된 목표가 실제 달성되었는지를 보기 위해서는 평가과정을 거쳐야 하기 때문이다. 그렇기 때문에 프로그램을 개발하는 기관실무자 입장에서 목표설정은 평가체계와 항상 동시에 검토되어야 한다. 설정된 목표가 평가 가능한 것인지, 프로그램 내용을 실시하는 이유와 그 맥락이 잘 닿아 있는 것인지 전후좌우로 꼼꼼히 살피는 것이 좋다. 나중에 수정하느라 고생하지 않기 위해.

1. 목표설정의 맥락

이제까지 우리는 내가 왜 이 프로그램을 기획해야 하는지, 그러한 문제의식에 따라 사업참여자를 결정하고 어떤 내용의 사업을 추진해야 하는지를 결정하는 데 고려해야 할 점들에 대해 살펴보았다. 그리고 이들은 목표와 결별되어 있지 않다. 문제와 문제의식은 자연스럽게 목표지점과 연결되기 때문이다.

> 서울의 어느 한 동네에서는 중학생이 자신이 거주하는 인근지역에 주차되어 있는 자전거를 아무런 거리낌없이 타고 다니다가 아무 곳에나 버리고 가는 행태가 만연했다고 한다. 그럼에도 불구하고 그 어떤 기관도 이에 대한 문제의식을 가지고 있지 않고 대책도 세우지 않고 있었다. 점차 그 행태가 심해지자 주민들의 불만이 커졌고 이에 A복지관에서 이러한 청소년의 마비된 양심에 경종을 울리고 자전거 무단사용이 일어나지 않도록 하려는 프로그램을 기획하기로 했다. 자기 소유 자전거도 아닌데 훔쳐 사용하고 이를 아무 곳에나 방치하는 현실에 대해 문제의식을 가지게 되었다면 자연스럽게 뒤따르는 목표는 어떻게 설정될 수 있을까? 문제를 제대로 분석하면 목표지점은 어느 정도 자연스럽게 포착되지 않을까? 위의 문제에 대해서도 두 가지 목표를 간단하게 설정할 수 있다. 첫째는 중학생에 의한 자전거 무단사용 건수를 줄이는 것, 둘째는 자기 소유가 아닌 물건을 임의로 사용하는 것의 심각성에 대한 인식수준을 높이는 것이다.

물론 사업구상 단계에서 생각한 문제의식에 따라 목표의 큰 윤곽은 드러난다. 그렇다고 해서 목표가 자동적으로 설정되는 것은 아니다. 목표설정에 대한 별도의 세부적인 고민이 필요하다. 다음에서는 이러한 목표설정을 어떻게 할 것인지에 대해 살펴보자.

2. 목표란?

목표는 흔히 "사업수행을 통해 달성하거나 변화시키고자 하는 바를 어느 정도까지 달성 또는 변화시킬 것인지를 적시한 것"을 의미한다. 아동의 도벽을 감소시킨다거나, 사업참여자의 자아존중감을 향상시킨다든가, 청소년의 진로성숙도를 제고시킨다는 등을 말한다. 목표라는 말이 갖는 뉘앙스는 대부분 사업참여자의 종국적인 변화를 이야기한다. "학교 밖 청소년의 자살충동률을 10%p 감소시킨다"라고 진술되듯이, 사업참여자에 대해 인적·물적 자원과 시간비용을 투여하여 성취하고자 하는 바를 표현한 것이다.

이렇듯 목표진술의 구성요소로 '누구에 대하여(To whom), 무엇을 통해(Means, Methods), 무엇을(What), 얼마만큼(How much)'을 들 수 있다. 예를 들어, "자살충동 감소 프로그램에서 사회복지사와 심리치료사가 협동으로 주 1회 집단프로그램을 4개월 동안 운영하여 참여 청소년의 자살충동 정도의 평균을 낮춘다"라고 진술될 수 있다. 흔히 이러한 목표는 다양하게 분류될 수 있으나 여기에서는 흔히 자금제공기관이 요구하는 산출목표와 성과목표로 대별하여 설명하고자 한다.

3. 산출목표

산출목표는 성과목표 달성에 기여하는 데 필요한 수단적 성격의 목표를 말한다. 산출목표는 성과목표 달성에 전제나 기초가 되지만 성과목표 그 자체는 아니다. 그런 의미에서 성과목표를 적어야 할 곳에 산출목표를 적게 되면 제3자나 심사자는 '작성자가 이 양자를 혼돈하고 있다'고 오해할 수 있다. 물론 이 양자가 명확하게 구분되지 않는 것도 있다. 이는 다음 '목표설정을 둘러싼 다양한 쟁점'에서 살펴보도록 하고 여기에서는 산출목표로 설정될 수 있는 세 가지를 설명하고자 한다.

1) 활동(Activities)에서 기재한 사업내용을 실제로 수행한 것

논리모델에 따르면 프로그램 담당자는 투입요소를 기반으로 다양한 활동을 해 나가면서 성과목표 달성에 한 걸음씩 다가가기 위해 노력한다. 그때 활동으로 기재한 것은 앞으로 어떤 내용을 하겠다는 것이고, 그러한 계획이 실제 실행될 때 이를 산출이라고 부를 수 있다. 예를 들어, A프로그램을 주 2회 실시하겠다는 것은 전체 사업내용 중 활동(Activities)에 해당하지만, 실제 프로그램을 실시한 이후에는 산출이 된다. 그런 점에서 활동(Activities)이 집행되고 나면 이들은 산출로 전환되며 이 중에서 중요하게 고려되고 점검되어야 할 항목들은 목표로 설정될 수 있는데 이를 산출목표라고 부른다.

2) 활동(Activities) 결과, 기관실무자가 마음대로 하기는 어렵지만 실제 성과목표를 달성하는 데 반드시 필요한 목표치인 경우

두 번째로는 활동이 단순히 산출로 전환되는 것이 아니라 프로그램 담당자가 상당한 주의와 노력을 기울여야 하지만 그렇다고 쉽게 또는 단순히 달성될 수 있는 성격이 아닌 것이 있다. 더군다나 그렇게 사항이 성과목표 달성에 징검다리 역할을 할 만큼 사업진행과정에서 주요하게 다루어져야 할 경우 이를 산출목표로 설정할 수 있다. 예를 들어, A프로그램의 출석률을 90% 이상 유지한다는 목표는 공급자가 임의로 조작할 수 없고 참석자가 꾸준히 A프로그램에 출석해야 가능한 것이다. 아울러 출석률이 낮으면 출석한 사람은 A프로그램으로 인한 긍정적 변화가 있다 하더라도 이는 참여인원의 일부에 불과한 것이므로 성과의 의미가 반감되고 이로 인해 성과목표를 충분히 달성했다고 볼 수 없기 때문에 출석률은 매우 중요한 산출목표로서 다루어질 수 있다.

3) 최종적인 성과목표 달성을 위한 중간목표로 설정되는 경우

마지막으로 제시될 수 있는 것이 성과목표는 아니지만 성과목표를 달성하기 위한 중간목표적 성격을 가질 경우이다. 예를 들어, 프로그램의 내용이 '매뉴얼을 작성하여 이에 기초해서 교육을 실시한 다음 소기의 성과를 달성하겠다'라는 프레임에 기초해 있다고 하자. 이를 위해서는 가장 기초적으로 매뉴얼이 만들어져야 한다. 하지만 매뉴얼 작성이 종국적인 목표라고 할 수는 없다. 즉, 성과목표는 아닌 셈이다. 즉, 성과는 매뉴얼을 통해 교육받은 사업참여자가 교육내용에 대한 이해도가 높아진다든지, 실제 문제해결능력이 향상된다든지 하는 것으로 설정된다. 이때 매뉴얼 작성은 최종적인 성과목표는 아니지만 산출목표로 제시될 수 있다.

4. 성과목표

성과목표란 인적·물적 노력과 시간을 조직·투여하여 최종적으로 달성하고자 하는 목표를 말한다. 기존의 연구들을 살펴보면 목표를 정의하는 내용이나, 목표유형이 세부적으로 다르고 성과목표에 대한 진술도 다소 차이가 있음을 알 수 있다.

〈표 8-1〉 성과목표에 대한 다양한 이해

저 자	목표 정의 키워드	목표기술 원칙	목표 유형	성과목표
김상곤·최승희·안정선(2012)	구체적인 대상의 변화와 문제 해결	구체적, 측정 가능, 성취 가능, 결과지향, 시간제한	성과목표 산출목표 과정목표	'어떻게'와 '무엇을'
이봉주·김기덕(2019)	변화시키려고 하는 상황이나 문제에 대한 특정한 기준	조직목표와의 연관성, 활동지향성, 구체성과 기준지향성, 상황지향성	하위목표 영향목표 성취목표 활동목표 이용자목표	프로그램 참여자의 태도, 지식, 기술, 행동의 구체적인 변화
이민홍·정병오(2012)	궁극적인 지향점, 클라이언트에게 나타날 바람직한 결과	SMART Specific/Measurable/ Achievable/ Result-oriented/ Time-bounded	과정목표 성과목표	달성해야 할 결과
양점도 외(2009)	설정된 목적을 근거로 보다 세분화	구체적, 단기적인 방향의식, 관찰 가능한 경과, 목적 세분화	성과목표 과정목표	클라이언트에게 예상되는 행동, 지식, 태도, 조건의 변화
Kettner, Moroney, Martin(1999)	달성해야 할 결과, 결과가 달성되도록 하는 방법	명료성, 시간적 기준, 변화의 표적, 산출물 및 결과물, 특정의 기분	결과목표 과정목표	(결과목표) 표적집단에 대하여 개인의 어떠한 효과가 기대되는지

1) 성과목표 설정의 다차원성

'어떤 성과목표를 설정할 것인가'는 전적으로 그 사업이 지향하는 가치와 대상, 사업내용에 따라 달라진다. 그러므로 '목표를 이렇게 해야 한다, 저렇게 해야 한다'고 강요하는 것은 매우 위험한 일이다. 그렇다면 어떻게 해야 하는 것일까? 기관실무자가 목표를 설정하는 데 따른 막연함을 덜어줄 목적으로 성과목표의 다양한 차원과 초점을 소개하면 다음과 같다.[1]

먼저 내적 기능 향상이다. 장애아동을 키우는 부모들에게서 흔히 볼 수 있는 것이 우울감이며 자신에 대한 부정적 인식이다. 사회적 모델에서 장애가 사회적 책임이라고 이야기하고 우리 사회도 사회적 모델의 패러다임을 따른다고 하지만 여전히 자신의 자녀에 대해 부모가 책임져야 하는 사회구조에서 살아간다. 그만큼 짊어져야 하는 삶의 무게 때문에 우울해지기도 하고 자기 자식이지만 소통의 어려움 때문에 끝도 없이 전쟁 같은 삶을 살아야 할 경우 이런 삶의 주인공이 된 상황이 버거워질 수 있다. 그럴 경우 자신이 겪어내고 이겨내야 하는 삶의 질곡 때문에 자녀 양육에 소홀해질 수 있고 마침내 극단적인 선택을 할 수 있다. 이런 면을 포착한 기관실무자들이 장애부모들의 우울감 감소 또는 자아존중감 향상을 도모하는 프로그램을 기획할 수 있다.

둘째는 인식개선이다. 행동의 변화는 철저한 깨달음에서 출발된다. 성역할에 대한 인식변화, 남녀 데이트 과정에서의 상대 성 존중, 사회복지의 중요성 및 역할에 대한 인식변화 등을 도모하는 프로그램이 여기에 해당한다고 볼 수 있다.

셋째는 태도의 변화이다. 인식만 변하는 것으로 만족하지 못하고 실제 사람에게서 나타나는 태도상의 변화까지 목표지점 내에서 포섭하는 것을 말한다.

넷째는 행동의 변화이다. 사안에 따라서는 태도와 행동이 명확하게 구분되지 않는 경우도 있겠으나 공격행동, 도전적 행동 등은 이해의 차원이나 태도의 변화뿐만 아니라 실제 관련 행동상의 빈도나 강도가 감소되어야 비로소 성과로서

---

1) 다음 표는 김상곤 · 최승희 · 안정선(2012). 사회복지 프로그램 개발과 평가의 내용을 참조하여 재구성하였음.

의미를 가질 수 있다. 즉, 인식의 변화의 수준을 넘어 실제 가시적인 성과로 여겨질 수 있는 행동상의 변화를 초점에 두어야 한다는 것이다.

다섯째는 지역사회의 변화이다. 위에서 설명한 네 가지는 개인적 차원에서의 성과를 의미하지만 지역사회 차원도 성과로 설정할 수 있다. 비슷한 사회 차원에서 사회적 인식의 변화도 있다.

〈표 8-2〉 성과목표 설정의 다차원성

분류	초 점	예 시	비 고
개인 차원	내적 기능 향상	- 자아존중감 향상 - 우울 감소 등	척도 사용
	인 식	- 차별에 대한 인식 - 요양보호사의 전문성 인식 - 제도적 환경변화에 대한 사회복지관의 인식[2] - 인식에 대한 다양한 질적 연구[3]	척도 사용 인터뷰 실시
	태 도	- 성역할 태도변화 - 어머니의 양육태도 등	척도 사용
	행 동	- 아동의 공격행동 변화 - 문제행동 변화 - 사회적 행동변화 - 건강행동 변화 - 노인의 운동행동 변화 등	척도 사용
사회 차원	사회적 인식	- 지역사회 인식변화	
	지역사회	- 지역주민의 응집력 - 네트워크 강화 - 지역사회빈곤율 변화	과정평가 척도 사용 네트워크분석

2) 조미형(2011). 제도적 환경변화에 대한 사회복지관의 인식과 대응에 관한 연구. 한국사회복지행정학. 13(1). 103-132. 동 논문에서 인식을 파악하기 위해 사회복지관의 관리자 100여 명에 대해 설문조사 실시

3) 김주현(2015). 한국 고령자의 연령차별 경험과 노년기 인식 질적 연구. 한국인구학. 38(1). 69-104.

2) 성과목표 설정에의 주의점

(1) 목표 진술내용에는 사업참여자와 사업내용이 함축되어야 한다.

성과라는 것이 사업참여자가 달성해야 할 변화내용과 목표를 말하는 것이며 그러한 변화를 가져오게 하는 수단이 구체적인 사업내용이라는 점에서 목표 진술내용에는 사업참여자와 사업내용이 함축되어야 한다.

(2) SMART하게 성과목표를 설정하라

성과목표를 설정할 때 준수해야 할 원칙 다섯 가지를 SMART로 제시할 수 있다. SMART란 목표는 구체적으로(Specific), 측정 가능하고(Measurable), 성취 가능한 것으로(Achievable) 설정되어야 하며, 결과 지향적이고(Result－Oriented), 시간제약적(Time－Bounded)인 속성을 띤다(표갑수 · 이재완 · 유옥현 · 이화정 · 김현진, 2016).

구체적이지 않으면 달성 여부를 측정하기 어렵고, 성취 가능한 목표가 아니면 달성했는지를 알 수 없으며, 최종적인 결과가 아니면 중간단계에서의 달성치를 측정하게 되는 오류를 범할 수 있고, 어떤 프로그램이든지 간에 사업기간이 설정되어 있다는 점에서 시간제한적이라 할 수 있다.

3) 목표설정을 둘러싼 다양한 관점[4)]

(1) 어디가 최종적인 결과치인가?

각 성과는 흔히 단계적으로 나타나는데 어디를 최종적인 결과로 설정해야 하는지 애매할 수 있다. 더군다나 시간제약성을 고려하면 내용상으로는 중간단계의 성과이지만 시간제약성 때문에 불가피하게 최종적인 결과로 내세우는 경우도 있다. 그 예로 “취업에 필요한 요리기술을 습득한다 → 한식조리자격증을 취득한다 → 요식업에 취업한다”를 들 수 있다. 마음으로는 최종적인 성과로 ‘요식업에의 취업’을 제시하고 싶으나 이의 성취 여부를 따지는 데 시간이 너무 걸리

4) 아래 내용 중 일부는 사회복지공동모금회의 『2018년 배분사업안내』에서 발췌한 것임.

기 때문에 중간목표라고 할 수 있는 한식조리자격증 취득을 최종목표로 설정하기도 한다. 만약 시간이 더 짧다면 요리기술 습득에 목표를 두고 점검포인트를 미리 마련하여 실제 학습과 교육을 통해 배워야 할 것들을 제대로 배웠는지, 자격증 취득준비에 만전을 기했는지를 살펴볼 수 있다.

한편 어디까지를 목표로 설정할 것인지는 늘 논란이 된다. 진로성숙도를 몇 % 향상시켜야 유의미한 사업이 되는 것인지, 우울감을 몇 % 떨어뜨려야 효과가 있다고 판단할 수 있는 것인지이다. 이 경우 학문적으로 어느 정도의 변화를 유의미하다고 보는지는 참여집단의 크기를 고려하여 판단할 수밖에 없다. 또 다년도 사업인 경우 설정한 목표치까지 달성했다 하더라도 차년도, 차차년도에도 그만큼의 수치변화를 가져올 수 있는지도 관건이다. 예를 들어, 진로성숙도를 10%p 향상시켰다 하더라도 2년차, 3년차에도 그런 큰 수치가 나올 수 있는지, 또 그 정도의 변화 크기가 있어야 유의미한 것인지도 논란이 될 수 있다.

(2) 산출목표인가, 성과목표인가?

사회복지 실무자들이 흔히 겪는 어려움은 설정하고자 하는 목표가 산출목표인지, 성과목표인지 자신이 없다는 것이다. 그럴 수밖에 없는 것이 이 두 가지에 대한 절대적인 구분 기준이 명확하지 않기 때문이다. 하지만 사업계획서를 검토해 본 경험에 비추어 볼 때 매우 흥미로운 것은 성과목표를 산출목표로 적는 것은 매우 드물지만, 산출목표를 성과목표로 간주하는 경우는 적지 않다는 것이다. 성과목표로 '출석률을 일정 정도 유지하겠다', '몇 명 이상이 반드시 참석하도록 하여 프로그램을 완주하겠다' 등을 제시하는 것이다. 이러한 경향은 성과목표와 산출목표를 단순히 혼동하는 데서 비롯될 수도 있지만, 실무자 입장에서는 사업을 구상하여 이를 실천하는 것도 쉽지 않을 뿐만 아니라 이러한 과정 자체가 사업참여자에게 매우 유익한 경험을 가져다준다고 생각하기 때문이다. 즉, 쉽지 않은 사업수행과정을 충실히 해내는 것만 해도 의미가 있고 또 사업참여자들에게 좋은 환경을 제공해 주는 것이기 때문에 더 이상의 뭔가를 바라는 것은 욕심이며 그것의 영향이 어떻게 나타나는지를 측정하기도 쉽지 않다는 것이다.

그 결과 성과목표로 제시될 수 있는 것에 대해서는 생략하고 산출목표를 성과목표로 대치하는 것의 불가피성을 면접과정에서 오히려 심사자에게 설득하려는 경우도 있다.

이러한 사례에서 보듯이 기관실무자의 진심과 겪는 애로를 어느 정도 짐작할 수 있다. 하지만 무엇을 성과로 제시할 것이냐의 문제와 그 성과를 어떻게 보여주느냐의 문제는 차원이 다르다. 그렇기 때문에 인적·물적 자원의 조직화 및 그에 따른 추진내용이 어떤 푯대를 향해 나아가는지는 분명히 설계하고 그것의 달성 여부와 정도를 어떻게 가시적으로 보여줄 것인지를 나누어서 판단할 필요가 있다. 평가 틀 설계와 관련해서는 제3부에서 보다 자세하게 다루고자 한다. 다음은 공동모금회에서 예시하고 있는 사업목표 설정방법을 소개하고자 한다.

사업예시

- 중학생 10명에 대한 진로성숙도를 향상시키는 프로그램에서 사업담당자는 직업탐색, 진로탐색 등 다양한 세부프로그램을 기획하지만 이에 덧붙여 '학생에 대한 부모의 이해도 증진이 진로성숙도에 영향을 미친다'는 점에 착안하여 부모에 대한 세부프로그램도 기획하였다고 하자.
- 이때 핵심참여자는 중학생 10명이며, 그 중학생의 부모는 주변참여자로 간주될 수 있다.
- 그런데 자녀에 대한 부모의 이해도 증진이 산출목표인지, 성과목표인지 궁금해진다.
  - 최종적인 성과목표는 진로성숙도 향상이기 때문에 부모의 이해도 증진은 최종적인 성과목표로 보기는 어렵다. 진로성숙도 향상에 기여하는 중간목표(매개목표)이기 때문이다.
  - 아울러 부모의 이해도 향상은 통상 산출목표로 설정되는 세부프로그램 시행횟수, 참여율이나 탈락률 등과는 다소 차원을 달리하는 것이기 때문에 마음속 갈등은 쉽게 해결되지 않는다.
  - 결국은 핵심참여자가 누구인가에 따라 성과목표로 정하고 그렇지 않은 주변참여자의 변화의 경우는 산출목표로 설정하여 성과목표에 기여하는 목표임을 분명하게 할 필요가 있다.

만약 부모의 자녀에 대한 이해도 증진을 산출목표로 간주하면 다음과 같다.

세부사업내용	산출목표
1. 자기이해와 진로주체성 향상	1-1. 자기 이해와 진로주체성 프로그램 총 10회기 진행
	1-2. 동 프로그램 탈락률 5% 미만
2. 진로탐색 및 진로계획 설계	2-1. 자신의 주도적 활동에 따른 탐색활동 15회기 진행
	2-2. 진로계획 수립하기
3. 부모의 자녀 이해 증진	3-1. 개별상담 5회기 및 집단프로그램 5회기 진행
	3-2. 부모의 자녀에 대한 이해도 증진(10%p 증가)

↓

성과목표
참여 학생의 진로성숙도를 향상시킨다.

만약 부모의 자녀에 대한 이해도 증진을 하위성과목표로 간주하면 다음과 같다.

세부사업내용	산출목표
1. 자기이해와 진로주체성 향상	1-1. 자기 이해와 진로주체성 프로그램 총 10회기 진행
	1-2. 동 프로그램 탈락률 5% 미만
2. 진로탐색 및 진로계획 설계	2-1. 자신의 주도적 활동에 따른 탐색활동 15회기 진행
	2-2. 진로계획 수립하기
3. 부모의 자녀 이해 증진	3-1. 개별상담 5회기 및 집단프로그램 5회기 진행
	3-2. 동 프로그램 참여율 90% 이상 유지

↓

최종 성과목표	하위성과목표
참여 학생의 진로성숙도를 향상시킨다.	1. 참여학생의 진로주체성을 향상시킨다.
	2. 참여학생의 진로 및 직업탐색 능력을 향상시킨다.
	3. 부모의 자녀에 대한 이해를 증진시킨다.

(3) 반드시 양적으로 측정 가능해야 하는가?

우리나라 자금제공기관들은 지금까지 삼성복지재단과 공동모금회가 주도했던 패러다임, 즉 논리모델에 기반한 성과목표 제시와 이의 달성 여부를 측정해야 하는 지식체계 기반하에서는 양적으로 측정되지 않는 목표설정이나 평가방법은 아예 인정을 하지 않거나 양적 목표 달성 정도와 그 의미를 보완적으로 보여주는 차원에서 질적인 목표설정과 평가방법을 인정해 왔다. 그런 이유로 사회복지 실천현장에서 프로그램을 기획할 때 양적으로 측정되지 않는 것은 아예 기획을 포기하거나 이를 인정해 주는 몇몇 민간복지재단에만 사업을 신청하는 사례가 많았다.

하지만 생각해 보면 모든 사업의 성과가 측정 가능하지 않을 뿐만 아니라 '성과를 양적으로만 제시 가능한 것이 옳고 바람직하다'고 생각하는 학문적 풍토 또한 최근에 와서는 많은 도전을 받고 있는 추세이다(김인숙, 2007). 오히려 최근 들어서는 성과측정방법의 다양성을 인정하고 있다. 성과의 의미를 질적으로 드러내는 방법을 덧붙이기도 하고 양적 측정이 어려운 분야가 있을 수밖에 없다는 것에 대해 이해하는 폭도 훨씬 넓어졌다. 예를 들어, 발달장애인의 변화를 도모하는 다양한 사업의 경우 이들에 대한 설문조사가 쉽지는 않다는 것을 이해하고 질적인 접근에 대한 가능성을 보다 넓게 열어두고 있다. 아울러 종전에는 이들의 변화 여부와 정도를 부모나 실무자가 대신 평가하기도 했는데, 이렇게 되면 발달장애인들이 주체적인 삶의 주인공이 되지 못하고 그림자 역할만 하도록 제한하는 결과를 초래하게 되기 때문에 당사자 중심으로 연구나 평가 패러다임으로 바꾸어야 한다는 진영에서는 당사자가 참여하는 질적평가방식의 발전을 도모하는 데 힘을 보태려고 노력하고 있다.

MEMO

제9장

변화의 방향과 수준 : 혁신과 사회적 영향력(Social Impact)

"고기도 먹어본 사람이 잘 먹는다고, 사회복지사도 뭘 좀 알아야 생각의 폭이 넓어지는 거지요." 메트라이프 아동복지재단에서 자문교수로 있을 때의 일이다. 신청접수된 프로그램을 자문교수들과 재단 직원들이 함께 검토하는 과정에서 '발달장애아동을 위한 승마치료 프로그램'이 논란이 됐다.

처음에는 그놈의 '치료'라는 단어를 꼭 넣어야겠냐는 씁쓸함에서 논의가 시작되었지만 바로 이어서 발달장애인 몇 명에게 그 비싼 승마 프로그램을 꼭 해야겠냐는 것으로 이어졌다. 많은 논의가 있었지만 긍정적으로 검토하고 면접 때 보다 상세한 내용을 검증해 보기로 했다.

그런 방향으로 결론지어진 경위에는 메트라이프 아동복지재단의 실무책임자의 마음가짐이 큰 몫을 했다. 메트라이프 아동복지재단에서는 지원사업을 진행하면서 사업 신청, 선정, 모니터링 단계에서 사회복지기관 실무자에게 늘 최상의 대우를 해주기를 고집했다. 묵는 호텔도 그러했고, 세미나 후 여흥시간으로 수준 높은 뮤지컬 관람에 돈을 아끼지 않았다. 사회복지사들이 평소에 자기 돈으로 선뜻 내지르기 힘든 경험을 다양하게 해봐야 사회복지 프로그램을 기획하는 생각의 폭이 넓어지고 그에 따른 수준도 높아질 것이라는, 당시로서는 시대를 앞선 생각을 이미 실천하고 있었던 것이다. 그런 재단의 평소 철학이 사회복지 프로그램 심사과정에도 그대로 적용되었기에 승마 프로그램도 선정될 수 있었다.

"장애인이라고 매번 놀이동산 가는 프로그램이 전부겠는가. 아니다. 승마는 사치가 아니라 발달장애인에게 또 다른 경험을 쌓을 좋은 기회를 제공할 수 있다. 그것으로 한 발달장애인의 인생이 달라질지 누가 알겠는가."

당시 그렇게 생각한 것이 혁신이었다고 생각되는데, 최근에 아예 명시적으로 자주 사용하는 단어 중에 하나가 '혁신', '사회적 영향력(social impact)'이다. 투입 대비 산출의 효율성을 따지고 나아가 지원규모 자체가 작아서 근본적인 변화를 도모할 수 있는 여건을 제대로 제공해 주지 못하는 기존 흐름에 대한 반성에서 출발하여, 과연 우리가 근본적인 혁신을 꿈꿀 수 있는지, 사업참여자뿐만 아니라 우리 사회 전반에 울림을 던져줄 수 있는 프로그램을 기획해 볼 필요성은 없는지에 대한 반성이 점차 확산되고 있다. 이제는 사회복지공동모금회와 아산사회복지재단뿐만 아니라 소셜벤처 분야에서도 사회적 영향력 개념을 안내하고 있다. 앞으로 성과(outcome)뿐만 아니라 혁신과 사회적 영향력을 염두에 두면서 프로그램을 기획할 수 있는 기회가 더 많아지기를 기대해 본다. 기관실무자에게도 마찬가지다. 치열한 고민이 사업참여자에 대한 영향력에 그치지 않고, 지역사회 나아가 그 사회 전체의 제도적 틀을 바꾸는 나비효과의 시작을 만들어 내는 것이면 마음이 더 설레지 않을까. 그 맛에 힘든 오늘을 버틸 수 있을지도 모른다. 실천현장에서 도망가지 않고.

사회복지 프로그램은 인적·물적 재원을 투입하여 소기의 목표와 성과를 거두기 위한 종합적인 노력을 체계적으로 구성한 결과물이라고 할 수 있다. 목표와 성과는 당사자의 직접적인 변화 또는 변화의 토대를 마련하는 것과 관련이 있다. 그러나 그 프로그램이 얼마나 매력적인지, 지원할 만한 가치가 있는 것인지에 대한 판단은 자금제공기관의 몫이다. 자금제공기관 또한 현장의 요구나 사회적 흐름에 둔감할 수 없다는 점에서 전혀 새로울 것이 없는 프로그램을 위해 재원을 지원하기는 어렵다. 이 대목에서 주목받고 있는 개념이 혁신성이다. 최근 사업참여자의 의미 있는 변화 차원을 넘어 우리 사회에 울림을 주는 영향력을 어떻게 발휘하게 할 것인지, 그로 인해 사회적 변화를 촉진시킬 수 있을 것인지에 대한 관심이 점차 높아지고 있다. 점진적 개선을 염두에 두는 연역적 사고에 기대는 것이 아니라 지향가치, 사업수행방법, 대상 및 영역에서의 근본적인 변화를 도모하고자 하는 것이다.

자금제공기관은 왜 혁신성을 강조할까? 그동안 공동모금회나 민간복지재단에서는 사각지대 해소, 도약의 기회 제공, 취약계층 지원 등을 심사과정에서 우선순위로 고려해 왔다. 하지만 최근에는 혁신성을 많이 강조하는 분위기다. 1~2천만 원 지원규모로 사업참여자의 의미 있는 변화에 중심축을 두었던 패러다임에서 타 기관, 지역사회 나아가 국가 전체적으로 울림이 있는, 유의미한 영향력을 끼칠 수 있는 프로그램을 발굴·지원하는 패러다임으로 이동하고 있다. 자금제공기관은 사업수행 내용을 통해 사회적 파급효과가 널리 퍼져나가기 기대하면서 동시에 사업수행기관이 조직 및 운영 면에서 성장하기를 기대한다.

1. 혁신(革新)이 뭘까?

혁신이란 Human Resource Developlment(HRD) 용어사전에 따르면 “기술의 진보 및 개혁이 경제에 도입되어 생기는 경제구조의 변화로 신상품의 생산, 신생산방법의 도입, 신시장의 개척, 신자원의 획득 및 이용, 그리고 신조직 달성 등에 의하여 생산요소를 신결합하는 것”을 의미한다고 한다. 원불교대사전에서는 혁신을 “묵은 조직이나 제도・풍습・방식 등을 바꾸어 새롭게 하는 일 또는 종교에 있어서 시대에 맞지 않거나 잘못된 교리나 제도 등을 시대에 맞게 뜯어고쳐 새롭게 개혁하는 것”이라고 정의하고 있다.

혁신이라는 단어를 영어로 번역하면 이노베이션(innovation)이라 할 수 있다. 이노베이션은 안에서부터(in) 바깥으로 새롭게 하는(nova) 것을 말한다. 그렇다면 겉모양만 바꾸어서는 혁신이 될 수 없다. 보이지 않는 속에서부터 보이는 바깥까지 새롭게 변화시키는 것을 의미한다. 그러한 변화의 양상이 기술진보에 있건, 생산방법이나 신시장을 개척하는 것이건 간에 핵심의제는 「근본적인 변화」에 있다는 것을 의미한다. 즉, 본질을 건드려서 - 조직의 역량이 변화하고, 일하는 방식이 변화하는 것 등 - 과거와는 다른 면모를 보일 필요가 있다. 지금보다 조금 나아지는 것은 개선이라고 하지, 혁신이라고는 하지 않는다.

2. 혁신(革新)의 구성요소

사회복지 실천현장에서의 혁신은 도대체 무엇을 의미하는가? 그것은 이제까지 보지 못했던 곳에 눈을 돌리는 것, 이제까지 해오던 방식에서 탈피해서 새로운 대안적 방법을 모색하는 것, 여기저기 흩어져 있던 것을 하나로 묶어내는 것 등을 혁신이라고 볼 수 있다. 대상 및 영역에서의 변화, 지향가치의 변화, 수행방법에서의 변화를 꿈꾸는 것이 핵심적인 혁신이라고 할 수 있다. 사회복지분야에서 그 예를 든다면 다음과 같다.

〈표 9-1〉 아산나눔재단 「파트너십 온」 프로그램에서의 혁신사례

분 야	사업내용	수행기관
지향가치	• 시각장애인이 '본다'는 개념을 재해석(Another way of Seeing)	우리들의 눈
수행방법	• 왕따, 따돌림 청소년에 대한 다학제적인 접근 – 의사, 심리치료사, 사회복지사, 교사의 팀워크 어프로치	마음쌤
	• 미혼녀 청소녀에 대한 거주공간 및 학습기회를 하나의 서비스 공급자가 제공하여 이 양자 간의 분절에 따른 애로 해소	자오나학교
	• 탈북 청소년들의 취업애로를 해소하기 위한 직업사관학교 운영	해솔직업사관학교
대상 및 영역	• 재소자 가족에 대한 심리정서적 지원 등 다양한 지원체계 구축 – 범죄자 가족 또한 범죄자의 연장이라는 시각을 끊어내고 사회복지영역에서 관심의 사각지대였던 대상에 집중	아동복지실천회 세움

물론 지향가치, 수행방법, 대상 및 영역이라는 세 가지 중에 두 가지 이상의 혁신을 이루는 사업도 존재한다. 지향가치의 혁신을 통해서 수행방법까지 혁신성을 내포하는 경우도 있고, 대부분의 사회복지기관들이 접근하지 않는 대상에 대해 그들에 맞는 새로운 수행방법을 적용하는 경우도 있다. 물론 이 세 가지 모두를 내포하고 있는 사업을 기획할 수도 있다.

3. 혁신(革新)이 요구되는 이유

그렇다면 이런 혁신의 개념이 사회복지 프로그램을 기획하고 공모하는 데 왜 중요한 개념으로 등장하는 걸까? 왜 혁신성을 갖추어야 한다고 하는 것일까? 그것은 자금제공기관의 입장에서 생각해 보면 쉽게 이해할 수 있다.

자금제공기관으로서는 지원한 사업수행기관에서 사용하는 자원이 소기의 의도에 맞게, 그 성과를 내는 데 적합하게 사용되기를 원한다. 그렇기 때문에 무작위로 돈을 배분하기보다는 엄격한 선정과정을 거쳐 진정성과 실력, 그리고 이를 추진하고자 하는 의지를 가진 기관을 선발하고자 한다. 이때 신청기관이 제안한 사업내용이 종전에 이미 의미 있다고 밝혀진, 또는 별 효과가 없는 것으로 판명되었거나 그 사업을 바라보는 사회적 시각이 변화되어 진부한 접근방법으로 간주되는 경우 자금제공기관으로서는 그 사업에 지원할 매력을 느끼지 못하게 된다. 그러므로 기존의 타성에 젖어서, 아이디어 고갈을 해소하지 못하고 영혼 없이 기존 사업을 벤치마킹하는 수준에 머문다면 지원을 받기가 쉽지 않다.

4. 혁신을 요구하는 입장에 대한 비판

물론 그렇다고 매번 새로운 사업을 찾는 것이 옳은가라는 비판도 있을 수 있다. 고안한 사업 내용이나 방법이 옳고 필요하다면 그것을 실행할 수 있는 재정지원이 뒷받침되어야 한다. 그러나 이미 일종의 시범운영을 거쳐 그러한 사업들이 여러 기관들에 벤치마킹되고 보편화되어 가는 과정에 있는데 굳이 그 사업에 다시 투자할 이유는 없다. 오히려 그러한 사업이 전국적으로 시행되어야 한다면 정부가 나서야 한다. 백번 양보해서 그러한 개별 사업에 대해 정부가 일일이 나서기 어렵다면 공동모금회가 필요한 재원을 제공하는 것을 검토해 볼 수 있다. 자금제공기관 중에서는 공동모금회가 가장 공공성을 강하게 띠고 있으니 사업내용이 일부 보편화되었더라도 그 사업을 수행할 재원이 없는 경우 혁신성의 기준은 충족하지 못하지만 사업에 참여하는 당사자의 의미 있는 변화를 꾀할 수 있다는 입장에서 지원할 명분은 충분히 있다고 본다. 논의가 여기에 이르면 결국 공동모금회가 어떤 역할을 감당해야 하는지에 대한 이야기로 이어진다.

공동모금회는 사회복지공동모금회법 제4조에 의해 설립된 특수법인이다. 과거 국민들의 불우이웃성금에 기초한 사회복지사업기금을 정부조직에서 임의로 사용한다는 비판에 따라 민간이 모금한 돈을 민간의 책임하에 필요한 부문에 사용한다는 원칙하에 배분사업을 진행해 오고 있다. 그런 공동모금회에게 우리 사회가 기대하는 부분이 있다.

첫째, 사회복지 실천현장이 변화하는 시대적 흐름에 따라 공통적으로 활용할 수 있는 내용을 생산하는 것이다. 학대에 관련한 지표를 생성하기도 하고, 빈곤을 퇴치하기 위한 지역사회의 전방위적 노력이 어떻게 작동되어야 하는지를 규명하는 사업에 재원을 투자하는 사례가 여기에 해당한다.

둘째는, 다른 민간복지재단과 마찬가지로 잘 짜여진 프로그램에 대해 재원을 지원하는 것이다. 그러한 프로그램 시행을 통해 값진 경험을 도출해 내고 사업 참여자의 의미 있는 변화를 이끌어 내는 게 여기에 해당한다.

셋째는, 공동모금회가 때로는 시대적 화두를 제시하지도, 의미 있는 새로운 프로그램을 기획한 것도 아니지만 일정 정도의 재정지원이 필요한 부분에 대해 지원하는 경우도 있다. 지원을 받는데 필요한 경쟁에서 우위를 점하기 어려운 소규모시설이나 프로그램을 기획하는 시대적 흐름이나 정보를 접하기 어려운 농어촌지역의 경우 별도의 리그(league)로 지원의 잣대를 달리하는 것이다.

이러한 역할을 공동모금회가 담당하면서도 장기적으로는 정부와 공동모금회 그리고 민간복지재단이 서로 모여서 역할분담에 합의하는 것이 필요하다. 즉, 정부는 전국적으로 또는 해당 지방자치단체 내에서 공통적으로 수행해야 하는 사업에 대한 지원을 담당하고, 민간복지재단에서는 끊임없이 창의적이고 혁신적인 아이디어와 사업방법을 고안하고 이를 실험하면서 새로운 사회적 변화를 수용하려고 노력하는 사회복지 실천현장을 견인하는 역할을 담당하는 것이 필요하다. 이들의 중간에 위치해 있는 공동모금회는 민간복지재단에서 일차적으로 검증된 사업 아이템을 이어서 지속적으로 지원하고, 정부에서는 이 중에서 국가사업으로 담당해야 할 부분들을 정리해 내는 역할을 수행하는 것이 바람직하다고 본다.

5. 사회적 영향력의 의미와 필요성

혁신을 이야기하다 보면 우리는 이런 의문을 제기할 수 있다.

'발달장애인 10명에게, 다문화가정 10가정에게, 어르신 15명에게 프로그램 사업을 수행해서 그들에게 의미 있는 변화라고 하는 성과를 달성하면 뭐할 것인가? 그런다고 사회가 변하는가?' 물론 그들 10명, 15명이 처한 삶의 조건을 개선하고 어려움을 경감시키는 것이 얼마나 중요한지를 폄하하는 것은 아니다. 그 당사자에게는 또 다른 인생의 전기가 될 수도 있다. '하지만 그런 프로그램을 몇 개 더 한다고 해서 우리 사회의 기본적인 틀이 바뀌겠는가? 그런 속도로 사회변화가 확산될 수 있는가?'라는 생각에 이를 수 있다.

프로그램 시행을 통해 얻은 시사점이 당해 기관, 사업에 참여한 당사자에게 그친다면 우리 사회의 발전은 더디거나 세월이 흘러가면서 그러한 긍정적인 성과조차도 그 빛을 잃을 수 있다. 그렇기 때문에 자금제공기관들은 고민하지 않을 수 없다. '과연 어떻게 재원을 지원해야 의미 있게 사용되고 우리 사회에 의미 있는 울림이 될 것인가?' 사회적 영향력(social impact)이라는 개념은 그러한 문제의식에서 태동되었다. 사회적 영향력이란 "개인, 가족, 지역공동체 그리고 조직, 사회와 시스템에 의해 이루어지는 특별한 행동과 행태상의 변화 덕분에 경제적, 사회적, 문화적, 환경적 그리고 정치적 조건들에서 의미 있는 변화"를 말한다(McKinsey & Company, 2010 : 2).

6. 사회적 영향력의 활용 예

프로그램 지원사업에 있어 사회적 영향력(social impact)을 중요하게 고려하는 자금제공기관이 현재로서는 그리 많은 것은 아니다. 우리나라에서 이 개념을 먼저 도입한 사례로 아산나눔재단에서 2015년 처음 우리나라에서 첫 선을 보인 「파트너십 온」 사업을 들 수 있다. 「파트너십 온」 사업은 벤처기부(venture philanthropy)

방식에 입각하여 혁신성에 기반한 청소년 사업에 대해 3년 동안 6억 원의 사업 재원을 지원하고 이와는 별도로 법률자문, 필요한 교육 및 컨설팅 등 비재정적 부문에 대해서도 지원하는 틀을 가지고 있다. 비영리 기관 및 단체는 이러한 지원을 받을 때 '사회적 영향력', '책무성' 및 '재정안정성'에 대한 노력과 그에 따른 성과에 대한 책임을 지게 된다. 즉, 사회적 영향력은 벤처기부에 따른 지원의 대가로 반드시 성취해야 할 과제 중의 하나였던 것이다.

이러한 파트너십 온 사업에서의 사회적 영향력은 "성공적인 사업수행 결과, 지역사회 나아가 우리 사회 전반에 미치는 긍정적인 파장과 울림"이라고 정의되고 있다. 이에 따라 사회적 영향력은 수행사업의 내용이나 일하는 방식이 타 기관으로 확산되거나, 법·제도의 변화를 추동하고 나아가 사회 인식 변화를 가져오는 등 사회에 긍정적인 영향을 끼치는 것으로 설명될 수 있다. 아산나눔재단에서는 이러한 결과를 거두기 위해 필요한 부가적인 지원을 아끼지 않았는데 그 내용으로는 리더십 강화이거나, 모금역량을 제고시키거나 영향력의 외연을 넓히기 위한 네트워크 구축에의 지원이기도 했다. 결국 사회적 영향력은 '사업의 성공이 사업참여자에게 좋은 영향을 끼치는 것에 머무르지 않고 우리 사회에 긍정적인 파장을 불러일으키는 것'을 의미한다. 즉, 성과와 분리된 무언가가 아니라 성과가 성취되고 나면 자연스럽게 이어질 사회에 대한 긍정적인 영향으로 이해될 수 있다.

사회적 영향력은 2017년 공동모금회가 그동안 사용해 오던 배분신청서 양식을 대폭적으로 개편하면서 이러한 시대적 흐름을 반영하여 성과확산형 사업에서는 사업수행에 따른 사회적 영향력을 제시하도록 요구하고 있다. 그만큼 성과목표 달성만으로는 우리 사회의 변화의 물꼬를 틀기에는 역부족임을 이해하고 동 개념을 처음 사회복지 실천현장에 적용하기 시작한 것이다(김진우 외, 2017).

제 3 부

사회복지 프로그램 실행

제 10 장

실행단계별 주의사항

여러 재단에서 자문교수 역할을 해오면서 일종의 프로그램 기획 안내서를 만들어야겠다고 결심하게 된 계기가 있다. 신청단계에서 서류를 심사하다 보면, 작성된 내용에 일정한 패턴이 있음을 알 수 있었다. 그런데 오류 또한 매년 비슷하게 반복해서 발견된다는 것을 알고 적잖이 놀랐던 것 같다. 그런데 알고 보니 숨은 맥락이 있었다. 선정된 기관의 사업신청서를 다른 기관이 벤치마킹하는 것이다. 물론 선정되었다는 것은 그 내용의 구성과 기술이 매우 뛰어나다는 것을 의미한다. 맞다. 하지만 '뛰어나다'는 판단은 상대적이어서 다른 신청프로그램보다 더 낫다는 것이지 내용구성이 완벽하다는 것이 아니다. 신청해서 이제 시작할 수 있는 희망을 인정한 것에 불과하다. 그럼에도 불구하고 선정되었다는 이유만으로 신청준비기관들이 선정된 타 기관의 사업신청서를 맹신하면서 벤치마킹하고 있었던 것이다.

선정 이후 곤혹스럽고 씁쓸한 순간 중의 하나는 선정기관 프로그램 담당 실무자와 첫 미팅할 때다. 작성내용을 하나하나 뜯어보면서 그 맥락과 내용들 간의 관계를 물어보면서 오류를 찾아 나가는 과정에서 알게 되는 것은 기관실무자가 선정된 사업내용을 제대로 이해하지 못하거나 잘못 이해하고 있는 경우도 많다는 것이었다. 주로 목표설정 내용이나 평가방법에 있어서는 전면 수정에 가까운 손질이 필요하다는 것을 알고 서로 계면쩍어했던 적이 한두 번이 아니다. 그렇게 수정된 사업계획서가 아니라 처음의 사업신청서를 벤치마킹한다고? 그러니 오류가 확대재생산 될 수밖에...

그러한 우여곡절 끝에 시행단계에 접어든 사업을 모니터링해 보면 또 다른 국면이 나타난다. 인상 깊은 한 예를 살펴보자. 선정 전 면접과정에서 '학교와의 파트너십이 잘 구축될 것인지, 그렇게 잘 될 것이라는 강한 믿음의 근거가 무엇인지'를 물어보면 기관실무자는 '왜 자신을 믿지 못하느냐'며 못마땅한 입매와 눈초리를 감추질 못한다. 더 이상 논쟁하기보다는 믿고 선정한 후 몇 달 뒤 기관실무자를 만나보면 예상처럼(?) 고개를 푹 숙이고 흔들리는 눈동자로 눈을 마주치지를 못한다. 그러면서 작은 목소리로 이렇게 이야기한다.

"학교의 비협조로 사업을 변경·축소할 수밖에 없을 것 같네요."

예언자적 자세로 말하면 걱정을 예단하는 꼰대스러움으로 비춰지나 보다. 하지만 그런 일을 겪다 보면 아닌 건 아니라고 이야기하는 단호함이 있어야겠다는 다짐을 더 강하게 하게 된다. 하지만 그렇다고 씁쓸함만 있는 건 아니다. 매 프로그램에서 한결같이 확인할 수 있는 것은 '실패하지 않으려는 실무자의 엄청난 노력과 잠재력'이다. 프로그램의 초점이 다소 어긋날 수도 있고, 성격상 치밀하지 않아서 생기는 구멍에 망연자실할 때도 있지만 사업이 끝날 즈음이 되면 아무리 최악이라고 생각되던 프로그램도 나름대로의 성과와 의미를 끝끝내 이끌어 내고야 만다. 그렇게 되지 못할까 봐 조바심을 내서 다그쳤던 지난 날의 내 모습이 살짝 부끄럽기도 하지만, 그렇게 해서 여기까지 오게 된 것이라고 괜히 나를 위로한다. 그래서 들풀같은 기관 실무자들의 실력과 정신력에 매번 감탄하게 된다. 감사하고 또 감사하다. 부족한 나를 돌아보게 해줘서...

대부분의 비영리기관에서는 수행사업에의 소요비용을 대부분 외부에 의존하는 경우가 많다. 자신들이 활발하게 모금활동을 벌이기도 하지만 이와 함께 운영법인으로부터의 전입금, 정부보조금, 외부공모사업으로부터의 자금조달 등을 통해 재원을 충당하는 경우가 많다. 그러므로 인적, 물적 그리고 시간 자원을 활용하여 소기의 목적을 달성하려는 프로그램에 대한 내용은 일반공모사업에 주로 해당하기 때문에 여기에서는 공동모금회나 각종 복지재단과의 관계에서 기획한 프로그램의 집행과정에 국한하고자 한다.

1. 사업계획서 조정하기

사업계획서를 작성한 사람으로서 공모과정에서 최종 선정되었다고 연락받았을 때만큼 기쁘고 뿌듯할 때가 없다. 많은 경우 공모과정이 짧게는 3~4개월, 길게는 10개월 정도에 이르기도 하는데, 그 긴 시간 동안 서류심사, 면접심사 그리고 때로는 현장심사까지 다양한 형태의 심사를 거치는 동안 예산을 지원받기 위해 들여야 하는 노력이 만만찮다. 때로는 낮은 선정 가능성과 불확실성에 '괜한 노력을 하고 있나'라는 자괴감, '떨어지면 어떻게 하나' 하는 조바심이 앞서기도 한다.

이런 우여곡절을 거쳐 최종선정되고 나면 모든 과정이 끝났다고 생각되고, 어차피 예정된 금액을 지원받도록 확약을 받은 상태니 지긋지긋한 사업계획서를 다시 들여다볼 엄두가 나지 않는다. 마치 자신이 적은 학위논문을 다시는 들춰보기 싫고 다른 사람이 보면 경기(驚氣)를 일으키는 것처럼. 하지만 어쩌면 프로그램 기획의 마지막 단계는 제출단계가 아니라 선정된 사업계획서를 실제로 착수할 수 있도록 최종적으로 조정・보완하는 단계라고 할 수 있다. 그만큼 공모전에 선정되기 위해 작성한 사업계획 내용이 부정확할 때가 많고 때로는 도저히 그대로 사업을 수행하기 어려울 정도로 사업량이 너무 많은 경우도 적지 않기 때문이다.

그런데 그러한 오류나 부정확성이 비슷한 패턴으로 여러 기관에서 나타나기도 한다. 왜 그럴까? 흔히 어떤 기관에서 제출한 사업계획서가 공모전에 최종선정되고 나면 타 기관에서 벤치마킹하기 위해 이를 보내달라고 한다. 물론 "걱정하지 마. 그대로 베끼지 않아. 어떻게 써야 선정되는지 그 틀만 참고할게"라는 멘트도 빼놓지 않는다. 하지만 최종선정된 사업계획서는 앞서 이야기한 것처럼 절대 내용이 완벽한 것이 아니다. 아니, 오류와 모순투성이거나 사업계획서로서의 질적 수준을 담보하지 못한 경우가 많다.

그러면 여러분들은 묻고 싶어진다. "그러면 왜 선정된 거야? 그런 사업계획이 뭐가 좋다고 선정한 거야? 교과서에서 이야기한 그런 방향과 원칙에 입각해서 적었는데 뭐가 문제야?"

틀린 이야기가 아니다. 하지만 이것 하나 명심해 두자. 사업계획서가 선정된 것은 결코 그 사업계획서가 완벽해서가 아니다. 다만, 상대적으로 타 기관의 사업계획 내용보다 뛰어났기 때문이다. 그렇다 하더라도 그러한 사업계획서를 베끼거나 벤치마킹할 때는 일정한 거리두기가 필요한데, 바로잡아야 할 오류가 그러한 벤치마킹과정을 통해 복제·확산되는 것이다. 선정된 사업계획서는 참고서이지 해답서가 아니다.

자금제공기관에서는 선정된 사업계획서가 실제 집행되기 전에 재단－자문위원(있다면)－사업수행기관이 함께 모여서 그 내용을 실행 가능한 수준으로 전면 수정하는 단계를 거치는 게 좋다. 사업계획서 작성자는 작성내용의 오류를 스스로 찾아내기 어렵고 또 사업물량이 과다한 경우 조정은 불가피하게 되고 그에 따라 성과목표까지 수정하게 되는 연쇄반응이 불가피해지게 된다. 선정된 사업계획서는 사업착수 전에 전면적으로 수정·보완되어야 하는데 이 과정에서 던져야 할 질문은 다음과 같다.

- 주어진 인력과 공간으로 이 사업을 모두 수행할 수 있는가? 공모전에 선정되기 위해 무리하게 사업량을 기획한 것은 아닌가?

- 내 나름대로 현실변화를 꿈꾸면서 '하고 싶은' 내용에 무비판적으로 매몰된 게 아니라 '설정목표를 달성하는 데 필요한' 사업으로 구성하였다고 자신할 수 있는가?
- 그렇게 사업내용을 조정하고 나서도 당초 제시한 제목이 사업내용을 정확히 반영하고 있는가?
- 예산은 사업을 추진하는데 빠짐없이 반영되어 있는가? 과하게 책정된 부분은 없는가?

2. 사업착수단계

기획된 내용과 과정에 따라 사업을 처음 착수할 때 고려해야 하는 것은 홍보전략 재검토, 사업참여자 모집, 사전평가 실시 등을 들 수 있다.

첫째, 홍보전략 재검토이다. 사업을 기획하는 과정에서는 담당자, 슈퍼바이저 중간 또는 최고관리자에 의해 내용이 마련・검토된다. 기관에 따라서는 전체 직원들의 브레인스토밍을 거치는 경우도 있으나 사업에 직접 관여하지 않는 직원 대부분은 그 사업이 어떤 사업인지, 어떤 의도와 목표를 가지고 있는 것인지 자세히는 모른다. 그렇기 때문에 우선 기관 내부에서부터 이 사업의 의도와 중요성에 대해 설득하는 작업이 필요하다. 이를 통해 기관 내부의 모든 직원들이 이 사업의 홍보대사가 될 필요가 있다. 그러려면 먼저 많은 직원들이 이 사업의 내용을 이해하고 있어야 한다. 그렇다고 이 과정을 사업계획서에 담을 수도 없다. 내부적인 절차이기 때문이다. 그러므로 대부분 사업담당자들은 이 과정을 소홀하게 다루는 경향이 있다. 예를 들어보자. 장애부모에 대한 사업을 추진하려고 할 때, 다른 부서에 있는 직원이 장애부모님들을 만날 때 이 사업에 대해 소개하고 이야기할 수 있다면? 반대로 장애부모님들이 얼핏 사업에 대해 알고 다른 부서 직원들에게 물어봤는데 잘 모른다면? 홍보가 잘될 리 없고 처음부터 프로그램 진행이 삐거덕거릴 수도 있다. 그렇기 때문에 기관 내 전체 직원이 본 사업의 홍보대사가 되어야 한다.

이러한 내부공유과정을 거치고 나면 본격적으로 대외홍보활동이 이루어져야 하는데 사업계획 단계에서 깊이 있게 고민하지 않았다면 이때라도 이미 적어놓은 홍보계획을 원점에서 재검토해 볼 필요가 있다. 일반적으로 기관에서 진술하고 있는 홍보방법으로는 '기관 홈페이지 게재', '현수막 설치', '기관 이용자 이메일 송부', '사업설명회 개최' 등을 들 수 있다. 그러나 사업참여자의 성격에 따라 특화될 수 있는 방법과 일반적인 방법을 구분하여 고려하는 것이 좋다. 전자와 관련해서는 기관 이용자 중에서 Noisy Maker를 통해 입소문을 타게 하는 방법, 이미 구축해 놓은 SNS망에서의 홍보, 구청(주민자치센터)과 협력관계하에서의 홍보 등 다양하게 접근해 볼 수 있다. 이때 생각해 볼 수 있는 것은 개별적으로 온라인에 친숙한 부류, 오프라인에서의 만남이 익숙한 부류, 오프라인이라 하더라도 정보소통은 집단적으로 온라인으로 공유하는 부류 등을 나누어서 각각 홍보전략을 수립·추진하는 것이 필요하다는 것이다.

둘째, 사업참여자 모집이다. 목표달성에 적합한 참여자들을 모집하는 것은 성공적인 사업추진의 절반에 해당한다고 해도 과언이 아니다. 사업의 의도를 충분히 이해하고 현실변화를 위해 기관과 함께 협력하겠다는 의지가 있는 사람이 참여하는 것이 필요하다. 이때 고려되어야 할 것은 모집기준을 엄격하게 고집하면 참여자 모집이 쉽지 않고, 시간에 쫓기어 참여자 모집을 하고 나면 참여자의 몰입도나 중도탈락이 문제가 되기도 한다. 그렇기 때문에 참여모집전략을 시의성 있게 집행하는 것이 매우 중요하다.

셋째, 당초 사전평가가 기획되어 있다면 기초선 설정을 위해 반드시 본격적인 프로그램 시작 전에 실시해야 한다. 그런데 종종 이를 놓치는 경우가 많다. 사업참여자가 모집되면 사업실무자는 본격적으로 프로그램을 진행하고 싶은 생각이 굴뚝같아지기 때문이다. 사업참여자 모집이 늦어진 경우에는 더욱더 그러하다. 그러다 보면 사전평가를 하지 않고 막바로 프로그램을 진행하게 되는 경우가 많다. 그런데 일단 개입의 효과성을 보려는 경우 이미 프로그램을 적용한 이후에는 사전-사후 비교가 어려워지게 된다. 평가모형이 모두 엉망이 되고 만다. 그렇게 되면 사후측정만으로 변화치를 보여주기 위해 평가 틀을 모두 재설계해야 하는 지경에 이른다. 그런 불필요한 작업을 하지 않기 위해서는 사업착수단계에서는 사전평가를 언제 해야 하는지에 대한 경계와 민감성을 늦추지 않아야 한다.

3. 사업집행단계

사업집행단계에서는 참여자의 지속적인 참여를 유도하는 것, 프로그램 과정에 대해 모니터링하는 것, 평가에 대비해서 자료를 축적하는 것, 재단 및 자문위원과 지속적인 협력관계를 구축하는 것 등이 중요하다.

첫째, 참여자의 지속적인 참여를 유지하도록 모니터링하는 것이다. 그러기 위해서는 참여를 가로막는 요인이 있는지를 잘 살피고 참여가 매력적으로 느껴지도록 하는 것이 무엇일지를 파악해야 한다. 이를 통해 참여하게 되면 심리적으로, 교육적으로, 물질적으로 어떤 내용이든지 간에 도움이 된다는 것을 느낄 수 있는 매력적 요소, 인센티브를 제공하는 것이 필요하다. 만약 참여에 따른 부가적인 고민이 있거나 부담이 수반된다면 지속적으로 참여하기 어렵다. 예를 들어, 참여할 때 가족구성원에 대한 돌봄에 공백이 생긴다면 프로그램에 몰입하기란 쉽지 않을 것이다. 또 집단을 운영할 때 함께 참여하는 사람들 간의 관계구성이 매끄럽지 못할 경우에도 이를 빨리 파악하여 관계를 재정리해 주어야 한다.

둘째, 프로그램 과정에 대한 모니터링의 중요성을 깨닫고 처음부터 어떻게 모니터링해 나갈지를 기획하는 것이 필요하다. 모니터링의 중요성은 기억의 한계를 인정하는 데서부터 출발한다. 프로그램이 진행된 지 얼마 되지 않을 때까지는 실무자가 모든 내용을 기억할 수 있다. 하지만 시간이 흐를수록 기억력의 한계와 새로운 정보입력으로 인해 과거정보에 대한 정확한 당시 느낌과 생각을 재생하기 어렵게 된다. 그러므로 그때그때 그 과정에 대해 꼼꼼하게 기록하고, 한 달에 한 번은 그간의 기록들을 보면서 진행경과에 대해 어떻게 평가될 수 있는지를 부가적으로 메모해 두어야 한다. 이러한 시기를 놓치고 사업종료 시점에서 지난 과정을 되돌아보면 별로 쓸 말이 없고 전반적인 느낌만 덩그러니 남아 있게 된다. 막연한 생각이 평가의 정확한 기술 내용을 대신하게 되고 만다. '해보니 좋더라', '해보니 만족하더라', '표정이 좋았다' 등 아무런 실질적인 정보를 담지 못하는, 언어의 유희에 가까운 내용으로 평가보고서 지면을 채우게 되는 것이다. 그렇기 때문에 진행과정에 대한 자세한 내용을 실제 기록하고, 그 기록들을 메타(meta)적으로 평가하는 글들을 적기에 남겨놓는 것은 평가의 질을 높이는 중요한 초석이 된다.

셋째, 평가에 대비하여 자료를 축적하는 것이다. 사업을 시작하고 얼마 지나지 않아 중간평가보고서를 제출해야 한다. 실무자들은 자문할지 모른다. '사업 착수한지 얼마나 되었다고 평가보고서냐...' 하지만 당초 사업계획서에서 수정된 사업계획서로의 조정, 사업착수 단계에서의 평가 관련 내용을 적다 보면 주어진 양식을 채우고도 남게 될 것이다. 이러한 자료축적은 단지 중간평가보고서 대비용에 그치는 것은 아니다. 오히려 최종적인 성과평가를 하기 위해서, 양적인 성과에 대한 보다 깊이 있는 이해를 도모하는 데도 필요하다. 이때는 질적인 접근이 필요하게 된다.

넷째, 자금제공기관과 소속 자문위원과의 지속적인 협력관계를 만드는 것이다. 실무자들은 자금제공기관이나 자문위원을 필요로 하면서 다른 한편으로는 간섭만 하는 성가신 존재로 여겨지기도 한다. 자신이 의도한 대로 사업을 진행하고 있는데도 과도하게 관여하는 것처럼 느껴지기도 한다. 하지만 이 사업이 의미 없다면 자금제공기관도 그 지원성과에 대해 질책을 받을 것이며, 자문위원 또한 자신이 자문한 사업이 실패로 결과지어질 것이 자명한데 가만히 있는 것도 직무유기라 하지 않을 수 없다. 물론 불필요한 간섭과 관여는 배제되어야 한다. 내용에 대한 정확한 이해 없이 이리저리 난도질하는 자문위원의 실력도 때로는 문제가 되기도 한다. 하지만 어차피 기관이 사업을 수행하고 있는 동안에는 재단과 자문위원 그리고 기관은 한 배를 탄 운명공동체의 구성원들이다. 도전하다가 실패한다면 그 실패 또한 성공을 위한 여정이라고 볼 수 있다. 하지만 무지와 폐쇄성 때문에 좋지 않은 결과를 초래하는 것에 대해서는 모두가 그에 대해 책임져야 한다. 그런 점에서 상생 관계를 구축하기 위한 노력은 사업을 성공적으로 이끄는 밑거름이며 서로에게 책임지는 파트너로서의 역할을 충실히 하려는 과정으로 이해될 수 있다.

4. 사업마무리단계

사업마무리단계에서는 내부적으로 정리하는 것과 외부적으로 사업의 성과를 보여주는 것에 자문할 필요가 있다.

첫째, 내부적으로 정리하는 작업이다. 사업추진 상반기에는 하반기 사업진행에 차질을 주지 않기 위해 필요경비 외에는 가급적 예산을 소극적으로 집행하는 경우가 많다. 하지만 후반기에 접어들면 빠른 속도로 사업마무리단계에 접어들게 되므로 적절한 시기에 예산을 집행해야 하는 숙제를 떠안게 된다. 그러므로 사업마무리단계에서는 예산 편성의 세부구분 간의 사용 형평성을 감안하여 적절한 속도로 예산집행이 마무리되고 있는지를 살피는 것이 매우 중요하다. 경우에 따라서는 마지막에 재단의 양해를 구하고 예산전용을 신청하여 가급적 잔액을 남기지 않도록 하는 것이 좋다. 차년도 이월을 허용하는 재단의 경우에는 마지막에 예산이 남은 사유를 명확하게 하고, 남은 예산을 차년도에 어떤 부문에 어떻게 사용할 것인지에 대한 명확한 사유와 그 사유를 긴밀하게 협의해야 한다. 혹여 차년도에 사용하기 위해 당해년도 사업을 제대로 추진하지 않은 것은 아닌지 등에 대한 오해가 생길 수 있으므로 이월이 불가피해지면 가급적 빨리 서로 협의하여 양해를 구하는 것이 좋다.

예산뿐만 아니라 각 세부사업들이 소기의 성과를 거두기 위해 충분히 진행되었는지, 상하반기 동안 부족한 부분을 메워야 하는 추가사업이 필요하지는 않은지 등을 살펴서 남은 기간 동안 균형감각을 갖고 전체 사업을 조망하면서 마무리하는 것이 필요하다.

둘째, 외부적으로 성과를 보여주는 것이다. 재단으로부터 예산을 지원받았다면 사업수행기관은 재단에 대해서, 그 재단은 자신들에게 자금을 지원한 이사회 등에게 책임성 있는 결과를 보여주어야 한다. 그것은 성과(또는 사회적 영향력)로 대변된다. 그러므로 사업마무리단계에서는 모든 것이 성과를 보여주는 데 충분한 자료를 확보하고 있거나 확보해 가고 있는가라는 관점으로 각종 자료와 증거들을 적절히 수집해야 한다.

제 11 장

평가 틀 설계

평가 틀 설계는 프로그램 개발자가 가장 힘들어하는 것 중의 하나이다. 열심히 학습하고 벤치마킹하여 내용을 작성해도 여전히 부족한 경우가 많다. 때로는 사업신청서 양식이 혼란을 초래하는 경우도 있다. 평가방법, 평가도구 등 해당 용어가 무엇을 의미하고 어떤 내용까지 담아야 하는지 애매하고 교수마다 생각하는 바가 다르기 때문이다. 그러니 너무 자책하지 말자. 사실 평가설계는 「프로그램 개발과 평가」 과목의 고유한 내용이라기보다는 사회복지조사방법론의 내용 등 두 분야에 대한 균형 있는 이해를 요구한다. 더군다나 최근 떠오르고 있는 질적평가에 대한 이해도 요구하고 있어 기관실무자의 어려움을 가중시키고 있다. 하지만 너무 낙심하지는 말자. 석사논문을 써보지 않은 학부 졸업생 정도의 수준에서 부족하다면 부족한 점을 솔직히 시인하자. 거기서 출발하면 된다. 피하지 않고 도전하다 보면 어느새 수준에 올라와 있는 자신을 발견하게 된다.

그러한 어려움으로 인해 사업신청서에서의 평가부문 내용은 그대로 사용하기에는 부정확하거나 부실한 경우가 많다. 성과목표 따로 성과지표 따로 설정되거나 그에 적합한 척도를 사용하지 않는 경우도 많다. 그러한 현실이 국지적이라기보다는 대다수의 프로그램에서 그렇다 보니, 최근에는 아예 프로그램 작성자에게 평가부분은 간략하게 적도록 하는 경우도 늘어나고 있다. 왜냐하면 지원이 결정된 이후 컨설팅할 때 사업내용의 일부가 수정되기도 하고 그에 따라 성과목표가 달라지면 성과지표뿐만 아니라 관련 평가내용도 수정이 불가피해지게 되기 때문이다. 그러므로 담당 자문교수가 프로그램 작성자와 함께 고민하면서 마지막 조율을 해서 최종확정하는 것이 오히려 더 나을 수도 있다. 다만, 이 경우에라도 프로그램 작성자는 자문교수에게 무작정 의존하지 않고 최대한 자신의 의견을 피력하고 다듬어 나가는 주체로서의 역할의 끈을 놓으면 안 된다. 마찬가지로 자문교수는 답답한 마음에 최종 솔루션을 성급하게 제시하게 되면 프로그램 작성자가 수정과정을 통해 얻을 수 있는 깨달음을 박탈하는 셈이 된다. 그러니 양자가 상호조력자로서 하나의 공동작품을 만들어 나간다는 마음가짐과 자세가 필요하다.

그러한 과정에서 과정평가와 성과평가, 양적평가와 질적평가의 조합 속에서 어떤 접근이 바람직한지를 깊이 있게 고민해야 한다. 물론 이들을 짜임새 있게 설계하는 것은 쉽지 않은 일이다. 하지만 기꺼이 재원을 지원해 주는 자금제공기관의 마음을 헤아린다면 여측이심(如廁二心)을 보일 수는 없지 않겠는가. 기획단계에서 '이것만은 바꾸자'라는 초심을 다시 상기시켜 목표와 성과, 성과와 평가방법을 연계하여 관련 내용을 끈기 있게 이끌어 내야 한다. 자신에게 물어보자. "무엇을 바꾸고 싶었는가?", "그것이 실제로 성취될 수 있다는 것을 어떻게 확신할 수 있는가?"

1. 들어가면서

프로그램을 기획·구성하는 데 있어 평가만큼 중요한 것이 없다. 평가를 왜 그리고 어떻게 할 것인지를 살펴보면 자신이 의도하고 기획한 프로그램의 목적, 목표가 제대로 표현되었는지를 역산하여 살펴볼 수 있기 때문이다. 작성 초기단계에서는 사업내용을 다소 부정확하게 기술하였다 하더라도 평가지표 설정, 평가방법 등을 모색하는 과정에서 구성한 사업내용을 다시 보완할 기회를 가질 수 있다.

프로그램 평가는 크게 두 가지로 나뉜다. 첫째는 산출목표와 성과목표의 실제 달성 여부와 정도를 살펴보는 것이다. 실제로 계획한 횟수만큼 모든 것이 진행되었는지, 그러한 노력의 결과로서 사업참여자들이 얼마나 변화하였는지를 살펴보는 것이다. 산출(과정)목표는 프로그램 선정 이후 수정과정에서 변화될 수도 있고 이후에라도 단위사업별로 산출목표 변경 또는 달성 정도가 점검되기 때문에 결국 처음부터 면면을 잘 검토해서 제대로 설정해야 하는 것은 성과평가라고 볼 수 있다.

둘째는 프로그램에 대한 과정평가이다. 프로그램의 진행과정에서 겪었던 다양한 시행착오와 난관들, 그러한 애로사항에 대해 실무자가 어떻게 타개방안을 제시했으며 그 방안을 추진함에 있어 당초 계획과 프로그램 내용이 어떤 부분에서 어떻게 달라졌는지, 그 과정에서 시사받을 수 있는 함의가 무엇인지를 드러내는 데 초점을 둔다.

물론 기관실무자는 프로그램 시행에 따라 그 내용이 '의미 있었음'을 보여주어야 한다. 그러나 그것이 평가의 전부는 아니다. 이 프로그램의 실시 결과 '보기 좋았더라'라는 수준에 그치는 것이 아니라 이보다 더 좋은 프로그램을 개발하거나 이 프로그램을 응용하여 자신의 기관에 적용하고 싶은 또 다른 실무자에게 의미 있는 내용을 전달해 줄 수 있어야 한다. 그러므로 평가자는 평가를 통해 자기만족의 결과를 도출하는 데 그치는 것이 아니라 프로그램 수행과정별로 자신의 경험과 노하우를 평가과정에 녹여내어 관련 내용을 도출해 내야 한다.

2. 평가의 의미 및 종류

1) 평가의 의의

평가란 '변화시키고자 하는 바가 사업 시행 전·후 얼마만큼 실제적으로 변화하였는지, 변화하지 않은 부분은 왜 그런지, 그러한 변화가 프로그램 시행에 어떤 의미를 던져주는지를 살펴보는 것'을 의미한다.

2) 평가의 종류

평가의 종류는 그 구분하는 기준에 따라 다양하게 제시될 수 있다. 논리모델에 따르면 사업이 진행되는 순서에 따라 「투입－활동－산출－성과」에 대해 각각 평가할 수 있다. 이러한 논리모델에서 성과가 나타나는 앞 단계까지를 사업의 진행과정이라고 보면 그것이 계획대로 잘 진행되었는지를 살펴보는 형성평가와 사업수행 결과 의도한 목표 달성 여부와 정도를 평가하는 결과평가로 대별하여 구분하기도 한다.

- **투입평가** : 사업에 투입된 자원의 종류와 양을 기대치와 비교하여 평가(예산 대비 지출액, 공간마련비율 등)
- **활동평가** : 목표달성을 위해 실제 수행한 활동을 기대치와 비교하여 평가(계획 대비 프로그램 시행횟수 등)
- **산출평가** : 산출목표에 대한 평가(프로그램 수료율 등)
- **성과평가** : 성과목표에 대한 평가(취업역량 제고율, 자아존중감 향상률 등)

한편 평가 종류를 형성평가와 총괄평가로 나누기도 하는데(Scriven, 1967) 전자는 사업수행과정에서 중간중간에 평가하는 것으로 최종적으로 의도한 성과를 달성하기 위한 수단적 성격의 평가를 의미하는 반면, 후자는 결과평가와 마찬가지로 사업수행결과에 대해 평가하는 것을 의미한다.

한편 사업수행과정에서 각 진행단계에서 기획 대비 실제 사업수행과정을 살펴보는 과정평가와 사업수행결과 의도한 성과목표를 달성하였는지의 여부를 살펴보는 성과평가로 구분하여 진행하는 경우도 많다. 과정평가에는 첫째, 계획에 따라 잘 진행되지 않은 것(예 당초 3월에 사업참여자를 모집 완료 예정이었으나 4월에도 다 모집이 안 된 것, 현수막을 붙여놓으면 모집이 잘 될 것이라고 기대했는데 현수막을 보고 왔다는 사람은 거의 없을 때), 둘째, 계획할 때 미처 생각하지 못한 것(예 정부의 초등학교 돌봄교실이 확대되었는데 이를 고려하지 않아 지역사회 내 방과후 프로그램에 아동이 잘 모집되지 않는 경우), 셋째, 생각하지 않은 일들이 발생하는 것(예 코로나19, 조류AI, 지진 등으로 현지 방문이 어려워진 경우) 등을 포함할 수 있다. 과정평가에 임할 때 실무자는 '만약에 내가 이 사업을 처음부터 다시 시작한다면 어떻게 하겠다고 할 것인가?'라는 관점에서 이 사업을 벤치마킹하고 싶은 사람에게 소중한 이야기를 들려준다는 심정으로 관련 내용을 자세하고 가감 없이 서술하는 것이 필요하다.

마지막으로, 질적으로 평가할 것인지, 양적인 결과를 두고 평가할 것인지에 따라 질적평가와 양적평가로 대별하기도 한다. 양적평가방법으로는 각종 설문조사와 실험설계가 가장 많이 쓰이고 질적평가방법으로는 면접(interview)과 참여관찰, 문헌조사 방법이 자주 쓰인다. 양적평가를 위해 활용되는 사회복지분야의 척도들은 반포종합사회복지관과 서울대학교 실천사회복지연구회에서 펴낸 자아개념척도, 심리 및 정신건강 척도, 사회적 기능 척도, 가족 관련 척도, 사회적 관계망 척도, 조직 및 직무 관련 척도 등 6분야의 106개의 척도 중 어느 하나를 채택할 수 있다. 한편 공동모금회에서 발간한 사회복지 척도집은 보다 많은 정보를 담고 있어 평가척도 반영에 안성맞춤이다. 나아가 이 척도들이 다양한 프로그램의 내용과 성격을 모두 포괄할 수 없기 때문에 필요에 따라서 기관내부의 논의와 자문교수의 자문을 거쳐 일부 수정한 척도를 새롭게 개발·적용하는 것도 일정 범위 내에서는 가능하다.

앞서 소개한 분류방법은 대부분 사업수행 종료 전(前) 단계에 대한 평가와 사업종료 후 성과에 대한 평가인 반면, 질적 및 양적 평가방법은 접근방식과 다루는 자료의 성격 차이에서 출발하므로 사업 종료 전이나 종료 후에 모두 사용할 수 있으며 이러한 평가방법을 조합하면 다음 표와 같이 표현될 수 있다.

〈표 11-1〉 평가방법 조합에 따른 평가내용 사례

구 분	과정평가	성과평가
양적평가	• 프로그램 계획 10회 대비 실제 9회 시행 – 프로그램 시행률 90%	• 자녀양육기술척도 사전사후 측정 – 0.8점 상승하여 유의미
질적평가	• 홍보계획을 실제 실시했을 때 왜 효과가 없었는지 분석 – 사업담당자는 사업 전체 진행과정에서 중요한 내용 또는 과정을 중점적으로 평가하는 계획 수립	• 자녀양육기술척도상 상승한 점수가 의미하는 바가 무엇인지에 대해 인터뷰

한편 양적과정평가는 산출목표를 양적으로 표현하는 데 활용될 수 있으며, 양적성과평가는 일반적으로 설문지를 통해 자료를 수집하고 이를 양화하여 간단하게 평가결과를 보여주는 데 사용될 수 있다. 한편 질적과정평가는 사업수행과정의 흐름이 어떻게 이어져 왔는지에 대한 풍부한 내용을 드러내는 데 활용될 수 있으며 질적성과평가는 양화(量化)시키기 어려운 성과[1]에 대하여 또는 양적인 측정결과의 의미를 보다 풍성하게 드러내고자 할 때 사용될 수 있다.

3. 평가주체 : 누가 평가할 것인가?

"누가 평가할 것인가"라는 이슈는 사업참여자가 평가과정에서 어떤 역할을 하는가와 직결되어 있다. 흔히 사회복지기관에서 평가를 하게 되면 사업수행 담당직원이, 또는 그 기관이 의뢰한 제3의 평가자가 사업수행취지에 맞게 평가 틀을 가지고 평가에 임하게 된다. 그럴 때 사업참여자는 평가대상에 불과하다.

1) 예를 들어, 발달장애인 사회성 발달지원 프로그램의 경우 프로그램 시작 후 얼마나 빨리 프로그램 진행자와 첫 눈을 맞추는지, 장애당사자가 프로그램진행자에게 먼저 말을 거는 데 걸리는 시간이 프로그램 진행횟수가 거듭됨에 따라 얼마나 단축되었는지 등을 관찰하는 것이다(비디오 녹화로 그 횟수나 시간을 측정할 수도 있다).

만약 이러한 방식에 대해 비판적 입장이라면 어떤 대안이 있을 수 있을까? 다음 그림에서는 이러한 대안을 다양하게 보여주고 있다. 먼저 협력적 평가방식에서는 사업참여자의 지속적인 협력에 기반하여 평가를 수행하는 것이다. 나아가 참여적 평가에서는 평가자가 사업참여자와 대등한 관계에서 상호협력을 모색한다. 최종적으로 사업참여자가 평가과정의 헤게모니를 쥐고 평가를 진행하는 해방적 평가가 있다. 그 사업이 성공적으로 진행되어 사업참여자의 변화를 이루었는지의 여부와 정도를 사업참여자인 당사자들이 가장 잘 안다고 생각하기 때문이다.

|그림 11-1| 평가자와 사업참여자와의 관계에 따른 평가주체 설정 방식

출처 : freshspectrum.com

다음에서는 이러한 세 가지 평가주체 설정방식에 대해 자세하게 설명하고자 한다. 이해를 돕기 위해 전통적인 방식은 기관직원이나 리서치기관에서 자기주도적으로 평가를 진행하는 방식을 의미한다.

1) 협력적 평가(Collaborative Evaluation)[2)]

(1) 왜 평가자를 고용하는가?

사업수행기관에서는 사업담당자가 평가를 시행하는 경우도 있지만 때로는 프로그램 효과성을 객관적으로 측정하고 재원이 제대로 잘 쓰였는지를 알아보기 위해 사업담당자가 아닌 제3자로 하여금 평가를 맡기게 된다. 평가자는 프로그램 착수·수정·확장 시기에, 이해관계자들이 다양한 정보를 요구할 때, 성과가 기대에 못 미칠 때, 추가자금지원이 필요할 때 등 다양한 국면에서 역할을 하게 된다. 이때 기관책임자나 사업담당자는 평가대상 프로그램의 종류와 상관없이 다음 세 가지를 알기 원한다.

- 프로그램이 계획에 따라서 잘 진행되고 있는가? 왜 그런가?
- 프로그램은 바람직한 결과를 가져오고 있는가? 왜 그런가?
- 프로그램은 의도한 대로의 성과를 가져오고 있는가? 왜 그런가?

(2) 협력적 평가의 이점

협력적 평가는 프로그램 담당자로 하여금 지속적으로 프로그램 개선에 몰입하도록 하는 돕는 평가모델인데, 이 모델의 장점은 다음과 같다.

- 평가목적과 프로그램 집행에서의 변화에 대해 유연하고 적응적인 평가설계
- 연구결과에 대한 타당성 제고
- 평가의 지속성을 넘어 프로그램 목표를 향한 성과를 모니터링하는 프로그램 직원 능력 개발
- 잠재적인 비용 효율성(프로그램 평가에의 참여를 통한 직원들의 능력개발 및 지속적인 능력향상은 그들 스스로 성과 모니터링 과정을 이끌어 나갈 수 있다는 점)

---

2) Donis-Keller, C., Meltzer, J., & Chmielewski, E.(2013). The Power of Collaborative Program Evaluation. A PCG Education White Paper의 내용을 일부 요약정리한 것임.

(3) 협력적 평가 실행

협력적 평가는 다양한 접근방법을 사용할 수 있지만 프로그램 담당자가 평가결과를 활용하고 프로그램을 개선할 수 있는 역량이 강화된다는 점에 기초하여 평가팀과 프로그램 지원 간의 관계형성에 초점을 둔다.

협력적 평가는 Getting underway－Full engagement－Wrapping up의 단계로 진행된다. 이 세 단계는 선형적으로 보일지 몰라도 사실은 매우 역동적이고 평가과정 동안 서로에게 지속적으로 영향을 미친다. 프로그램 담당자와 평가팀은 다음과 같은 핵심사항에 대하여 끊임없이 대화를 나누는 것이 필요하다.

- 프로그램과 평가에 대한 지식을 구축하는 것
- 평가와 관련한 성과와 프로그램 발전에 대한 소통
- 평가를 통해 발견한 것과 제언을 검토하는 것
- 의사결정에 필요한 핵심정보를 생산해 내고 프로그램 개선을 도모하는 평가질문과 평가도구를 재음미하는 것

① 1단계 : Getting Underway

이 단계에서는 평가팀이 평가과정을 적절하게 설계하기 위해 프로그램을 담당하는 직원과 함께 해답을 찾아나가게 되는데, 다음 질문에 대해 집중적으로 의견을 모으게 된다.

- 이 프로그램의 공식적인 목표는 무엇인가?
- 이러한 목표를 달성하는데 어떤 단계가 필요한가?(What steps are required ~)
- 평가를 통해 프로그램에 관한 어떠한 질문에 대해 답변하기를 원하는가?
- 우리가 관심 있어 하는 성과를 측정하는 가장 좋은 방법은 무엇인가?
- 평가팀과 프로그램 담당자는 평가과정 동안 각각 어떤 역할을 수행해야 하는가?

평가팀은 프로그램의 목적, 변화발전, 활동, 기능, 이해관계자 그리고 프로그램이 작동하는 맥락 등에 대해 이해하려고 노력해야 한다. 이는 관련 있는 프로

그램 문서만 검토하는 것이 아니라 다양한 이해관계자들과의 대화를 통해 이루어진다. 이 단계의 목표는, 프로그램 직원과 함께 '프로그램 직원이 찾고 있는 바, 그리고 그의 결과물을 얻기 위해 무엇이 진행되어야 하는 것인가'에 대한 솔루션을 찾는 것이다.

로직모델은 프로그램 투입, 중간효과 및 장기성과를 보여주는 데 탁월한데, 다음 질문을 함으로써 프로그램 집행단계에서의 통찰력을 얻을 수 있다.

- 의도된 바대로 프로그램이 집행되고 있는가?
- 다양한 이해관계자의 프로그램 만족 수준이 어느 정도인가?
- 현장에서의 프로그램 효과는 무엇인가?

이렇게 프로그램 직원과 평가자는 평가를 공동으로 설계하게 된다. 이것은 자료수집도구, 자료수집절차, 시기 등의 형태, 프로그램 개선을 이끌어 내기 위한 과정분석 데이터와 프로그램 임팩트를 설명하기 위해 수집될 총괄적 데이터를 어떻게 분석할 것인지, 언제 발견들을 보고할 것인지 등에 대한 계획 등을 결정하는 것을 포괄한다.

평가팀에 의해 제안된 자료수집절차(예를 들면, 서베이, 포커스그룹, 관찰 체크리스트, 인터뷰, 문서) 그리고 분석방법(질적, 양적, 혼합)은 대답해야 할 질문, 평가범위, 주어진 시간/기술/관심도에 따라 자료수집에 프로그램 직원이 얼마나 도울 수 있는지, 평가예산이 어느 정도 되는지 등에 따라 다양해질 수 있다.

② 2단계 : Full Engagement

이 단계는 자료수집, 분석, 보고 그리고 평가결과의 활용 간 끊임없는 순환 사이클의 반복 속에서 혜안을 찾아나가는 데 초점이 있다. 이때 평가팀과 프로그램 담당자 사이에서는 다음 질문에 대한 합의를 이루어야 한다.

- 평가질문에 답하기 위해 활용 가능한 증거는 무엇인가?
- 평가질문에 가장 효과적으로 대답할 수 있는 방법은 무엇인가?

프로그램 담당자는 일상적인 프로그램 활동들에 지장을 초래하지 않는 범위 내에서 평가팀이 자료를 수집할 수 있도록 허용해야 하며 평가자가 정당한 범위 내에서 프로그램을 경험할 수 있도록 허용될 수 있다. 자료수집에 프로그램 담당자를 포함시키는 것은 평가 과정 및 결과 모두를 이해하는 데 도움이 되기 때문이다. 아울러 평가과정에 프로그램 담당자가 함께 포함됨으로써 평가과정에서의 내밀한 내용을 이해하게 되고 그 과정에서 역량을 강화할 수 있는 기회를 얻게 된다.

마찬가지로 데이터 분석에서도 협동적인 과정을 보여줄 수 있다. 수집된 자료를 분석함에 있어서 전문성은 평가자의 몫이지만 그러한 전문성 또한 프로그램 사업담당자나 이해관계자와 공유할 때 더 큰 의미를 지니게 된다. 분석결과가 의미 있다면 그 혜택은 프로그램 직원이 받게 되기 때문이다. 아울러 분석결과를 해석함에 있어서도 브레인스토밍을 협력적으로 도모할 때 설득력 있는 해석을 얻을 수 있다. 그 다음은 연구결과를 어떻게 보고서에 담을 것인가, 어떻게 호소력 있게 보여줄 것인가에 대한 내용이 중요하게 된다.

③ 3단계 : Wrapping up

이 단계는 프로그램 담당자가 평가결과를 계속적으로 실제 업무수행에 활용하는 것과 관련되어 있는데, 이 단계에서 던져지는 질문은 다음과 같다.

- 어떻게 하면 평가로부터 얻어진 결과를 최대한 활용할 것인가?
- 현재의 사업수행에 기초하여, 충실성을 더하기 위해서 어떤 조치가 취해져야 할까?
- 사업의 성공을 확대하고 지속시키기 위한 조건들을 어떻게 만들어 낼 수 있을까?
- 부가적인 질문으로서 '평가가 계속 더 나아지기 위해서는 무엇이 필요한가? 어떤 내적 구조와 리더십이 평가결과를 더 잘 활용할 수 있게 하는가?'

협력적 평가모델의 핵심은 프로그램 임팩트를 이해하고 의사결정을 알리기 위해서뿐만 아니라 프로그램 집행과 그 성과를 개선시키기 위한 평가결과의 활용(use of evaluation results)에 있다. 평가팀은 프로그램 개선의 효과성과 계속되는 프로그램 이행을 추적하고 모니터링하기 위한 자료수집도구 또는 평가 틀을 어떻게 지속적으로 사용할 것인지에 대해 프로그램 담당자와 깊이 있는 대화와 논의를 하여야 한다.

2) 참여적 평가(Participatory Evaluation)

(1) 참여적 평가란 무엇인가?

참여적 모니터링 및 평가는 전통적인 모니터링 및 평가 세팅 내에서 참여와 관련된 세부 기술을 사용하는 차원의 문제에 그치지 않고 누가 주도권을 가지고 평가에 참여하며 누가 평가결과를 학습하고 이로부터 혜택을 보는지에 대한 급진적인 사고전환에서 출발한다.

참여적 평가는 평가를 수행하고 발전시키는 모든 단계에 이해관계자가 적극적으로 개입하는 파트너십 접근을 의미한다. 평가에 가장 이해관계가 있는 자 —파트너, 프로그램 수혜자, 자금제공자 및 핵심의사결정자—는 각자 맡은 바 역할을 적극적으로 수행해야 한다. 참여는 관련 질문을 확인하는 것, 평가설계를 계획하는 것, 적절한 측정 및 자료수집방법을 선택하는 것, 데이터를 수집·분석하는 것, 발견들/결론/함의에 대해 합의된 의견을 모으는 것 그리고 결과를 배포하고 프로그램 수행을 개선하기 위한 액션플랜을 준비하는 것 등을 포함하여 평가절차 전반에 걸쳐 일어난다. 특히 사회소외계층이면서 프로그램 참여자인 이해관계자의 관점, 목소리, 선호 및 결정에 귀 기울이는 모델로 간주될 수 있다.

(2) 왜 참여적 평가를 하는가?

전통적인 협력적 평가방법의 틀에서 벗어나 참여적 평가방법에 대해 관심을 가지고 이를 실천할 수 있는 방법을 찾는 데는 그만한 이유가 있다. 먼저 해당 기관의 상황과 처지에 맞는 평가가 이루어져야 하는 데 있다. 어느 기관에나 다 적용할 수 있는 평가 틀이라고 하더라도 내 기관에 반드시 적합한 것은 아니기 때문에 다른 방법모색도 활발하게 이루어져야 한다는 측면에서 참여적 평가가 대안으로 떠오를 수 있다. 둘째, 참여자의 역량강화를 도모할 수 있다. 사업참여자가 전체 평가과정에 참여하여 학습하고 평가결과로 도출된 내용에 대한 책임의식을 키울 수 있다. 셋째, 조직의 학습과 성장을 도모할 수 있다는 점이다. 평가결과에 대한 것뿐만 아니라 평가과정을 학습과정으로 이해하는 것이다. 나아가 이를 통해 얻어진 지식이 이후 사업진행에 유용한 지식으로 활용될 수 있다.

(3) 참여적 평가와 전통적 평가 간의 차이점

전통적인 평가방법과 차별성을 지니는 참여적 평가방법의 정체성은 다음 표와 같이 양자의 비교를 통해 더 잘 드러날 수 있다.

〈표 11-2〉 참여적 평가와 전통적 평가 간의 차이점

분 류	참여적 평가	전통적 평가
누가 평가를 주도하는가?	지역주민, 프로젝트 직원, 다른 이해관계자	자금제공자, 프로그램 매니저
프로그램 성과지표를 누가 결정하는가?	지역사회그룹의 멤버, 프로젝트직원, 다른 이해관계자, 평가자	전문적인 평가인, 외부전문가
자료 수집·분석 및 최종보고서 준비 책임	평가자와 참여 이해관계자의 책임공유	전문적인 평가인, 외부전문가
지역평가자(local evaluator)의 역할	코치, 퍼실리테이터, 협상가, '비판적 친구'	전문가, 리더
언제 가장 유용한가?	프로그램 수행 애로 및 수혜에 따른 프로그램 효과에 대한 의문이 있을 때, 이해관계자의 성과에 대한 견해 및 프로그램에 대한 지식에 대한 정보가 필요할 때	객관적인 판단이 필요할 때, 전문가만이 제시할 수 있는 특화된 정보가 필요할 때 프로그램 지표가 표준화되어 있을 때

그에 따른 대가는?	시간 에너지 헌신 조정(coordination), 훈련 및 기술개발 필요 잠재적 갈등도 있음	자문 및 전문가 비용 이해관계자만이 제시할 수 있는 비판적 정보 상실
혜택은?	Local Knowledge 핵심 정보제공자로부터 얻은 정보의 명증(verification) 지역주민과 다른 이해관계자들 간의 관계, 기술 및 지식 축적	객관적인 판단 표준화된 지표 덕분에 다른 연구결과와 비교 가능

4. 평가범위

평가의 범위는 일률적으로 말하기는 어려우나 모든 세부프로그램의 내용을 평가할 수는 없다는 것은 자명하다. 그러므로 먼저 고려해야 할 것은 그 프로그램을 시행하는 목적과 목표가 무엇인지를 살펴보는 것이다. 왜 이 프로그램을 시작했는지에 대한 좌표설정이 유동적이면 하고 싶은 프로그램 하나하나가 다 의미 있는 것처럼 보이기 때문에 모두 평가해야 하는 것으로 착각하기 쉽다. 평가범위를 획정할 때에는 프로그램을 진행하면서 어떤 변화의 내용과 흐름을 주로 보여주어야 하는지 살펴야 하며, 평가시기도 프로그램 내용뿐만 아니라 이를 둘러싼 환경적 요소까지 고려하여 신중하게 고려하여야 한다.

5. 평가시기

프로그램의 효과성을 측정하기 위해 프로그램 시행 전의 상태를 파악하기 위해서는 사전조사를 실시해야 한다. 하지만 사업신청서에 그렇게 기재하고도 사전조사를 실시하지 않는 경우가 많다. 왜 그럴까? 마음이 급하기 때문이다. 프로그램 참여자 모집에 신경을 쓰면서 빨리 프로그램을 제때 착수해야 한다는 조급

함이 있을 수 있고, 뭔가 조사를 한다고 하면 참여자들이 '이거 뭐지? 내가 감시당하고 조사당해야 하는 것인가?'라는 불필요한 오해를 불러일으켜 혹여 프로그램에서 이탈하지 않을까라는 걱정이 앞서기 때문일 수도 있다. 그러나 대부분 평가설계 내용만큼 기관실무자 마인드에 사전조사가 강하게 자리잡고 있지 못한 경우가 대부분이다. 사전조사는 프로그램 회기가 진행되고 나면 의미가 없어진다. 사전조사가 이루어지지 않으면 변화량을 측정하기가 어렵다. 평가설계의 기본 틀이 무너지게 됨을 감안하여 프로그램 첫 시작 전에 반드시 해야 할 조사가 있다면 빠뜨리는 일이 없도록 해야 한다.

사업이 시작되고 나서 후반에 이르게 되면 그동안 수집한 자료들을 잘 정리해서 평가 모드로 전환해야 한다. 데이터를 잘 정리해야 하고, 입력·분석하는 것을 제때 해 놓지 않으면 평가결과의 질은 당연히 낮을 수밖에 없다. 회고해야 할 충분한 시간을 확보하지 못하기 때문이다. 어쩌면 프로그램을 잘 수행하는 것은 절반의 성공밖에 되지 않는다. 의미 있는 평가보고서를 남겨 이를 벤치마킹하고자 하는 타 기관 실무자들에게 영감과 혜안을 줄 수 있어야 한다. 그러기 위해서는 철저한 자기관리에 기반한 부지런함과 철저한 평가일정 관리가 필수적임을 잊지 말아야 한다.

MEMO

제 12 장

과정평가

프로그램이 종료되고 나면 사업결과보고서를 작성하게 된다. 프로그램을 개발하고 실행해서 소기의 성과를 보여줌으로써 사업수행기관은 자금제공기관에 대해 그간의 노력이 의미 있었음을 보여주게 된다. 그런데 그 내용이 하나같이 자랑스러운 무용담과 눈부신 성과로 각색되어 있다. 과연 실제로도 그럴까? 과연 그렇게 찬란하고 빛나는 순간들만 있었을까? 사실은 그렇지 않다. 여러 우여곡절은 다 생략되고 결과만 제시된 착시현상이다. 자칫 잘못하면 이런 사업결과보고서를 보고 '우리도 이와 유사한 사업을 한번 해볼까'라고 생각하는 타 사회복지기관 실무자의 기를 죽이게 된다. 흔들리지 않고 피는 꽃이 어디 있으랴. 꽃은 피었지만 그 과정에서 말로 이루 다 못할 우여곡절이 있음에도 생략되는 경우가 많다. 그렇다면 '이렇게 노력했더니, 이런 성과가 있었다'라는 말을 조금 더 맥락화하여 풍부하게 기술하면 이렇지 말할 수 있지 않을까?

'이런 사업을 하려 했는데 초기에 두세 번의 실패로 결국 사업내용을 바꿀 수밖에 없었다.'

'사업참여자는 프로그램에 참여하지 않기 일쑤였고 때로는 남아 있는 사람조차 몇 명은 프로그램 성격에 맞지 않는 사람이었다. 약간의 방향을 바꾸어 사업참여자 추가모집이 불가피했다.'

'주저앉고 싶을 때가 한두 번이 아니었으며 괜히 신청했다 싶어 후회막급이었다. 하지만 어느 회의에서 동료가 준 아이디어 하나가 프로그램을 살렸다. 희망이 보였다. 후반기로 갈수록 탄력이 붙었다.'

그렇다. 어쩌면 성공의 순간보다 생각만큼 제대로 되지 않아 고민하고 수정하고 또 바꾸어 보는, 그런 시간들이 더 많을지도 모른다. 그렇다면 그렇게 돌아온 길이 의미 없는 것에 불과한 것일까? 아니다. 누군가 이 프로그램을 벤치마킹하고 싶어 하는 사람이 있을 때 '초기 단계에서는 절대 이런 거 하지 마시고요~, 나중에 참여율을 높이려면 이 방법만은 피해야 하고요. 그리고 프로그램 시작 전에 사전 설문조사 꼭 해주세요, 잊지 마시고!!' 이런 이야기가 값진 보배 같은 멘트 아닐까.

그런 의미에서 과정평가는 성과평가만큼 중요하다. 과정은 성과의 의미를 잘 드러나게 해준다. 결과만 중요한 것이 아니라는 점을 일깨워 준다. 누군들 어려움을 겪는 과정의 속살을 드러내 보이고 싶어 할까. 또 실패하기 위해 사업을 하는 경우가 어디 있겠는가. 오히려 온갖 어려움 속에서도 의미 있는 프로그램으로 만들어 보려고 밤잠 설치면서 고통의 나날들을 보내지 않았던가. 무엇을 의도했고, 무엇을 실패했으며, 무엇을 타산지석으로 삼아야 하는지 기관실무자는 다 알고 있다. 그 노하우를 공유해야 하지 않을까? 자금제공기관은 사업수행기관에게 두 가지 모두를 기대한다. 하나는 사업을 통해 현실을 긍정적으로 바꾸는 것이고, 다른 하나는 시행착오와 우여곡절에 대한 스토리를 공유하여 타산지석으로 삼게 하는 것이다. 땅에 심겨져 썩어가는 한 알의 밀알처럼...

1. 과정평가란?

과정평가란 투입과 활동이 당초 계획에 따라 적절하게 진행되었는지를 평가하는 것을 말한다. 즉, 과정평가에서는 ① 어떠한 과정을 통해 사업이 진행되었는지, ② 당초 계획과 시행이 달라졌다면 그 이유가 무엇인지, ③ 주요 과정별로 얻은 교훈이 무엇인지, 다시 사업을 추진한다면 어떻게 할 것인지 등에 대해 가능한 한 자세하게 기록해야 한다.

2. 과정평가의 중요성

일반적으로 사업수행기관에서는 재원을 지원받아 소기의 성과를 달성하고 종료되는 것으로 결말지워진다. 이에 비해 그러한 성과를 거두기까지의 과정에 대해서는 블랙박스로 처리되는 경우가 많다. 사실 따지고 보면 당초 계획했던 대로 집행되고 큰 어려움 없이 목표한 성과를 달성하는 사업이 몇이나 될까? 그러한 우여곡절에서 겪는 시행착오가 다른 기관 실무자에게는 소중한 교훈이 아닐까? 그러므로 사업수행과정에 대한 상세한 기록과 비판적 검토를 통해 어떤 과정을 통해 사업을 수행했는지, 수행과정 중 뼈저린 경험에서 얻은 교훈이 무엇인지 등을 상세하게 기록하는 것도 매우 중요하다. 사업수행기관은 앞만 보고 나아가는 것이 아니라 사업수행의 과정을 반추하면서 변화·발전을 모색하고 아울러 타 기관이 벤치마킹하거나 교훈을 얻을 수 있는 교사 및 반면교사의 교훈을 주는 과정기록의 중요성을 결코 소홀히 다루어서는 안 된다.

3. 과정평가에서의 평가대상

과정평가에서의 평가대상은 사업수행과정 전반이 된다. 제출한 사업계획서가 심사과정을 거쳐 재정지원이 약속된 경우에도 본격적으로 사업에 착수하기 전에 목표에서부터 평가에 이르기까지 사업계획의 일관성을 확보하고 제한된 기간 내에 실제로 사업을 완료할 수 있는지에 대한 비판적 검토를 거쳐 최종적인 사업계획으로 수립된다.

과정평가는 이렇게 수립된 사업계획에서부터 출발한다. 즉, 사업계획에 기반하여 처음 사업에 착수하여 각종 홍보활동을 통해 사업참여자를 모집하고, 이들에게 적절한 활동들을 전개해 나가고, 중간모니터링 및 이후 지속적으로 사업을 수행한 후 마지막 성과평가에까지 이르는 전반적인 과정이 과정평가의 대상이 될 수 있다.

다음 표는 위의 설명과 달리 재정지원이 확정될 때부터 시작하여 사업계획의 수정・변화의 과정까지 모두 포괄하는 과정평가의 세부적인 내용을 보여주고 있다.

〈표 12-1〉 **확장된 과정별 평가 시 고려해야 할 질문들**

구분	시 기	고려대상	고려내용
1	선정 당시 ~ 최종 사업계획서 확정	사업계획서 자체	• 최종 확정된 사업계획서와 관련하여 – 어떤 내용들이 달라졌는가? – 왜 달라졌는가? – 변화를 겪으면서 어떤 생각을 하게 되었는가? – 처음부터 다시 사업신청서를 적는다면 어떤 부분을 가장 신경 써야 하는가?(내년도 신청자에게 전해줄 수 있는 교훈이 무엇인가?)
2	최종 사업계획서 ~ 사업종료	수업수행과정 전반 (사업준비– 홍보– 대상자모집– 세부사업진행– 중간평가– 사업계속– 종결)	• 성공적인 사업수행의 비결이 무엇인지? – 사업이 질적으로 도약하게 된 전환점(turning point)을 상세하게 기술 • 당초 계획과 달리 각 단계에서 내용이 변화하게 된 것이 있다면 이의 배경, 변화과정 및 변화내용이 무엇이었는지? – 내부적 요인인지, 환경적 충격인지? – 변화 요인이 발생했을 때 어떻게 대응했는지? – 대응과정의 우여곡절은? – 그 과정에서 어떤 생각을 하게 되었는지? – 어떤 시사점을 얻었는지?

출처 : 아산나눔재단(2016). 파트너십 온 사업 운영매뉴얼의 내용을 수정・보완함.

과정평가를 하면서 갖게 되는 의문 중 하나는 "무엇을 기술해야 하는가?"라는 것이다. 위에서 언급한 바대로 각 사업진행단계별로 계획 대비 실행의 차이를 기술하고 또 차이의 원인과 이에 대한 기관의 대응에 대해 상세하게 기술하여 이 사업을 실행할 때 어떠한 요인들이 발생했는지, 그러한 요인이 내부적인 것인지, 외부적인 것인지를 상세하게 기술함으로써 타 기관이 이 사업을 벤치마킹하려고 할 때 들려줄 수 있는 소중한 정보를 담아내는 것이 핵심이다.

그런데 계획 대비 실행의 격차에 대해 좀 더 자세하게 살펴보면 다음과 같이 대별해 볼 수 있다. 첫째, 단순히 계획대로 잘 진행되지 않은 것을 들 수 있다. 예를 들면, 당초 3월에 사업참여자를 모집완료하기로 되어 있었는데 적절한 홍보수단을 마련하지 못해 4월에도 다 모집이 안 된 것, 현수막을 붙여놓으면 모집이 잘 될 것이라고 기대했는데 현수막을 보고 왔다는 사람은 거의 없을 때 등을 들 수 있다. 둘째는 사업수행기관이 가지고 있는 정보의 부족으로 계획 당시부터 충분히 고려해야 할 바를 생각하지 못하는 것도 있다. 예를 들어, 정부방침에 따라 초등학교 돌봄교실이 이미 확대되었는데 이러한 정책방향에 대해 둔감하여 지역사회 내 방과후 프로그램이 잘 진행되지 않은 경우 등이다. 셋째, 아무리 주변적 정황이나 상황에 대해 안테나를 세우고 정보를 수집한다 해도 불가항력적인 경우도 있다. 예를 들어, 코로나19, 조류 인플루엔자가 해당 지역에 확산되어 사람의 왕래가 어려워진다거나, 지진 때문에 현지 방문이 어려워진 경우 등을 들 수 있다.

계획 대비 실행의 격차를 이야기할 때 외부적 요인과 내부적 요인을 구분하는 것은 매우 중요하다. 만약 외부적 요인 때문이라면 타 기관 또한 그러한 요인을 비껴갈 재주는 많지 않다. 하지만 내부적 요인의 경우에는 벤치마킹을 하려는 기관의 사정이 사업수행기관과 다르기 때문에 대처방법이 달라져야 할지도 모른다. 사업수행기관에서는 직원들 간의 의사소통문제 때문에 사업이 삐거덕거리는 것도 벤치마킹 기관에서는 일어나지 않을 수 있고 후발주자 효과에 의해 충분히 예견하고 학습하는 경우 오히려 효과적으로 대응할 수 있는 가능성이 커지기도 한다. 바로 여기에서 차마 적기 힘든 사업수행과정상의 경험이라 하더라도 자세하기 기술하여 사업결과보고서에 담아내면 그만큼 후발주자들이 사업수행기관이 겪은 시행착오만큼은 줄이거나 건너뛸 수 있게 할 수 있지 않을까.

4. 평가방법

1) 1단계 : 평가의 범위와 초점을 분명히 한다

과정평가에서 '무엇을 기술해야 하는지'에 대한 내용을 명확하게 하고 나면 "사업과정 전체를 평가해야 하느냐? 그렇게 평가하는 것이 가능한가? 또 필요한가?"라는 질문을 던지게 된다. 물론 여력이 있다면 그렇게 하는 것이 좋다. 그러나 사업을 수행하기에도 일손이 부족한데 일정 수준의 질을 담보하기 위해 사업과정에 대해 풍부하게 기술(thick description)하는 것은 외부평가 전문가를 동원하지 않는 한 쉽지 않은 일이다. 그러므로 기관실무자가 평가를 담당한다면, 먼저 평가의 초점은 분명하게 하면서도 차선책으로 평가범위를 정하지 않을 수 없다. 즉, 어느 단계에서의 어떤 세부사업을 보다 풍부하게 기술할 것인지를 결정하는 것이 좋다. 예를 들어, "이번 사업에서는 홍보 및 사업참여자 모집과정과 핵심사업인 B세부프로그램의 진행과정에 대해 과정평가를 한다"고 설정하는 것이다.

2) 2단계 : 무엇을 언제 기록할 것인지를 명확히 한다

과정평가를 기획할 때 언제 무엇을 기록할지를 본인 스스로 명확하게 이해한 후 설계대로 해당 시기시기마다 필요한 내용을 잘 기록해 나가야 한다. 문제는 사업을 진행하는 데 매몰되다 보면 과정평가를 위한 기록에 소홀하기 쉽다. 또 사업담당자가 당시에는 생생하게 기억하고 있어 '나중에도 기억나겠지...' 하는 안일한 생각 때문에 기록할 적기를 놓치는 경우도 많다. 그러나 시간이 지날수록 기억의 선명도는 떨어지게 마련이며 급기야는 아예 정확한 기록마저 어렵게 된다는 것은 우리의 일상경험에서 충분히 유추할 수 있다.

3) 3단계 : 매월 또는 두 달에 한 번씩 진행한 사업을 기록한다

먼저, 기록하기로 한 바에 대해서는 정해진 기간 내에 상세하게 관련 내용을 기록해야 한다. 한 달에 한 번 정도 기록하는 것이 좋겠지만(양식 1 참조), 바쁘다면 두 달에 한 번이라도 전반적인 내용을 정리하는 게 좋다. 이때 기본적으로 던져야 할 질문들은 다음과 같다.

1. 무엇이 진행되었고, 무엇이 진행되지 못하였나?
2. 성공적이었다고, 긍정적인 의미가 있다고 자평할 수 있는 것은? 그 근거는?
3. 무엇이 아쉬운가?
4. 다시 그 과정을 진행한다면 어떤 점을 어떻게 바꾸겠는가?

위의 내용에 대한 기록뿐만 아니라 때에 따라서는 사업참여자들의 경험이나 의견, 요구사항들에 대해서도 정리할 필요가 있다.

4) 4단계 : 기록된 내용을 시계열적으로 살펴 그 과정을 평가한다

매달 또는 격월로 마련된 평가내용을 시계열적으로 이어서 살펴보게 되면 사업분량이 어느 정도 진행되었는지, 어떤 과정을 거쳐 진행되었는지, 그렇게 진행되게 된 맥락이 무엇인지, 다시 진행한다면 어떤 부분들에 대해 좀 더 세심하게 배려할 것인지, 이 사업을 벤치마킹하려는 기관에게 해줄 이야기가 무엇인지 등 사업의 흐름에 대한 맥락을 넓은 관점에서 이해할 수 있다.

이러한 과정을 통해 얻어진 결과물이 제대로 산출되기 위해서는 평가자(또는 사업담당자)의 집중적인 노력이 필요하며 필요에 따라서는 전문가의 자문을 구하는 것도 좋다. 특히 평가관점의 일관성, 평가내용의 풍부성, 다양한 접근관점 포섭 필요 여부 등을 생각하면서 내용이 입체적으로 구성되고 있는지 스스로 돌아보고 또 제3자적 시각으로 되짚어 보는 것이 필요하다. 이러한 과정평가 수행과정상의 내용들은 모두 기록으로 정리될 필요가 있는데 [양식 1]과 [양식 2]는 사업수행기관 자체작성용으로, [양식 3]은 자금제공기관 제출용으로 고안된 것으로, 기관실무자 또는 평가자가 수행하는 사업에 맞게 변형하여 사용하면 된다.

〈표 12-2〉 과정평가 수행과정에서 점검되어야 할 질문들

<table>
<tr><th rowspan="2">절차별 역할</th><th colspan="3">주체별 담당</th></tr>
<tr><th>담당자</th><th>자문위원</th><th>기타</th></tr>
<tr><td>• 과정기록에 대한 논의
- 평가관점이 일관되게 적용되는가?
- 평가내용이 풍부하게 기술되어 있는가?
- 다양한 이해관계자의 관점 · 견해가 잘 포섭되어 있는가?
- 다양한 내용이 대조(contrast) · 비교(compare)되어 잘 정리되어 있는가?
- 필요에 따라서는 이해하기 쉽게 표로 정리되어 있는가?
- 누락된 바는 없는가?
- 타 사업과 달리 우리 사업에서 꼭 지향해야 하거나 짚어야 하는 내용들이 잘 용해되어 있는가?</td><td>작성</td><td>검토</td><td></td></tr>
<tr><td>• 월별(격월) 평가
- 월별 진행상황에 대한 평가
- 필요시 인터뷰 실시
- 양식 1 참조</td><td>작성</td><td>검토</td><td>필요에 따라 사업참여자의 이야기 포함</td></tr>
<tr><td>• 개별 세부사업에 대한 과정평가
- 월별 또는 격월로 작성된 내용을 취합하여 해당 세부사업 내용에 대한 전체적인 과정평가
- 양식 2 참조</td><td>작성</td><td>검토</td><td></td></tr>
<tr><td>• 사업내용에 대한 전체적인 과정평가
- 단위사업 평가결과의 종합(전체 총괄평가 관점 및 내용 포함해야 함)</td><td>작성</td><td>컨설팅</td><td></td></tr>
<tr><td>• (전체사업) 과정평가 보고서 작성
- 사업계획서 단계에서부터 평가단계에까지의 전체 과정
- 성공적 사업수행의 맥락, 예상치 못한 상황, 그에 따른 기관의 대응, 진행과정에서 얻은 소중한 교훈 등을 체계적으로 기술</td><td>작성</td><td>검토</td><td></td></tr>
</table>

[양식 1]

(○○사업〈홍보사업 또는 대상자모집 등〉)
월별 과정평가 기록지[1]

1. 평가개요

과정평가 작성자		작성일자	
관련 성과목표			
평가방법	평가자	참여자/관찰장소	실시일자

2. 추진사업 주요내용

3. 추진사업에 대한 사업담당자의 평가

- 무엇이 진행되었고, 무엇이 진행되지 못하였나?
- 성공적이었다고, 긍정적인 의미가 있다고 자평할 수 있는 것은? 그 근거는?
- 무엇이 아쉬운가?
- 다시 그 과정을 진행한다면 어떤 점을 어떻게 바꾸겠는가?

1) 이는 특정 세부사업에서의 지난 한 달 동안 추진되었던 상황에 대한 평가기록을 의미. 예를 들어, 청소년들에게 매력적인 공간을 꾸미는 세부사업에 대하여, 당초 수립된 계획에 따라 전문가회의와 청소년들에 대한 FGI가 각각 열렸다면 그에 대한 내용을 여기에서 정리하면 된다.

4. 추진사업에 대한 사업참여자(청소년들)의 경험 · 의견 · 요구 등

<질문을 통해 담아야 하는 내용>
- 인터뷰를 위한 Tip에서의 관련 질문들을 해당 사업에 맞게 구성하여 진행
- 필요에 따라 추가적으로 해당 사업에서 중요한 내용들을 질문

5. 작성자의 평가 내용

[양식 2]

(○○사업) 총괄 과정평가서[2)]

1. 평가개요

과정평가 작성자		작성일자	
관련 성과목표			
평가방법	평가자	참여자/관찰장소	실시일자
프로그램 참여자 면접			
전문가 FGI			
참여관찰			

2. 과정평가 요약

3. 과정평가 결과

- 추진사업 사업담당자의 평가, 사업참여자(청소년들)의 사업수행과정에서 제기되었던 제반 의견 및 욕구 내용, 내부직원, 자원봉사자 등 다양한 이해관계자들의 의견을 종합적으로 정리
- 핵심은 월별 평가기록지를 종합하여 세부사업 내에서의 진행과정 및 주요내용을 정리·평가하는 것임

2) 앞의 양식과 연속선상에서, A 세부사업이 완결되었을 때 해당 세부사업의 전반적인 진행과정에 대한 평가내용임. 만약 이 세부사업이 3개월에 걸쳐 이루어졌다면 2개월의 지난 평가결과의 내용과 마지막 한 달 동안의 추진내용을 모두 합하여 평가하는 내용을 여기에 기술한다.

[양식 3]

전체사업 과정평가 보고서

1. 평가개요

과정평가 작성자			작성일자	
관련세부사업	평가방법	평가자	참여자/장소	실시일자

2. 과정평가 요약

각 사업추진 단계별로 주요 내용을 요약 정리. 다만, 단계별로 분절적인 내용으로 정리하기보다는 선후단계의 영향관계 등에도 관심을 가지고 기술

3. 과정평가 결과[3)]

1) 사업공간 재구성
2) 홍보
3) 대상자 모집
4) 세부사업 1
5) 세부사업 2
6) 세부사업 3

3) [양식 2]에서의 과정평가 결과는 해당 세부사업에 대한 평가인 반면, 본 양식에서의 과정평가 결과는 각각의 세부사업을 모은 사업 전체에 대한 평가결과를 의미한다. 세부사업에 대한 평가내용을 종합하고, 아울러 전체사업에 대한 전반적인 평가결과를 제시하게 된다. 아울러 이때에는 전후 연결관계에서의 고찰이 보다 중요하다. 그렇지 않으면 분절적으로 보여서 상호 연결흐름을 매끄럽게 보여주기 어렵기 때문이다.

5. 평가 시 유의사항

기관실무자가 평가할 때는 흔히 평가의 객관성과 평가의 과학성에 대해 의심의 눈초리를 많이 받는다. 이 이슈는 매우 깊은 철학적 논쟁인 사회과학의 과학적 성격과 맞물려 있다. 자연과학과 사회과학을 동일시하면 사회과학 또한 가치중립을 지켜야 하고, 엄밀정치한 과학적 방법을 동원하면 객관적인 사실 자체를 포착할 수 있다고 믿는다. 그에 따르면 연구자는 사회현상에 떠다니는 객관적 사실을 포착하기만 하면 된다. 반면 사회과학이 자연과학과 다르다는 입장에서는 가치중립은 성립될 수 없으며 연구자와 연구대상은 불가분의 관계에 있고 연구 자체가 연구자의 주관적 인식과정이기 때문에 절대적인 객관성은 존재하지 않는다고 본다.

하지만 그러한 입장 차이에도 불구하고 자의적이거나 임의적인 평가에 대해서는 어떤 입장이든 간에 이를 용납하기 어렵다. 평가결과를 양화시키든, 질적인 스토리로 드러내든 간에 나름대로의 지켜야 할 원칙과 질서가 있고 최대한 이를 준수하기 위한 평가자 자신에 대한 성찰과 학습이 요구된다. 이런 맥락에서 평가에 임하는 사람들의 속내를 어느 정도 이해하고 또 최대한 있었던 그대로의 모습을 드러내는 데 불이익이 뒤따라서는 곤란하다. 다음은 평가에 임할 때 스스로 자신을 성찰해야 할 주요 대목들이다.

1) 사업을 미화(美化)하려는 나 자신을 꿰뚫어 보라

누구든 자기가 수행한 사업이 잘못되기를 바라는 사람은 아무도 없다. 또 설사 잘못되었다 하더라도 그렇게 된 이유를 객관적으로 바라보는 것도 쉽지 않다. 아전인수(我田引水)가 인지상정(人之常情)이다. 하지만 그것이 바람직하다는 것을 의미하진 않는다. 오히려 실패한 경험에서 소중한 보석을 발견하려는 노력이 중요하다. 내 실패가 다른 사람들에게 필요한 혜안을 가져다줄 수 있다면 그것은 더 이상 실패로 간주되어서는 안 된다. 오히려 소중한 자원이자 교훈으로 삼아야 한다.

2) 기관책임자의 이해가 필요하다

평가담당자가 아무리 솔직하여지려고 해도 기관책임자가 그러한 자세와 마인드를 이해하지 못하면 평가결과를 (아무리 일부라 하더라도) 실패라고 기술한 보고서가 마음 불편하기 짝이 없게 된다. 그러나 자신의 기관이, 수행한 사업이 아무런 문제가 없고 자신에게 귀책사유가 없다는 태도에 대해 솔직해질 필요가 있다. 사업결과를 있는 그대로 바라보려고 할 때 또 다른 발전의 출발선이 될 수 있음을 명심해야 한다.

3) 기관감독(평가)기관은 사업결과에 대해 색안경을 끼고 보지 말라

결국 솔직했더니 돌아오는 것은 불이익이라고 한다면 더 이상 실패라는 부정적 결과를 들여다보려 하지 않게 된다. 불이익은 대부분 기관감독(평가)기관에서 출발한다. 좁게는 자금제공기관이, 넓게는 자금제공기관 외 지도감독기관이 사업수행결과에 대해 따지고 들면 결과적으로 현장을 포장의 달인으로 만들게 된다.

자체 보고서의 내용이 부정적이라 하여 감독이나 평가까지 부정적이어야 할 이유는 없다. 얼마든지 감출 수 있었는데도 그러지 않은 용기를 오히려 높게 평가해야 한다. 그러한 사업결과를 기초로 어떻게 이후 사업에 그러한 내용을 반영했는지, 타 기관들에게는 어떻게 그러한 내용을 전파했는지를 오히려 긍정적으로 평가해야 한다.

사례

다른 자문교수와는 달리, 저자가 자문을 맡은 사업수행기관에 대해서는 사업수행과정에서의 시행착오와 실패사례를 빼곡히 적게 했다. 나 스스로도 '왜 생각대로 자문의 방향이 어그러지고 현실하고 맞지 않는 부분이 생겨났는지' 점검하기도 했다. 그 과정에서 모든 것이 순탄해 보였다. 하지만 문제는 사업을 마무리하고 평가보고서를 작성할 즈음에 생겨나기 시작했다.

사업수행과정에서는 월별로, 분기별로 과정평가 보고서에서 주옥같은 다양한 경험을 함께 공유했는데, 정작 최종적인 사업결과 보고서에서는 그러한 내용들이 모두 삭제되어 있는 것이 아닌가. 너무 의아해서 기관실무자에게 전화했더니 말하기를 주저하며 뭔가를 피하는 목소리로 느껴졌다.

"마지막 제출하는 보고서인데 그냥 그렇게 내면 안 될까요?"

"최 선생님! 우리가 이제까지 우리만의 생각과 가치를 공유해 왔지 않습니까. 다음 후배들이 많은 것을 보고 배울 수 있도록 사업결과 보고서에 선생님이 경험한 다양한 내용을 넣기로 하지 않았습니까? 설사 그것이 계획대로 되지 않고 우여곡절이 있었다 하더라도..."

"그게 참..."

자문교수의 영(令)이 안 서는 것은 둘째치고, 이제까지 저자가 강조한 부분이 반영되지 않는 것 같아 할 수 없이 조금은 강압적(?)으로 그러한 소중한 내용을 누락해서는 안 된다고 이야기하려던 참에 최 선생이 다시 말문을 열었다.

"교수님... 사실은... 저도 그렇게 적었는데 관장님이 결재를 안 해주십니다..."

그랬다. 관장이 그렇게 적지 말라는 것이었다. 저자는 관장에게 직접 전화하여 왜 그런 내용이 필요한지를 다시 설명했다. 이해해 주리라 믿고. 그런데 돌아온 답변은 나를 혼란에 빠뜨렸다.

"교수님, 참 죄송합니다. 제가 교수님의 취지를 몰라서 그런 게 아니고, 실제 그렇게 '실패했다'라고 적으면 자금제공기관에 대해서는 아무 문제가 없다 하더라도 행정기관이나 소속 법인 감사에서는 그런 보고서를 이해하려 들지를 않습니다. 실패는 실패 그 자체로 받아들일 뿐만 아니라 성공으로 이끌지 못한 무능한 기관으로 간주되고 맙니다. 그걸 뻔히 알면서도 어떻게 그런 보고서에 사인을 할 수 있겠습니까?"

자그마한 한 가지라도 실제로 바꾸는 것이 얼마나 어려운지를 깨닫게 되는 순간이었다. 물고 물리는, 우리 사회 전반의 사고 패러다임이 바뀌지 않으면, 실패에 박수를 보내는 문화가 제대로 정착되지 않으면 의미 있는 자그마한 파장이라도 돌담에 가로막혀 이내 흔적도 없이 사라지고 만다는 것을 배웠다. 그러면 바꾸지 말까? 아니다. 더 큰 맥락에서 함께 바꾸고, 변화의 진원지를 공략하는 것이 필요하다는 생각이다. 그곳이 어딜까? 나에게 자꾸 묻게 된다.

MEMO

제 13 장

성과평가

성과평가는 성과목표와 직결되어 있다. 양자가 동일한 것은 아니지만 설정한 목표달성 여부나 정도를 성과평가를 통해 측정하기 때문이다. 성과평가에서는 질적인 방법과 양적인 방법이 모두 활용된다. 양적인 방법은 공동모금회가 2017년에 발간한 「배분사업 성과측정을 위한 척도집」을 참고하면 많은 도움을 받을 수 있다.

하지만 성과를 측정함에 있어 척도집이 도움이 되지 못할 때 기관실무자들은 난감해하며 어떻게 하면 되냐고 저자에게 물어온다. 그럴 때는 성과평가를 위한 설문문항을 새롭게 만들라고 조언한다. 그러면 실무자들은 우려 섞인 목소리로 재차 물어온다. "척도를 하나 만들려면 오랜 연구가 필요한데 이렇게 막 만들어도 되는지?" 맞다. 신규로 만들어진 척도가 사회적으로 통용되려면 오랜 검증을 거쳐야 한다. 하지만 딜레마다. 현장의 지각변동을 꿈꾸며 열심히 프로그램을 개발했는데 이에 적합한 평가도구가 없다는 이유로 프로그램을 포기할 수 없고, 그렇다고 평가를 하지 않을 수도 없는 노릇이다. 그렇다면 그 상황에서, 다소 어설프고 부족함이 있더라도 성과목표를 평가하는 데 적합한 문항을 새로 만드는 것이 뭐가 그리 문제가 되겠는가.

하지만 염두에 두어야 할 것이 있다. 적어도 개발한 설문문항이 실무자가 자의적으로 구성한 것은 아니어야 한다. 그러기 위해서는 Peer Review, 자문교수의 피드백, 모의적용 등 할 수 있는 최선의 검증절차를 거쳐야 한다. 물론 그런 과정을 거친 후에도 흠결이 있을 수 있다.

하지만 이를 누가 비판할 수 있을까? 나름의 노력 끝에 얻어진 결과에 대해 한계를 제시하고 사용한다면 그에 대해 돌을 던질 사람은 아무도 없다.

문제는 그만한 노력을 기울일 실질적인 여유가 있는가이다. 원래 잘 모르는 길은 첫걸음 떼기가 제일 힘들고 멀어 보인다. 그리고 시행착오를 겪다 보면 좁은 길보다는 쉬운 길로 가고 싶은 유혹이 생긴다. 그런 만큼 이러한 설문문항 개발은 사업 착수 전에 밀도 있게 진행하는 것이 좋다. 프로그램 내용을 진행한 후에 평가 틀을 설계한다는 것이 논리적으로 맞지 않기 때문이다.

한편 성과의 내용과 의미를 드러내기 위해서는 질적인 성과평가를 기획하는 것이 좋다. 척도를 통해 얻어진 숫자는 성과 여부와 정도를 간결하고 호소력 있게 웅변해 준다. 하지만 그 성과가 사업참여자에게 어떤 의미로 다가가는지는 말해주지 않는다. 또 성과들 간의 관계가 어떤 역동성을 지니는지에 대해서도 침묵하게 된다. 그러나 질적평가는 그런 내밀한 내용까지 드러내 주는 유용성이 있다. 결국 이 사업이 의미 있음에 대해 더 많은 사람들의 공감을 얻어내려면 숫자로만 표현된 성과만으로서는 부족하고 스토리텔링이 뒷받침되어야 한다는 점에서 균형 있는 성과평가 틀 설계의 중요성은 아무리 강조해도 지나침이 없다.

1. 성과평가의 개념과 맥락

성과평가란 성과목표가 사업수행을 통해 실제로 어느 정도 달성되었는지, 그 성과의 의미가 무엇인지를 평가하는 것을 말한다. 의도한 성과달성의 여부와 정도를 측정함에 있어 이 작업이 독자적으로 제시되기보다는 이미 설정된 성과목표 및 사업수행과 밀접하게 연관되어 있음을 알 수 있다.

성과를 평가한다는 것은 내용상으로 기획된 내용에 기속되는 측면이 있는 반면, 방법상 상대적으로 자유로운 측면이 있다. 먼저 기속적 측면을 살펴보면, 성과목표가 제시되어 있고 그러한 목표달성을 위한 수단적 성격의 사업내용이 추진되었는바, 무엇을 평가할 것인가는 앞선 내용들을 설계할 때 이미 연쇄적으로 결정되는 부분이라고 볼 수 있다. 물론 사업을 추진하다가 목표가 수정・변화되거나 이를 달성하기 위한 사업내용이 달라진다면 당초 설계된 평가틀 또한 변경될 수밖에 없다.

다소 자유로운 측면을 살펴보자면, 그러한 성과목표를 염두에 두고 성과 있음을 드러내는 방법은 다양할 수 있다. 먼저, 내용에 따라 어느 정도 사전에 결정되어 있는 경우도 있고 이를 위해 조작적 정의가 필요한 경우도 있다. 예를 들어, 발달장애아 부모의 자녀에 대한 양육기술을 향상시키는 프로그램을 실시한 후 평가한다고 할 때 성과목표는 양육기술을 향상시키는 것이 될 테고, 평가지표는 양육기술 향상도, 사용하는 측정도구는 양육기술척도가 될 것이다. 이렇게 성과목표를 측정하는 도구가 명확하게 제시되어 있는 경우에는 큰 어려움이 없지만 성과목표에 직접적으로 맞닿아 있는 측정도구가 없는 경우에는 지향하는 성과목표의 달성 여부를 측정할 수 있는 지표를 조작적으로 정의할 수밖에 없다. 그러나 적용할 기존 척도가 없다면 최대한 자의성을 배제하면서 평가자가 측정도구를 만들 수밖에 없다. 이렇게 만드는 측정도구에 대해 모두가 긍정적으로 생각하는 것은 아니다. 때로는 해당 기관에서 만든 측정도구를 인정하지 않는 자문위원들도 많다. 하지만 모두가 인정할 수 있는 측정도구를 몇 개월 만에 만든다는 것은 불가능한 일이다. 그렇다고 평가를 하지 않을 순 없지 않은가. 그러므로 차선책으로라도 조작적 정의와 그에 맞는 측정도구를 만들 수밖에 없는 불가피성을 인정해야 한다고 본다.

2. 성과평가의 종류

성과평가는 어떤 접근방법을 사용하는가에 따라 양적성과평가와 질적성과평가로 나뉜다.

우선 양적성과평가는 성과평가의 결과를 구체적인 수치로 나타내는 것을 말한다. 주로 척도를 사용하여 사업 시행 전후를 비교하거나 시행에 따른 만족도 또는 주관적인 변화 정도를 나타낸다. 예를 들어, 자녀양육기술척도를 통해 자녀양육기술증진프로그램 시행 전후를 측정하여 그 변화치가 의미 있는지를 살펴보는 것, 또는 시행 후에 자신의 자녀양육기술이 얼마나 증진했는지를 4점 척도(매우 그렇다, 그렇다, 그렇지 않다, 전혀 그렇지 않다) 또는 5점 척도(매우 그렇다, 그렇다, 보통이다, 그렇지 않다, 전혀 그렇지 않다)로 측정할 수 있다. 이러한 양적 성과평가는 제3자로 하여금 그 프로그램 시행이 효과적인지, 그 효과가 어느 정도인지를 객관적이고 쉽게 알 수 있게 해준다.

또 다른 접근은 질적성과평가이다. 질적성과평가가 필요하게 되는 경우는 크게 세 가지로 대별될 수 있다. 첫째는 사업참여자가 설문조사나 실험에 참여하기 어려운 경우이다. 예를 들어, 발달장애인의 역량강화를 위한 사업에서 실제 역량강화가 되었는지에 대한 설문을 당사자가 이해하고 대답하기란 쉽지 않다. 그렇다고 사업담당자나 자원봉사자, 부모가 임의로 대답하는 것도 장애인복지에서의 당사자주의 이념에 비추어 볼 때 바람직하다고 볼 수 없다. 물론 설문지를 이해하기 쉽게 수정해서 제시할 수 있으나 아무리 쉽게 변형한 설문지를 통하더라도 소통이 어려운 발달장애인의 경우에는 응답에 한계를 지닐 수밖에 없다. 그럴 경우 초점을 명확하게 한 참여관찰을 통해 역량강화된 모습을 채증할 수밖에 없다.

둘째는 양적인 변화를 보여주기 어려운 경우이다. 초·중학생의 진로성숙도 향상을 위해 노력한 프로그램에서 자신이 아직 진로를 결정하거나 윤곽을 잡지는 못한 경우, 즉 프로그램 종료 후에도 여전히 변화과정 중에 있는 경우 양적 척도로서는 의미 있는 변화를 포착하기 어렵다. 예전에 아무 생각이 없었지만 이제는 내가 무엇을 하고 살아야 하는지 매우 복잡한 고민에 싸여 있다는 자체가 이미 변화가 일어났다는 것을 의미하는데, 실제 진로성숙도 측정에서는 그러한 과정적 변화까지 포착하기 어려워 마치 아예 진로성숙이 일어나지 않은 것으로 측정될 수 있기 때문에 이런 상황에서는 질적인 접근이 오히려 강점을 가지게 된다.

셋째는 양적성과평가를 통해 보여지는 수치의 변화가 무엇을 의미하는지, 그 수치의 변화가 담고 있는 내용이 무엇인지를 보여주는 경우이다. 예를 든다면, 자녀양육기술척도 변화가 0.8이고 그것이 의미 있는 변화라고 판단하더라도 실제 무엇이 변화하였는지는 숫자 0.8을 통해 알 길이 없다. 즉, 뭔가 양육기술이 변화하였는데 실제 아이를 양육하면서 어떤 스킬이 생활상에서 나타났는지는 사업참여자의 이야기를 듣거나 실제 양육의 현장을 관찰해야만 알 수 있다. 그럴 경우 인터뷰나 참여관찰을 통해 그 내용을 포착할 수 있게 된다.

3. 양적성과평가

1) 양적성과평가 작성양식

최근 자금제공기관에서 제시하는 사업계획서 작성양식이 계속 발전되고 있지만 양적성과평가를 작성하는 양식은 크게 변화한 것 같지 않다. 흔히 '평가방법'이라는 목차에서 제시된 다음 표를 대신하여 보다 개선된 표 양식을 제시하기가 마땅치 않기 때문이다. 표를 작성하려면, 우선 기 제시된 성과목표에 대하여 이를 조작적으로 측정할 수 있는 성과지표를 설정해야 한다. 그리고 그러한 성과지표를 측정할 수 있는 자료수집방법이 무엇이고, 그러한 자료들을 누구에게서 받을 수 있는지, 그리고 언제 자료를 수집할 것인지에 대한 세부내용을 결정하여야 한다.

〈표 13-1〉 양적성과평가 방법 예시[1)]

성과목표	목표에 대한 평가방법			
	성과지표	자료원	자료수집방법 (측정 도구 · 방법)	자료수집 시기
1. 시각장애 학생의 감각발달 및 표현 능력 향상	감각 발달 향상도 표현 능력 향상도	학생, 조교	감각발달척도 설문조사 표현능력척도 설문조사	사전, 사후
5. 시각장애인에 대한 시민인식 증진	시각장애 미술교육 이해도 시각장애 인식 개선도	사업 참가자	설문조사 (자체구성)	사후

2) 세부 내용 설명

(1) 성과지표

성과지표는 성과목표의 내용에서 도출되는데 이는 여러 척도집을 검색해서 가장 적절한 것을 찾거나 적절한 지표를 자체적으로 설정할 수 있다. 지역아동센터 이용아동에 대한 교육기능 향상을 도모하는 사업인 경우, 성과지표로 '학교숙제 완성횟수 증가율'을 설정할 수 있을 것이다. 이렇듯 성과지표가 제시될 때에는 성과지표(증가율)를 구성하는 분모 및 분자의 내용이 사전에 결정되어야 하고 이를 어떻게 측정할 수 있는지, 즉 자료수집을 어떻게 할 것인지가 명확해야 한다.

즉, 분모는 학교숙제를 부여받은 횟수, 분자는 학교숙제를 완성한 횟수로 하고 이에 따라 학교숙제 완성횟수 증가율은 [(학교숙제를 완성한 횟수/학교숙제를 부여받은 횟수)×100] − (초기값)이 된다. 만약 초기값이 50%이고 학교숙제 완성 빈도율이 70%이라면 증가율은 20%p가 된다.

1) 표 안의 예시 내용은 시각장애인에 대한 미술교육의 새로운 지평을 열어가는 『우리들의 눈』에서 아산나눔재단 파트너십 온 사업의 일환으로 실시한 "시각장애 청소년에 대한 미술교육 프로그램"에서 발췌한 것임.

이렇듯 측정할 구체적인 방법과 조작된 개념 정의가 없이는 성과지표를 적절하게 제시하기 어렵다. 흔히 서류심사를 통과한 지원신청기관에 대해 면접심사를 진행할 때 제시된 성과지표가 어떻게 측정될 것인지에 대해 상세하게 물어보면 대답을 못하거나 자료의 성격에 전혀 맞지 않는 대답을 제시할 때가 많다. 평가 틀에 대한 이해가 제대로 정립되어 있지 못하다는 것을 의미한다.

물론 아무리 조작적 정의를 구체적으로 한다 해도 좀 더 세부적으로 따지고 들어가다 보면 부정확한 모습이 나타나기도 한다. 앞의 사례를 다시 살펴보면 학교숙제를 어디까지로 볼 것인지, 즉 알림장에 기재된 사항으로 집에서 의무적으로 해야 하는 것을 모두 망라하는 것인지, 교과과정에 국한해야 하는지, 1일치를 한꺼번에 묶어서 학교숙제 1회로 봐야 하는지, 개별과목을 개별적으로 계산해야 하는지 등등 조작화해야 하는 것이 한둘이 아닐 수 있다. 또 그렇게 세부적으로 한다 하더라도 그것을 계산하기 위해 하나하나 따져야 하는 것이 너무 많아 오히려 평가를 위한 사업이 되어 주객전도라는 비난에서 자유로울 수 없게 될 수도 있다. 그러므로 평가의 용이성과 평가결과로부터 얻을 수 있은 함의를 저울질해서 적정하게 조작화하는 것이 필요하다. 아울러 성과지표는 이후 구체화해야 하는 자료원, 자료수집시기, 자료수집방법과 연결되어 있어 전체적으로 각 항목들이 상호 유기적으로 체계화될 때까지 끈기 있게 성과지표를 다듬어야 한다.

한편 이러한 성과지표가 측정하기 어려운 것으로 제시되어서는 곤란하다. 예를 들어, 평가지표를 '친밀감 향상'이라고 제시하였다면 이 친밀감을 어떻게 측정하는가의 문제가 생긴다. 흔히 기관에서는 이를 보호자 상담일지, 관찰일지 등으로 측정하겠다고 주장하지만 실제 사업 진행 후에 살펴보면 구체적인 증거자료를 제시하지 못하고 느낌에 기대어 '프로그램 진행과정에서 친밀감이 향상되었다' 정도의 두리뭉실한 평가에 그치는 경우가 적지 않다. 그러므로 방법이 구체적이고 명확하지 않으면 실제 평가할 때 당황하게 되고 그에 따른 결과는 그 끝을 보지 않아도 충분히 예측할 수 있다.

(2) 자료수집방법

자료수집방법에는 '누가' 수집할 것인가와 '무엇을 통해' 자료를 수집할 것인가가 포함된다.

먼저 '누가' 수집할 것인가에서 중요한 점은 사업담당자가 할 것인지, 제3자가 자료를 수집할 것인가가 결정되어야 한다. 사업담당자가 이 사업을 제일 잘 알지만 응답자가 왜곡된 응답을 할 수 있는 가능성을 배제하기 어렵다는 한계를 지니고 있는 반면, 제3자가 평가하는 경우는 공정하게 자료를 수집할 수 있는 장점이 있지만 사업의 맥락을 모르는 상태에서 자료를 수집할 때 깊이 있게 내용을 끄집어 내기 어려울 수도 있다.

한편 '무엇을 통해' 자료를 수집할 것인가에서 중요한 점은 세 가지이다. 먼저 각종 척도집에 제시되어 있는 척도 중 어느 하나를 쓰려고 할 때 그 척도명을 기획과정에서 미리 제시해야 한다. 물론 성과지표에 따라서는 척도명이 성과지표와 거의 비슷한 경우도 있는데, 이때에는 이 양자가 유사해질 수밖에 없다. 예를 들어, 자아존중감 향상률이 성과지표일 때 자료수집방법은 자아존중감 척도 사용이 된다. 두 번째는 설문지로 자료를 수집할 경우 이를 배포해서 응답자가 자기 스스로 응답하게 할 것인지(자기기입식 설문조사), 질문지를 하나하나 읽어주고 설명해 주면 응답자가 이야기한 것을 적을 것인지(대면식 설문조사)를 결정해야 한다. 마지막으로는 어느 기간 동안의 자료를 대상으로 할 것인가를 결정해야 한다. 예를 들어, 학교숙제 완성빈도 증가율에서 학교숙제 수행횟수를 어느 기간 동안에 학교에서 내준 숙제를 대상으로 할 것인지, 또 숙제의 범위가 무엇인지를 획정해야 한다. 국어・영어・수학・사회・과학에 한정할 것인지, 특별활동의 숙제까지 포함할 것인지 등이다.

그러나 자료수집방법으로 많이 나열되지만 초점 없이 기재되는 경우에는 성과지표 달성 여부를 측정할 수 없는 자료임을 실제 평가단계에서 알게 된다. '프로그램 일지, 개별 체크리스트, 보호자 상담, 사례회의록, 관찰일지, 공연' 등이 흔히 제시되는 자료수집방법인데, 이러한 것들은 통상 사업수행기관에서 사업을 집행할 때 기록해야 하는 것으로 생각하고 있는 항목들이어서 통례대로 기재되어야 할 뿐만 아니라 이러한 내용이 성과지표 측정 근거로 활용될 수 있는 수준으로 기재되어 있어야 한다.

(3) 자료원(資料源)

자료원은 성과지표를 통해 의미 있는 내용을 응답하는 사람 또는 장소를 말한다. 예를 들어, 손자녀를 양육하는 조부모를 대상으로 한 프로그램이었다면 자녀양육기술척도에 대해 대답을 하는 조부모가 자료원이 된다. 자료원 작성과 관련된 흔한 오해는 자료원을 자료를 수집하는 주체로 기재하는 것이다. 즉, 직원 중에 누가 설문조사를 하는지를 기재하는 것이다. 그러나 자료원이라는 것은 문자 그대로 자료의 원천이 어디에서 나오는지에 대한 것이므로 사업참여자가 되는 것이 대부분이다.

(4) 자료수집시기

자료수집시기는 언제 자료를 수집할 것인가에 관한 것이다. 이때 가장 중요한 것은 사전·사후 모두 측정할 것인지, 사후에만 측정할 것인지를 결정하는 것이다. 만약 초기값 설정이 필요하다면 프로그램 개시 전에 반드시 사전검사를 실시하는 것이 필요하다. 사업을 하다 보면 사전검사 없이 바로 프로그램을 시행해서 초기값을 잡아내지 못하는 경우가 많기 때문에 조심해야 한다. 하지만 사전 측정을 하지 않은 경우에는 프로그램 참여 전과 후를 비교하여 그 변화가 어느 정도 되는지 주관적으로 답하도록 해야 한다.

4. 양적성과평가 사례

1) 사례 1 : 아동의 정서발달과 지역문화 홍보를 위한 노인 세대의 사회참여 프로그램

- 평가방법

성과목표	평가방법			
	성과지표	자료원	자료수집시기	자료수집방법
노인세대의 정서적·사회적 고립감 감소	정서적·사회적 고립감 사전·사후 대비 20% 감소	프로그램 참여노인	프로그램 시작 전 프로그램 종료 후	정서적·사회적 고립감 척도 설문조사

- 평가실시

프로그램에 참여하기 이전과 참여 후의 정서적·사회적 고립 지수를 비교하기 위해 대응표본 t검증(Paired Samples Statistics)을 실시

- 평가결과

사전값 15.5점에서 사후값 11.6점으로 3.9점 감소하였으며 이의 백분율값은 사전값 대비 25.2%의 감소율에 해당하며 통계적으로도 유의미했음($p<0.05$)

2) 사례 2 : 게이트키퍼 노인 양성과 자살 위험군 노인 정서 지원을 위한 사업

- 평가방법

성과목표	평가방법			
	성과지표	자료원	자료수집시기	자료수집방법
노인 자살 관련 지식과 상담기술 습득을 통한 역량강화	역량강화 향상	프로그램 참여노인	프로그램 시작 전 프로그램 종료 후	역량강화 척도 설문조사

- 평가실시

 프로그램에 참여하기 이전과 참여 후의 역량강화 점수를 비교하기 위해 대응표본 t검증(Paired Samples Statistics)을 실시

- 평가결과

 참여자 총 21명을 개인 내적 역량강화 척도(Bolton & Brookings)를 가지고 평가한 결과, 프로그램 참여 전과 후의 차이로 0점 이하는 2명, 1~10점은 11명, 20점은 4명, 20점 이상은 2명이었음. 사전 평균은 81.5점이었고, 사후평균은 90.35로 전체적으로 8.85점 향상되었고 t검증 결과 통계적으로 유의미한 것으로 나타남($t=2.7$, $p<0.05$)

5. 질적인 접근을 왜 할까?

1) 양적평가의 함정

양적평가가 우리나라에서 선호되는 것은 질적인 접근을 소홀히하는 학문적 풍토와 무관하다 할 수 없겠지만 그 외에도 양적인 결과가 보여주는 선명성과 그로 인한 설득력과 매우 밀접하게 관련되어 있다. 양적인 결과는 사람들의 직관적인 이해를 도와 변명이나 오해의 소지를 좁히기 때문이다. 프로그램 개입을 통해 설문조사한 평균점수가 유의미하게 변화하였다면 개입효과가 있다고 충분히 주장할 수 있는 것이다. 이를 보여주는 순간, 기관실무자는 자신이 최선을 다했음을 증명할 수 있으며, 기관의 입장에서도 이 사업을 계속해야 함을 주장할 수 있는 근거가 된다. 한편 자금제공기관 입장에서는 유의미한 변화를 이끌어 냈다는 점에서 조금이나마 이 사회를 개선하는 데 도움이 되었을 것이라는 자부심을 가질 수 있게 만든다.

하지만 양적인 결과가 늘 이렇게 관련 이해관계자들에게 정확한 정보를 제공하는 것일까? 반드시 그렇지는 않다. 예를 들어보자. 가정폭력을 감소시키는 프로그램을 진행하여 과거 월 평균 3.5회 행사되던 가정폭력을 프로그램 개입 이

후에 월 평균 1.2회로 드라마틱하게 그 횟수를 줄여 프로그램 개입의 효과를 입증한 프로그램이 있다고 하자. 이러한 결과는 사업수행자나 그가 속한 기관으로서는 훌륭한 업적으로 기록될 수 있다. 또 자금제공기관 또한 이 프로그램을 유형화하여 다른 기관에게도 보급하고 싶은 마음이 들 것이다. 그런데 이 프로그램을 종료하고 그동안 참여했던 가정폭력 피해자들이 모여서 뒷풀이 겸 식사를 하는 자리에서 평가결과를 보여주었을 때 참여자들로부터 뭔가 이상한 기류가 흐르는 것을 감지했다면? 왠지 그 결과를 믿지 못하겠다는 표정이기도 하고, '숫자는 숫자일 뿐...'이라는 냉소까지 섞여 있음이 보인다면? 그 식사가 끝날 무렵 조용히 인터뷰를 해봤더니 기관실무자는 충격적인 사실을 알게 되었다.

> 네에... 물론 남편은 더 이상 그렇게 자주 저의 뺨을 때리거나 발로 저의 얼굴을 짓밟지는 않았어요. 확실히 그 횟수는 줄어들었죠. 물리적인 폭력이나 언어적인 폭력은 줄어들었지요. 하지만 남편은 저를 아예 상대하려 하지 않았지요. 말을 건네는 횟수도 완전히 줄어들고, 때로는 쳐다보는 눈빛이 섬뜩하기까지 하답니다. 또 한 달에 한 번쯤은 프로그램에 참여하기 전보다 훨씬 높은 강도의 폭력이 진행되었어요. 오랜만에 손을 대다 보니까 더 세게, 더 오랫동안 폭력을 행사하더라고요. 때리는 빈도만 줄어들었지, 제가 남편으로부터 받는 가정폭력으로 인한 고통은 잔인하리만큼...

과연 숫자가 응답자가 말하고 싶은 내용을 모두 담고 있는 것일까? 3.5회가 1.2회로 바뀌었을 때 '1.2회'가 의미하는 바를 정확하게 이해하고 관련된 맥락적 정보를 담아내지 못한다면 프로그램 진행자나 제3의 독자들은 양적평가결과로부터 왜곡된 정보를 얻게 된다는 점에서 질적인 접근의 중요성을 새삼 깨닫게 된다.

2) 양적성과의 의미 드러내기

질적성과평가가 필요한 두 번째 이유로는 양적인 성과의 구체적인 의미를 드러내기 위함이다. 먼저 양적인 성과평가에 따른 결과는 흔히 간단한 수치로 나타나게 된다. 예를 들어, 자녀양육기술척도에서 사전·사후 검사결과 변화치가 0.8로 나타났고 이는 유의미한 변화 정도를 나타내는 것으로 해석되면 수행한 사업이 의미 있었다고 평가내릴 수 있다. 하지만 수행사업이 '성공적이었다, 유의미한 변화가 있었다'라고 하더라도 '도대체 무엇이 어떻게 변화되었는가?'라는 질문에 대해서는 대답하기가 곤란하다. 즉, 0.8점의 의미가 무엇인가라는 질문에 대해서는 속수무책인 셈이다.

0.8점은 당사자의 삶에서 어떤 변화가 일어났다는 것인데, 그 변화가 어떤 내용의 변화인지는 모른다는 것이다. 아울러 다른 기관에서 15년 전 동일한 사업을 수행하여 동일한 변화치를 기록했다 하더라도 그때의 변화내용과 지금의 변화내용은 시대적, 환경적 변화로 인해 얼마든지 다를 수 있다. 자녀양육환경도 변했고 자녀들이 쓰는 말투, 사용하는 컴퓨터 프로그램, 관계 맺는 양상이 똑같지 않기 때문이다. 즉, 점수는 같아도 점수가 의미하는 바는 다르다는 점이다. 또 이 사업에 참여한 사람 또한 그 변화치라는 것은 실제 삶에서 나타나는 것이고 숫자 그 자체가 삶의 내용을 설명해 주지 않는다는 점에 유의할 필요가 있다.

그러므로 질적성과평가를 통해 실제 당사자에게 어떤 삶의 변화가 나타났는지, 그 삶의 변화가 자신에게 어떤 의미로 다가오는지 등에 대한 내용을 이끌어내어 제3자에게 보여줄 수 있는 유동성을 지닌다.

3) 양적성과평가가 어려운 경우

셋째, 점수로 나타내거나 예, 아니요로 대변되는 양적성과평가 방식으로 사업의 성과를 정확하게 보여주기 어려울 때에는 질적인 방법으로 성과를 평가하기도 한다.

예를 들어, 중학생에 대한 진로탐색 지원 프로그램을 운영한 후 자신의 진로 설정 여부를 물어봤을 때 10명 중 2명만 진로를 설정하고 8명은 아직 진로를 설정하지 못했으면 이 프로그램은 실패한 프로그램인가? 라는 의문을 가질 수밖에 없다. 즉, 진로설정 여부에 따른 진로설정 청소년 수만을 놓고 따진다면 사업수행결과는 그리 성공적이라고 보기 어렵다. 하지만 나머지 8명이 어떤 상태에 있는지를 질적으로 평가한다면 그 평가결과는 사뭇 달라질 수도 있다.

즉, 8명에 대해 자신의 상태변화를 가장 잘 나타낼 수 있는 전후 사진을 대조하고 이에 대한 자기설명을 덧붙이게 한 포토보이스(Photo Voice) 방법을 동원한 질적평가에서 많은 청소년들이 자신이 아직 진로를 설정하지는 않았지만 이 프로그램에 참여하기 전에는 자신이 앞으로 무엇을 하고 살아야 하는지, 진로에 대해 전혀 생각이 없다가 이제는 이에 대한 고민이 그 어느 때보다도 내적으로 치열하고 복잡하게 이루어지고 있는 중이라면 이 프로그램이 '성과가 거의 없다, 실패다'라고 단정적으로 이야기할 수 있을까?

그러므로 질적성과평가는 양적으로 평가하기 어려운 대상(예를 들어, 발달장애인)이나 사업내용(진로탐색)에 대해 질적으로 그 변화내용을 측정함으로써 보이지 않던 성과를 잡아낼 수 있는 강점을 지닌다. 이러한 작업은 양적으로 나타나는 것만 성과로 간주하는 편협한 기존 시각에서 벗어나 성과를 보다 넓은 의미로 확장하여 해석하려는 움직임과 그 맥을 같이하며 양적평가의 한계를 보완하고 나아가 적극적으로는 양적평가결과의 의미를 보다 구체화하는 긍정적 역할을 수행하게 되는 것이다.

4) 피동적인 대상이 아닌 능동적인 주체로의 변화

넷째는 사업참여자가 보다 능동적인 스토리 텔러(story teller)가 될 수 있는 기회를 제공해 준다는 점이다.

성과평가는 설정한 과정목표 달성에 기반해서 최종적으로 프로그램 참여자에게 의도했던 바람직한 변화가 어느 정도 일어났는지를 측정하는 것이다. 흔히 양적인 성과평가에서는 참여자의 자아존중감, 사회적 지지수준 등이 몇 % 증가하였는지 등으로 표현된다. 여기에서의 문제의식은 프로그램 참여자는 자신의 변화 또는 생각, 인식을 이야기할 수 있는 기회를 제공받기보다는 주어진 설문지의 내용적 범주와 틀에 따라 수동적으로 응답할 뿐이라는 점이다. 프로그램에 참여하면서 자신이 어떤 생각으로 참여하게 되었는지, 프로그램 시행 초기에 어떤 생각을 하게 되었는지, 방관자 또는 단순 참여자의 입장에서 언제부터 어떤 계기로 적극적인 참여자가 되었는지, 기관 또는 프로그램 진행자에 대해 어떤 생각을 하였고 그 생각이 어떻게 변화되었는지, 또 그 프로그램에 참여하면서 자신이 어떻게 변화하였는지 등에 대한 목소리를 귀담아 들어주지 않는 경우도 많다. 때로는 장애인의 경우 본인의 의사표현이 어렵거나 불가능하다는 이유 때문에 번번이 자원봉사자나 가족이 장애인의 의사를 대신하기도 한다. 그 결과 프로그램 참여자에게는 자신의 생각을 의미 있게 전해줄 수 있는 장이 주어지지 않기 때문에 기관실무자는 그들의 목소리를 담아내기보다는 오로지 가시적이고 객관적인 성과가 있었는지에 대해 집착하는 모습을 보이게 된다.

그렇다고 양적인 성과평가가 필요 없다는 것을 주장하는 것은 아니다. 대신, 균형 잡힌 평가방법의 도입이 필요하다는 점을 강조하고 싶다. 그런 의미에서 이제까지 프로그램에 참여하면서도 자신의 목소리를 의미 있게 귀 기울여 주는 기회를 제공하지 않았던 과거의 행태에서 벗어나 프로그램에 참여한 경험이 어떠한 의미를 지니는지, 자신의 삶은 또 얼마나 변화하였는지, 긍정적인 변화가 없었다면 왜 그렇게 되었다고 생각하는지 등을 당사자의 목소리를 통해 의미를 찾고 성찰의 기회를 가지는 것이 매우 중요하다는 점에서 질적인 성과평가의 의의를 찾을 수 있다.

6. 질적평가와 질적연구

질적평가란 인간과 사회현상을 자연주의적이고 해석적 접근을 통해 이를 이해하고 규명하려는 질적조사방법을 사용하여 프로그램의 과정과 결과를 평가하는 것을 말한다. 최근 우리 학문사회가 양적인 연구에 치우친 것에 대한 반성에서 출발하여 사회복지를 포함한 다양한 분야에서의 질적연구가 활발하게 진행되고 있다. 그런데 질적평가가 이러한 질적연구와 다른 것인지, 아니면 질적연구의 한 부분인지, 유사한 것은 무엇이고 다른 것은 무엇인지 등에 대한 궁금증은 여전히 남아 있다.

질적연구나 질적평가가 모두 질적인 방법을 동원하여 질적인 정보를 얻어낸다는 측면에서는 유사한 측면이 많고, 나아가 질적평가는 질적연구라는 큰 바구니 내에 담겨 있는 한 분야라고 이해하는 시각도 있지만 쇼(Shaw, 1999)는 다음 네 가지 차이점에 대해 주목하고 있다.

첫째는 강조점이 다르다는 것이다. 질적연구는 장기간에 걸쳐 이론적인 이슈에 대해 초점을 두는 반면, 질적평가는 상대적으로 단기간에 대한 실용적 접근이라는 점에서 차이가 있다고 본다.

둘째는 최종목적물이 다르다는 것이다. 질적연구는 종국적으로 연구하고자 하는 바에 대한 풍부한 기술(description)을 통해 독자들에게 사회현상이 경험되고 구성되는 내용을 전달하고자 하는 데 반해, 질적평가는 그러한 내용을 있는 그대로 드러내는 데 종국적인 목적이 있는 게 아니라 이를 통해서 기관실무자가 무엇을 어떻게 해야 하는 그 시사점을 얻는 데 최종적인 관심이 있다.

셋째는 특별한 지적 전통(intellectual tradition)에 얽매이는지의 여부이다. 질적연구의 경우에는 전기적 접근(biography), 현상학적 접근(phenomenology), 내러티브 접근(narratives), 문화기술적 접근(ethnography), 사례접근(case study) 등 연구하는 절차와 내용이 기초하는 지적 전통이 무엇인지가 매우 중요한 데 반해, 질적평가는 그러한 특별한 지적 전통에 얽매이지 않는다.

넷째는 모든 질적평가방법이 연구에 기초(research-based)하지는 않는다는 점이다. 프로그램 시행결과를 평가하면서 질적연구가 가져야 하는 엄격성을 질적평가에 똑같이 적용하면 유의미한 내용을 추출·발견하기보다는 오히려 더 많은 맥락적 정보가 사라질 수 있다고 주장한다. 또 자연스럽게 일어나는 사회현상 및 인간행동에 대한 관찰과 인터뷰에 기초하는 질적연구와 달리 질적평가는 인간의 의도된 개입이 선행되고 그 개입의 결과가 어떻게 나타났는지에 대한 평가적 요소를 담고 있기 때문에 질적연구에 비해서 질적평가에서는 훨씬 더 의도성이 담겨 있다는 측면에서 상이하다고 볼 수 있다. 이를 정리하면 다음 그림과 같다.

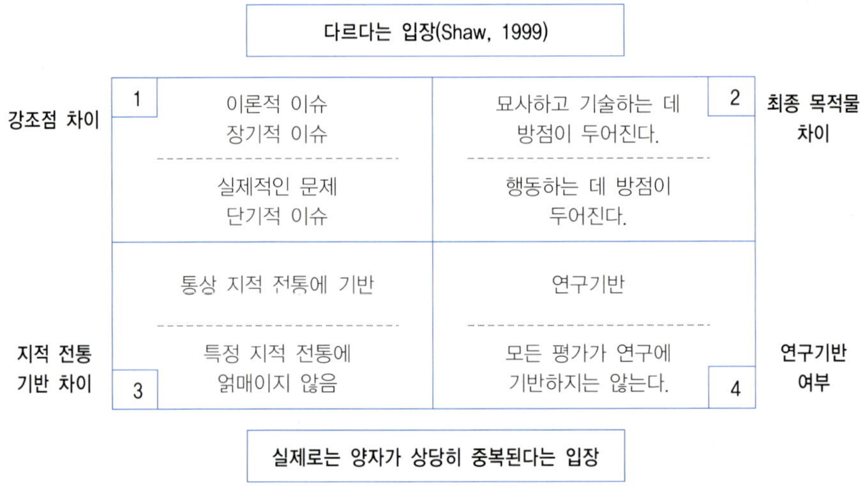

[그림 13-1] 질적연구와 질적평가의 차이점

위에서 살펴본 바처럼 질적연구와 질적평가를 동일시하기 어려운 다양한 측면이 있다. 하지만 실제 연구나 평가에서는 이러한 구분이 각자가 갖는 상대적인 성격 때문에 다소 그 경계가 흐려진다고 해도 과언이 아니다. 예를 들면, 정책집행연구의 경우 통상 질적평가가 짧은 기간에 이루어진다는 통념과 달리 장기간에 걸쳐 어떻게 인간 및 사회에 영향을 미치는지를 살펴봐야 하기 때문에 오히려 일반 연구보다 훨씬 더 장기간의 시간을 요하기도 한다. 또 프로그램에 참여한 당사자들의 경험과 인식을 드러내기 위해 현상학적인 방법을 써야 하는지, 내러티브로 방향을 잡아야 하는지에 대한 고민은 늘 평가과정의 바로 곁을 따라다닌다. 그런 의미에서 이 양자는 절대적인 차이를 가지고 있다기보다는 상대적으로 각자가 두는 무게중심이 다른 것이며 얼마든지 타 영역의 특징과 장점들을 차용할 준비가 되어 있다고 보는 것이 타당하다.

7. 질적평가의 패러다임[2)]

질적평가의 패러다임은 질적연구에 대한 체계적인 학습이 이루어지지 않으면 이해하기가 쉽지 않다. 하지만 굳이 여기에서부터 이야기를 시작하는 이유는 양적평가와 비교해 볼 때 질적연구와 질적평가는 다른 철학적 기초에 서 있기 때문이다. 그럼에도 불구하고 우리들은 양적평가, 양적인 접근에 너무 익숙한 나머지 양적인 접근이 기초하고 있는 철학적 토대 위에서 질적연구와 질적평가를 바라보기 쉽고, 따라서 전혀 다른 철학적 토대에 기초한 질적연구와 질적평가를 오해하거나 부적절하게 비판하기 쉽다. 질적연구나 질적평가를 하다 보면 스스로든, 타인으로부터든 접하게 되는 질문이 있다. 즉, 질적연구든, 질적평가든 빈번하게 직면하게 되는 질문 중의 하나는 수집된 자료의 대표성에 관한 것이다. "몇 명으로부터만 이야기 들은 것을 가지고 전체를 대변할 수 있는지? 또 수집된 이야기 또한 상당히 주관적인 것인데 그것으로 평가결과를 도출할 수 있는지?" 하지만 이에 대한 대답은 철학적 기초에서 연역되기 때문에 이에 대한 입장정리가 먼저 필요하다고 볼 수 있다.

1) 철학적 기초와 연결되어 있는 접근방법

어떤 접근방법을 사용할 것인지를 따지고 들어가다 보면 사회현상을 연구하는 방법의 차이, 즉 사회적 실재(social reality)에 접근하는 관점(perspective)의 차이에서 비롯된다. 이는 ① 사회적 실재를 객관적으로 파악할 수 있는 것인지에 대한 입장 차이, ② 연구자와 연구대상 간의 분리 가능성, ③ 가치중립성 등에 대한 기본적 태도의 차이에서 출발한다.

엄격한 연구과정, 즉 연구자와 연구대상을 분리하고 가치중립성을 확보하면 사회적 실재가 파악 가능하다고 보는 실증주의(Positivism) 입장에 서 있으면 양적인 접근방법을 선호하게 된다. 반면 연구자와 연구대상은 불가분의 관계에 있

2) 이 장에서 질적평가의 패러다임 이후의 내용은 필자가 당시 단독의 책임연구원으로 참여했던 삼성복지재단의 「작은나눔 큰사랑」 사업신청 매뉴얼에 포함된 내용을 이기한 것이다.

고 자연현상과 차원을 달리하는 사회현상을 연구함에 있어 연구자가 '가치중립성을 띠기 어렵고 또 그렇게 한다는 것이 과연 바람직한가?'라는 의문을 제기하면서 사회적 실재는 객관적으로 존재한다기보다는 사회구성원의 인식에 의해 포착되는 것이라고 이해하게 되면 이는 상대주의(Relativism) 입장에 서게 되는 것이며 질적인 접근방법을 선호하는 쪽으로 연결된다. 그만큼 객관적인 진리란 존재하기 어려우며 대신 사람들의 생각이 모여 사회가 구성되기 때문에 사람들의 이야기를 듣는 게 중요하다고 생각한다.

현실주의(Realism) 입장은 실증주의와 상대주의 사이에 위치한다. 사회적 실재가 존재한다는 점에서는 실증주의와 다를 바 없지만, 사회적 실재가 양적인 연구방법에 의해 파악될 수 있다기보다는 사회현상 근저에 흐르는 사회적 실재의 구성원리를 연구자의 직관과 해석으로 이해 가능한 수준으로 끌어올릴 때 비로소 파악 가능하다는 점에서 차이가 있다. 예를 들어, 『자본론』의 저자 마르크스(K. Marx)가 자본제 사회의 원리를 방대한 설문조사를 통해 밝혀낸 것이 아니라 자본제 사회에 대한 마르크스의 통찰력에 기초한다는 것이다. 또한 사회적 실재를 확실하게 파악할 수 있기보다는 확률적으로 파악할 수 있다는 입장에 서 있다. 이렇듯 사회적 실재에 다가가는 접근각도에 따라 연구방법은 달라진다. 즉, 실증주의 입장에 서면 양적연구방법이 보다 친숙하고, 상대주의 입장에 서면 질적연구방법과 연결된다.

결국 프로그램의 성과라는 것이 객관적으로 존재하고 또 그것을 설문지를 통해 파악할 수 있다고 보면 양적인 접근방법을 쓰게 된다. 그러나 프로그램의 성과라는 것이 당사자 자신의 변화 모습과 관련되어 있고, 그 변화의 내용은 누구보다도 자신이 더 잘 알기 때문에 객관적인 성과뿐만 아니라 주관적인 의미에 대해서도 관심을 가져야 한다고 보면, 양적인 성과가 무엇을 의미하는지 사업참여자의 이야기를 빼놓을 수 없게 된다. 그러다 보면 성과가 나타나게 된 동기, 과정, 실제적인 변화의 양상 등을 질적평가를 통해 이해할 수 있게 된다.

2) 질적접근의 다양한 패러다임

한편 질적연구는 다양한 학문적 배경에 맞닿아 있기 때문에 어떤 지적 전통, 학문적 배경에 근거하는가에 따라 자료수집방법이나 평가결과를 보여주는 방식이 달라지는데 이를 질적접근 패러다임이라고 할 수 있다.

질적접근 패러다임에는 프로그램을 통해 사업참여자가 경험한 내용이 어떤 의미를 갖는지, 경험의 본질이 무엇인지를 살펴보는 것(현상학적 접근), 프로그램의 과정을 통해 자신이 참여한 내용에 대한 이야기식 서술내용을 살펴보는 것(내러티브 접근), 사람·집단·특정한 세팅(setting)을 단위로 하는 사례를 살펴보는 것(case study) 등으로 나눌 수 있다. 어느 종류를 선택하는가는 기관실무자가 그 프로그램을 통해 얻은 성과를 어떤 방식으로 살펴볼 것인지에 따라 달라진다.

(1) 현상학적 접근

현상학적 접근의 핵심은 '경험의 본질'을 살펴보는 것이다. 인간행동은 모두 그 동기와 원인이 있는데 그것은 현상 그 자체를 통해서는 잘 드러나지 않는다. 그렇기 때문에 먼저 경험을 살펴봄으로써 그 경험이 의미하는 바가 무엇인지를 고찰하고 이를 통해 경험의 내용이 지니는 본질을 살펴보는 것이다.

예를 들면, "환자들이 병동에서 생활할 때 간호사와의 관계에서 '내가 돌봄을 받고 있다(being cared)'고 느끼는 것은 어떤 경험을 통해서 나타나는 것인지"에 대한 지적 호기심에 답하기 위해 심층면접을 실시하는 것을 들 수 있다. '장애-비장애 형제의 관계증진 프로그램'을 진행하고 난 뒤 이를 평가한다고 할 때 실제 관계가 개선되었는지에 대한 평가도 이루어져야 하지만 비장애형제의 입장에서 장애형제가 있다는 것이 자신의 인생에서 어떤 의미인지, 장애라는 것을 어떻게 이해하는지, 프로그램 참여를 통해 자신의 장애에 대한 이해의 변화 내용과 그 변화의 근저 등에 대해 현상학적으로 접근할 수 있다.

(2) 내러티브 접근

현상학적인 접근에서처럼 프로그램에 참여하면서 경험한 내용의 본질을 살펴본다는 것은 매우 중요한 일이다. 그러나 내러티브 접근에서는 현상학적 접근에서와 같이 경험의 조각들을 모아서 그 본질을 꿰뚫어 보고자 하는 파편적(fragmented) 분석으로는 경험의 덩어리, 맥락을 총체적으로 파악하는 데는 한계가 있다고 본다. 참여자가 프로그램에 참여하면서 느끼고 생각하고 자신이 변화에 대해 맥락을 가진 정보로서의 이야기(story)를 이끌어 내고 이를 독자들에게 보여주고자 한다면 경험의 조각들을 모아서 핵심적인 의미를 찾아낼 것이 아니라 기승전결(起承轉結)의 구조를 갖춘 당사자의 이야기를 독자들에게 보여주는 것이 좋다고 보는 것이 내러티브 접근방식이다.

"알코올 중독자 가족의 치유회복 증진 프로그램"이라고 하면, 알코올 중독자 또는 그 배우자가 이 프로그램에 참여하면서 자신이 느끼고 변화한 점에 대하여 이야기 식으로 털어놓으면 '어떻게 그 프로그램이 참여자의 삶을 변화시켰는지, 어떤 점이 주효했는지'를 알 수 있게 된다. 그것은 설문조사(물론 참여가족이 얼마 되지 않으면 그 설문조사결과를 통계치로 보여준다는 것도 의미가 반감될 수밖에 없다)의 한계를 극복하면서 프로그램의 의미를 드러내는 가장 정확한 방법 중의 하나일 수 있다.

(3) 사례연구(Case Study)

평가로서의 사례연구는 프로그램 자체를 하나의 사례(a case)로 보거나 참여자가 가족일 때 '가족'을 사례로 보거나, 또는 어떤 한 '참여자'를 사례로 보고 이들의 의미 있는 변화를 드러내고자 할 수 있다. 즉, 사례의 단위는 다양한 차원에서 이루어질 수 있음을 의미한다. 이러한 사례를 제대로 살펴보기 위해서는 사례와 그 사례를 둘러싼 환경을 구분하고 이 양자 간의 상호작용에 집중할 수 있어야 한다. 그러므로 한 사람이 아니라 가족이나 프로그램이 한 사례인 경우에는 그 사례를 구성하고 있는 하위구성요소(예 가족구성원들) 간의 관계라든지, 외부 환경의 변화에 따른 사례의 대응방식 등도 다양하게 분석될 수 있다. 사례를 구성하는 행위자들에 대해 심층면접을 실시한다든가, 프로그램 진행과정에 대해 참여관찰을 실시하고 아울러 각종 기록지들을 면밀하게 분석하기도 한다. 즉, 사례연구는 문헌고찰, 인터뷰, 참여관찰 등 질적인 자료수집방법을 다각적으로 동원하여, 비록 하나의 사례에 불과하지만 다각적인 고찰을 통해 집중하고자 하는 사례를 둘러싼 다양한 맥락들을 풍부하게 드러내는 데 장점이 있다. 마치 큰 나무를 잘랐을 때 드러나는 밑둥의 어느 특정 지점(spot)에 관심을 가지는 것이 아니라 횡단면 전체(surface)를 고찰하는 것이 사례연구의 특징이라 할 수 있다.

8. 질적평가[3] 설계

프로그램의 성과를 평가하기 위해서는 평가와 관련된 전반적인 과정을 설계할 필요가 있다. 단순히 이렇게 자료수집해서 저렇게 분석하겠다는 틀만으로는 실제 평가를 실시하는 단계에 이르면 의미 있는 내용으로 포착되는 것이 별로 없을 때가 많다. 사전 사후 변화를 측정하는 것인데 프로그램 시행 전에 어떤 목적으로, 어떤 마음가짐과 생각을 가지고 프로그램에 참여하게 되었는지, 기대는 어떤 것들인지 등등에 대해 사전 심층면접이 실시되어야 한다. 하지만 자칫 사업진행에 몰두하다 보면 사전 심층면접 없이 프로그램을 진행해버려 이후 사전 사후의 변화 내용을 살필 수 없게 되는 경우도 있다.

또 무엇을 물어보아야 하는지는 무엇을 평가할 것인지에 대한 초점이 명확할 때 가능하다. 그러므로 평가의 목적과 보고자 하는 바를 명확하게 이해하고 이와 관련된 핵심내용에 초점을 두고 파고들지 않으면 얻어지는 내용 또한 일반적이고 평면적일 수밖에 없다. 비슷한 맥락에서 예를 들어, 발달장애인에게는 시청각자료가 심층면접 시에 매우 중요하게 활용되는데 그 자료를 제시하기 위해

3) 이 부분은 저자가 질적평가 강의를 하면서 정리한 내용과 경험에 기초하여 작성한 것인데, 세부 설명이 필요한 기관실무자들은 권지성・염태산(2019). 사회복지실천 질적평가방법론을 참고하시면 도움이 될 것임

미리 무엇을 촬영할 것인지, 어느 순간을 촬영할 것인지, 당사자의 얼굴을 포함시키는 것이 나은지 등에 대한 전략이 수립되어야 한다. 즉, 앞서 언급한 것을 종합해 보면 사전에 누구에게 어떤 내용을 어떻게 자료수집을 할 것인지의 전략이 치밀하게 설계되어야 한다는 것이다.

1) 무엇을 평가할 것인가?

평가대상은 성과목표가 무엇이냐에 따라 달라진다. 앞에서 설명하기는 사업참여자의 의미 있는 변화에 초점을 두고 설명했지만 성과목표에 따라 그 대상이 사업시행기관이 될 수도 있고, 지역사회의 네트워크도 될 수 있을 것이다. 또 프로그램 흐름의 전반을 평가할 수도 있고 세부프로그램을 평가할 수도 있다. 또 이 모두를 다 평가할 수도 있다. 문제는 프로그램 담당자가 소진하지 않고 이 모두를 다 할 수 있느냐의 문제로 귀착된다. 제언컨대 프로그램 전반에 대해 사업참여자의 의미 있는 변화에 대해 평가하든지, 아니면 세부프로그램 종류 전체를 모두 평가하기보다는 이 프로그램 구성에의 핵심적인 1~2개 세부프로그램만 평가하는 것이 선택과 집중을 위해 도움이 된다.

2) 누가 평가할 것인가?

프로그램을 진행하면서 평가를 한다는 것은 무리가 따를 수밖에 없다. 물에 젖어 있는 자신을 발견하기 위해서는 물에서 나와야 비로소 알 수 있는 것처럼. 하지만 프로그램 담당자와 평가자가 분리되어야 하는지는 늘 딜레마다. 그 역할을 구분하여 수행할 수 있다면 문제가 없지만 인력이 부족한 상태에서 이 양자를 분리하기도 쉽지 않다. 제언컨대 프로그램을 단독으로 진행하는 경우는 없으므로 주담당자와 부담당자가 평가해야 할 프로그램 또는 사업내용에 대해 사업진행과 평가자의 역할을 적절하게 분담하는 것이 현실적이라고 할 수 있다.

3) 언제 평가할 것인가?

평가의 시점은 프로그램 종료 즈음 또는 종료 후가 된다. 그러나 평가를 위한 자료수집은 프로그램 전반에 걸칠 수밖에 없다. 사업참여자뿐만 아니라 프로그램 그 자체, 서비스 제공기관, 지역사회 등에 대해 성과목표를 적절히 평가하기 위해서 몇 회의 면접 또는 참여관찰이 필요한지를 판단해야 한다. 그것은 서비스 제공 전, 서비스 제공 후 중간단계, 서비스 종료 후 등으로 나눌 수도 있고 다른 한편으로는 프로그램 내용에 따라 중간단계 정도가 아니라 결정적인 역할을 하게 될 워크숍이나 캠프 등 특정 사건을 기점으로 나누어 볼 수도 있다.

9. 질적평가를 위한 자료수집방법

질적평가에서의 자료수집방법에는 크게 세 가지가 있다. 문헌고찰, 참여관찰, 심층면접이다. 어떤 형태와 내용을 드러낼 것인가는 접근 패러다임에 따라 달라지고 이에 의해 자료수집방법의 조합이 달라진다. 현상학적 평가를 채택하면 심층면접이 매우 중요한 질적평가방법이 되고, 내러티브 방식을 채택하면 심층적이면서도 참여자가 자신의 이야기를 편안하게 털어놓도록 주도권이 훨씬 더 참여자에게 주어지는 면접이 되어야 한다. 사례연구는 프로그램을 진행하면서 작성한 각종 기록지, 참여관찰 그리고 면접이 모두 필요에 따라 사용되게 된다. 다음에서는 이 세 가지와 함께 최근 부각되고 있는 포토보이스(photo voice) 방법에 대해 보다 자세하게 살펴보고자 한다.

1) 문헌고찰

고찰될 수 있는 문헌은 지나간 역사를 기록한 기록물 전체를 말하며 특정 양식에 국한되지 않는다. 성과를 드러내는 데 직간접적으로 관련이 있다고 판단되는 것은 모두 포함될 수 있다. 문헌은 크게 두 가지로 분류된다. 첫째는 기관실무자가 직접 작성한 내용이다. 각종 기록지, 사업일지, 사례관리지 등이 포함된다. 이는 과정평가를 위해 기록된 것이거나 최종적인 성과평가를 위해 기록된 것일 수 있다. 또 설사 그렇지 않다 하더라도 성과의 의미와 맥락을 분석하는 데 필요하다고 판단되면 자료수집범위에 포함시킬 수 있을 것이다. 물론 특정 관점 없이 기록된 것이 얼마나 도움이 될 것인지는 곰곰이 따져봐야 한다.

둘째는 자신이 작성하지 않은 문헌들이다. 기관 내부적으로는 당해연도 사업계획서, 타 부서에서 작성한 문서들이 있다. 기관 외부적으로는 지방자치단체나 정부에서 시달된 공문, 정책내용, 당해연도에 시달된 지침(사업안내)이나 실천현장에의 요구사항 등이 있을 수 있다. 뿐만 아니라 동종의 타 기관에서 생산한 문헌도 참고가 될 수 있을 것이다. 예를 들면, 타 복지관에서 하고 있는 사례관리 매뉴얼 등이 자신들의 사업수행을 들여다볼 수 있는 좋은 비교자료가 될 수 있다.

문헌고찰의 의의는 역사적 흐름을 알게 해주고 과정별 변화추이, 기관 환경 등을 고찰해 볼 수 있는 기회를 제공해 준다. 그런 만큼 살펴봐야 할 자료의 목록들은 평가의 목적에 맞게 미리미리 작성해 둘 필요가 있다. 물론 프로그램 종료기에 들어서 평가 작업이 본격적으로 시작될 때 문헌고찰을 하는 경우가 많겠으나 수집된 자료가 부족해서 추가로 자료를 수집한다든가 하면 시간이 많이 걸릴 뿐 아니라 평가마감기간이 임박해서 찾는 자료가 충분하지 않을 수 있거나 편향된 자료만 찾게 될 가능성이 보다 높아지고, 이로 인해 제대로 된 평가가 이루어지지 않을 수 있음을 감안하여 평가설계 단계에서부터 체계적으로 준비될 필요가 있다.

아울러 이와 함께 중요한 것은 문헌고찰을 통해 평가하려는 목적과 그 목적에 맞게 관련 내용이 충분히 담겨질 수 있도록 기록 전에 그 초점을 분명하게 해야 한다는 것이다. 예를 들어, 발달장애인의 사회성 향상을 위한 개입 프로그램을 운영한다고 할 때 프로그램일지나 사례관리지를 작성하게 된다. 하지만 사회성 향상을 무엇으로 간주할 것인지에 따라 일지나 사례관리지에 무엇을 핵심적으로 기재해야 하는지가 달라진다. 이를 분명하게 해야만 이후 평가 시 주요한 내용들을 문헌을 통해 정리할 수 있게 되고 분석수준도 높아지게 된다.

그러나 현실은 그렇지 않다. 매일의 일지나 사례관리지를 평가목적에 맞게 기술하는 것이 아니라 일지나 사례관리지의 본래 취지에 맞게 작성하는 것이 현실이다. 그렇게 되면 이후 '보시니 좋았더라'라는 창세기를 읊조리는 것과 같이, '프로그램을 진행하니 의미가 있더라, 좋아하더라'라는 뜬구름 잡는 식의 이야기만 평가보고서에 담길 수밖에 없게 된다. 그러므로 각종 문헌을 원래 취지대로 작성하되, 문헌고찰을 평가를 위한 자료수집방법으로 활용할 의도를 가지고 있다면 그에 맞게 자료가 산출될 수 있도록 관련 핵심사항을 지속적으로 작성·관리해 나가야 한다.

2) 참여관찰

참여관찰(Participatory Observation)은 프로그램이 진행되는 동안 때로는 참여자로서, 때로는 관찰자로서 벌어지고 있는 상황들에 대해 기록하는 것을 말한다. 프로그램 진행자로서의 기관실무자는 프로그램에 참여는 하지만 관찰자로서의 역할을 별도로 수행하기가 쉽지는 않다. 즉, 원활한 진행에 신경 쓰다 보면, 전체 프로그램의 맥락을 메타적으로 분석하고 있을 여유가 없게 된다. 현실에서는 프로그램 진행자 따로 평가자 따로 설정하기가 어렵기 때문에 이 양자가 일치하는 경우가 많지만 참여관찰의 경우는 별도의 평가자를 세우는 것이 바람직하다.

별도의 평가자가 참여관찰을 통해 자료를 수집할 때 미리 고려해야 할 것은 관찰의 초점, 즉 무엇을 집중적으로 관찰할 것인가가 명확해야 한다는 점이다. 자칫 관점을 좁히지 않고 관찰하다 보면 무엇을 적어야 할지 모르고 또 설사 여러 가지를 적는다 하더라도 수집된 자료를 막상 분석하다 보면 별로 성과 여부와 정도를 판단하는 데 재료로 쓰일 내용이 없게 되는 경우가 많다. 다음은 관점의 명확화를 일깨워 주는 사례를 예시로 들고 있다.

사례

초점 없는 관찰은 관찰하지 않는 것과 다름없다.

관찰을 할 때는 초점을 분명하게 가져야 함을 강의하는 수업시간에 학생들에게 던지는 질문이 있다. 질문을 던지기 전에 먼저 1~2분 충분한 시간을 주고 주위를 둘러보게 한다. 70명 남짓 수용규모의 강의실이니 그리 크지도 않다. 이를 다 둘러보는 데는 어쩌면 30초도 걸리지 않을지 모른다. 고개를 돌려 이리저리 쳐다보고서는 남는 시간 동안 어색해하며 줄곧 내 얼굴만 쳐다본다. '뭘 물어보려고 하는 거지?' 하는 눈빛으로.
이윽고 시간이 지나면 눈을 감으라 한다. 그런 다음에 "이 방에서 안전 또는 대피시설과 관련된 것들이 뭐가 어디에 있느냐?"고 물어본다. 눈을 감은 채 이야기해 보라고 하면 대답을 제대로 못한다. 출입구 위에 있는 녹색 불빛의 비상구 표시를 언급하기도 하지만 이는 관찰에 의한 것이라기보다는 학습에 의한 기억에 의존하는 정도였다. 아예 눈을 뜨고 고개를 두리번거리기도 한다. 그제서야 질문한 내용에 초점을 맞추고 찾기 시작하는 것이다.

결국 초점 없는 관찰은 관찰하지 않는 것이나 다름없다. 많은 경우 참여일지를 사회복지 실천현장에서 작성하지만 그 기재된 내용을 보면 관찰의 초점내용과 다소 거리가 있는 내용들이 대부분이다. 그렇지 않으면 매우 추상적이거나 전체에 대한 개괄적인 느낌 정도에 그친다. 그런 내용으로는 이후 분석단계에서 활용할 수 있는 내용을 찾기 어렵다. 그러므로 내가 무엇을 관찰할 것인지를 사전에 명확하게 해야만 좋은 내용이 도출될 수 있다는 점을 늘 마음에 둘 필요가 있다.

관점을 첨예하게 한 후에라도 추가적으로 고려해야 할 것은 관찰한 내용을 누구의 관점에서 서술할 것인지이다. 즉, 프로그램의 참여자가 사용하는 언어, 상황 등을 객관적으로 담아내는 데 초점을 둘 것인지, 관찰된 내용을 기록하는 사람, 즉 기관실무자의 입장에서 적을 것인지이다. 이에 대하여 가급적 당사자의 입장에서 내용을 정리하되, 정리된 내용이 어떤 의미를 가지는지에 대해서는 참여관찰자가 재해석(reinterpretation)해 주는 것이 좋다.

사례연구에 기반한 질적평가에서는 특히 참여관찰이 중요한 역할을 맡게 된다. 그 사례를 총체적으로 이해하자면 현장에 투입되어서 전체적인 맥락적 정보를 파악하지 않을 수 없기 때문이다. 하지만 사회복지사의 원래 업무가 실천현장에서 활동하는 것이니 현장이 낯설지 않다는 것은 매우 큰 장점이다. 이는 대학교수 등 지식생산자에 비하면 상대적 강점으로 이해될 수 있다. 다만, 그러한 현장밀착적 관계에 기반하여 어떻게 규모 있고 체계화된 지식으로 다듬는데 필요한 자료를 흡수할 것인가에 더 집중할 필요가 있는데, 이때 연구 방법과 분석에 대한 이해와 응용력이 뒷받침된다면 양질의 분석내용이 도출될 수 있다.

3) 심층면접

질적평가에서 가장 많이 쓰이는 방법 중의 하나가 심층면접이다. 설문조사를 통해 파악하고자 하는 내용이 잘 드러나지 않거나 주관적인 의미나 인식을 살펴보는 데도 심층면접이 매우 유용하다. 아울러 발달장애인과 같이 설문조사의 내용을 이해하기 어렵다면 쉬운 내용으로 설문지를 재구성하거나 심층면접을 통해 그들의 생각을 드러내게 하는 방법도 많이 쓰인다. 그렇게 자주 쓰이는 만큼, 심층면접을 어떻게 진행하는지에 대해서는 별도로 자세하게 기술하고자 한다.

4) 포토보이스

포토보이스(Photo Voice)는 사진과 이야기를 통해서 사업참여자로 하여금 사업참여 경험에 대해 어떻게 생각하고 어떤 의미를 담지하고 있는지를 찾아나가도록 하는 참여적 실행연구방법 중의 하나라고 할 수 있다(임정아 · 진영선 · 조아미, 2017 : 114). 즉, 사업참여자가 단순히 평가대상에 머무는 것이 아니라 시각적 이미지를 통해 평가내용을 주체적으로 구성하는 과정에 적극적으로 참여하게 하는 데 그 의의가 있다. 포토보이스에서는 사업참여자들을 5~8명씩 소규모 집단으로 구성하고 수차례 모여서 선정된 평가주제에 따라 자신들이 그에 대해 어떻게 생각하고 어떤 것들을 표현할지를 결정하여 이를 잘 재현할 수 있는 사진을 찍게 된다. 연구참여자들은 이 과정에서 안내된 가이드에 따라 자신이 전달하고자 하는 메시지를 담기 위해 스스로 성찰하게 되고 메시지와 사진 간의 관계에 대해 깊이 사유하게 된다. 전달하고자 하는 메시지와 이를 담은 사진을 찍는 작업이 이루어지면 다시 사업참여자들이 모여서 각자 자신들이 가지고 온 사진을 보면서 자신의 생각을 표현하고, 같은 집단 내 다른 사업참여자와 이에 대해 논의하고 논의된 내용이 자신의 삶에 어떻게 적용되는지에 대해 이야기를 나누면서 연구주제와 관련된 주요한 메시지를 정리하게 된다.

이 책의 주제가 사회복지 프로그램의 개발과 평가이다 보니 위에서 설명하는 것은 프로그램 평가에서의 이야기로 각색하여 설명했지만 포토보이스는 사회복지의 여러 분야에서의 연구에서 활발하게 활용되어 왔다.[4] 왜 그럴까? 그것은 포토보이스 방법 그 자체가 사회복지가 추구하는 기본가치와 정확하게 부합하기 때문이다. 하지만 참여자를 연구과정 중 제한된 일부에 대해서만 포함시키거나 짧은 연구기간, 질문기법 활용의 부재 등을 고려하면 연구방법으로서 보완·발전해야 할 부분이 여전히 많이 남아 있다(허원빈·정하은, 2019 : 345). 그럼에도 불구하고 시각적 이미지가 주는 강한 호소력과 이야기(narratives) 및 사진(photo) 간의 융합적 시너지 효과를 감안한다면 의미 전달에 그치는 발화(verbatim)보다 훨씬 직관적이며 메시지 전달력의 수준이 높다는 점에서 프로그램 평가에서 활용될 가치는 매우 높다고 볼 수 있다. 아울러 그야말로 '대상'에 머물렀던 사업참여자가 그 지위를 달리하여 그동안 억눌렸던 목소리를 밖으로 끄집어내고 이를 사회적 메시지로 전환하는 과정에서 사업참여자의 역량을 강화하는 계기를 포토보이스가 제공할 수도 있다. 앞으로도 프로그램 평가에서 포토보이스 활용을 적극 장려하여 많은 다수의 프로그램들이 이에 동참하게 되면 방법론적 엄격성을 높이는 데도 일조하여 보다 세련된 평가방법으로 자리매김될 수 있을 것으로 전망된다.

4) 사회복지부문에서 어떤 연구에서 포토보이스를 활용하였는지에 대한 자세한 정보를 원하면 허원빈·정하은(2019)의 연구를 참고하시기 바람.

10. 심층면접 진행

1) 사업참여자 진술 이끌어 내고 이해하기

인터뷰는 '목적이 있는 대화'라 할 수 있다. 질적성과평가에서의 인터뷰는 사업참여자가 기대된 성과를 얻었는지에 대한 내용과 이를 둘러싼 맥락들을 드러내고자 하는 목적이 있고, 이를 대화를 통해 얻어내야 한다. 하지만 자신에 대한 이야기를 털어놓는다는 것은 쉬운 일이 아니다. 특히 처음 인터뷰를 시작할 때는 아직 서로에 대한 신뢰가 없고, 상대방의 소통방식에 대해서도 잘 모르기 때문에 자연스러운 대화구조에 안착하기까지는 생각보다 시간이 더 걸릴 수도 있다. 라포(rapport) 형성을 위한 시간이 필요한 것이다. 면접과정을 편안하게 느낄 수 있도록 하고, 자신이 털어놓는 이야기로 인해 불이익을 받지 않으며, 이야기 내용이 제3자에게 알려지는 일이 일어나지 않을 것임을 분명하게 밝힘으로써 사업참여자가 가질 수 있는 불안이나 불필요한 걱정을 하지 않아도 됨을 확신시켜 줄 필요가 있다.

한편 평가자는 사업참여자의 진술의 비일관성, 비협조, 회피, 회상의 부정확성, 언어능력의 부족, 개념이해의 어려움, 불안정한 감정상태, 편견 등이 발생할 때 어떻게 대처할 것인지에 대한 전략을 미리 수립해 놓는 것이 좋다. 이를 위해서는 사업참여자에 대한 정보를 어느 정도 파악하고 있어야 하며 면접의 앞뒤간 또는 기본정보와의 차이가 있을 때 '거짓을 이야기한다', '신뢰성이 없다'라고 간단하게 처리할 것이 아니라 왜 그렇게 차이가 나게 되었는지를 파악하는 데 주력해야 한다. 면접시간도 아동이나 발달장애인의 경우에는 매우 민감하다. 20분 정도 면접에 주력하다가 어느 정도 긴장을 풀어주고 다시 집중할 수 있도록 하는 것이 좋다.

평가자는 최대한 사업참여자의 진술에 귀 기울이고 적절한 때에 반응해 주며 자신이 사업참여자의 입장에서 이야기하고 있는지에 대해 늘 주의를 기울여야 한다. 말하는 속도, 분명한 발음, 상대방이 알아들을 수 있는 단어 선택 등은 원활한 소통을 위해 매우 중요하다.

뿐만 아니라 평가자는 면접질문을 머릿속에 구조화하여 실제로는 질문의 앞뒤가 순서대로 진행되지 않더라도 당황하지 않도록 질문의 전체 구조를 머릿속에 명확하게 그리고 있어야 한다. 왜냐하면 사업참여자가 평가자의 의도대로 질문 순서대로 답변하지 않을 수 있기 때문이다. 심층면접은 준비한 질문뿐만 아니라 그로부터 파생되는 질문들, 준비한 질문과 관련된 맥락적 질문들도 모두 포함될 수 있다. 사업참여자의 응답에 따라 융통적으로 적응할 수 있어야 한다. 사업참여자가 프로그램에 참여하면서 무엇을 느끼고 어떻게 이를 행동으로 옮겼는가가 중요하며, 아울러 과거의 생각, 현재의 느낌, 미래 어떻게 할 것인지에 대해 질문되어야 한다. 즉, 사고, 감정, 판단, 행동이 과거, 현재, 미래를 넘나들어야 한다. 그러기 위해서는 무엇이 답해졌고 무엇이 답해져야 할 것인지에 대해 유연하게 질문하고 이에 대한 진술을 이해하며 다음 질문을 생각하는 유연성이 중요하게 된다.

끝으로 비언어적 메시지도 매우 중요하다. 외모(general appearance), 몸의 자세(body posture), 몸짓(gesture), 움직임(movement), 말하는 사람과 듣는 사람 간의 거리(distance), 얼굴표정(facial expressions), 눈맞춤(eye contact), 목소리(voice tone) 등을 민감하게 이해할 수 있어야 한다. 한편 언어 메시지와 비언어 메시지가 다를 때에는 어느 것이 진짜인지, 차이가 나는 이유가 무엇인지를 밝힐 필요가 있다.

2) 면접진행요령

평가자가 인터뷰를 잘 한다는 것은 사업참여자로부터 평가에 필요한 이야기를 편안한 분위기에서 잘 이끌어 낸다는 것을 의미한다. 그러기 위해서는 어떻게 인터뷰를 진행해야 할까? 물 흐르듯 인터뷰가 진행되기 위해서는 다음 사항들이 필요하다.

첫째, 장비에 관한 것이다. 요즘은 녹취를 위해 핸드폰을 많이 사용한다. 이와 더불어 재생속도를 조절할 수 있는 녹취전문기기를 사용하는 것도 좋다. 왜냐하면 녹음내용을 필사할 때 재생속도가 녹음속도와 같으면 속도를 잘 따라가지 못해 Backward와 Forward를 반복할 수밖에 없는데 그러다 보면 시간이 꽤 오래 걸리게 된다. 아울러 만약의 경우에 대비하여 2대 이상의 핸드폰이나 녹취전문기기를 준비하는 것도 안정성을 높이는 방법이다. 또 충분히 충전되어 있는지를 사전에 확인하는 것도 매우 중요하다.

둘째, 인터뷰 직전의 상황이다. 인터뷰 장소는 조용하고 방해받지 않는 곳을 미리 정해 놓고 사업참여자보다 먼저 도착하여 기다리는 편이 훨씬 낫다. 그래야만 사업참여자가 존중받는다는 느낌을 받게 되고 성의 있게 대답하려는 마음을 갖게 된다. 사업참여자가 오기 전에는 사업참여자가 앉는 지점과 핸드폰이나 녹취전문기기를 놓는 지점을 정하고 미리 기기가 잘 작동되는지를 점검해야 한다. 이후 사업참여자가 오면 기기와 가까운, 미리 예상해 둔 자리에 앉도록 유도한다.

셋째, 인터뷰 동안의 상황이다. 인터뷰를 시작하면서는 이 인터뷰를 왜 하는지 사전에 충분히 설명하고 얼마나 시간이 소요되는지를 가늠할 수 있도록 해준다. 또 누구와 인터뷰하는지, 인터뷰 일자와 시간, 장소가 어디인지를 평가자가 말해서 녹취내용을 들을 때 이 인터뷰가 이루어진 시간과 장소에 대한 정보를 알 수 있도록 하는 것이 좋다. 인터뷰하는 동안에는 평가자가 또렷하게, 그리고 너무 빠르지 않게 이야기해야 한다. 사업참여자가 너무 빠르게 이야기할 때는 '조금 천천히 이야기해 달라'고 요청할 수도 있지만, 평가자가 말하는 속도를 의도적으로 낮추면 상대방도 그 속도에 맞추게 되는 경우도 있으니 상황에 따라 융통적으로 응대하는 것이 좋다. 사업참여자의 이야기가 너무 작을 때는 크게 이야기해 달라고 요청하고 평가자나 사업참여자의 몸의 움직임에 따라 나는 잡음이 함께 녹음되지 않도록 신경을 써야 한다. 한편 수시로 핸드폰이나 녹취전문기기가 잘 작동되는지 곁눈질로 확인하는 것이 필요하다.

넷째, 인터뷰 종료 이후의 상황이다. 인터뷰하는 동안 화자와 청자 간의 대화 속에서 그 맥락을 알아야만 해당 용어를 이해할 수 있는 내용이 있을 수 있는데

이 부분은 필사하는 분에게 미리 알려주면 좋다. 그렇지 않으면 부정확하게 필사하게 되거나 때로는 전혀 맥락에 닿지 않게 녹취하는 경우도 있기 때문이다. 필사를 다른 사람에게 부탁할 때는 충분한 시간을 주는 것이 좋고, 시간이 허락한다면 평가자가 직접 필사하는 것이 내용에 대한 전반적인 이해를 도모하는데, 그리고 녹음내용의 핵심에 대한 윤곽을 그리는 데 도움이 된다.

3) 면접하는 동안 필기를 해야 하는가?

인터뷰하는 동안 무릎을 치고 싶을 정도로 매우 유용한 정보를 들었을 때 큰 기쁨을 느낀다. 하지만 인터뷰가 종료되면, 또 시간이 경과할수록 그 중요한 내용들이 차츰 잊혀지기 시작한다. 그렇기 때문에 인터뷰하는 동안 필요한 내용들은 잠깐 잠깐 노트에 적어두는 것이 좋다. 또 평가자가 아무것도 적지 않으면 사업참여자가 '혹시 내가 쓸데없는 말을 하고 있는 것은 아닌지'에 대해 의구심을 가질 수 있다. 이렇게 인터뷰하는 동안에 써 내려간 내용의 질적 수준이 이후 전체적인 질적성과평가의 질적 수준을 좌우한다. 물론 필사 후 분석을 위해 수집된 자료들을 계속 반복해서 읽다 보면 유의미한 내용이 출현하기도 하지만 인터뷰할 때 머릿속에 떠오른 아이디어들은 정말 주옥같이 아름다운 통찰력을 던져주기도 한다. 뿐만 아니라 다음 인터뷰를 하기 전에 이전에 적었던 내용을 살펴보면 내가 어떻게 다음 인터뷰에 임해야 할지 보다 선명하게 윤곽이 잡힌다.

그러나 인터뷰 동안 평가자가 뭔가를 계속 쓰고 있으면 사업참여자의 신경이 분산되어 집중된 면접이 이루어지지 않을 수도 있으니 집중도를 떨어뜨리지 않으면서 필요한 정보들을 메모하는 기술이 중요하다.

4) 발달장애인에 대한 면접

(1) 발달장애인과의 의사소통 원칙

발달장애인을 면접하려면 먼저 발달장애인의 소통방식에 대해 이해할 필요가 있다. 발달장애인의 소통방식은 각 사람마다 매우 큰 차이를 보인다. 소통에 큰 어려움이 없는 발달장애인이 있는가 하면 자기만의 소통방식을 가지고 있어 이를 이해하는 데 상당한 노력과 시간이 필요한 경우도 있다. 말은 하지만 쓰지 못하는 경우나 조음장애 때문에 발화는 잘 안 되지만 쓰는 것은 가능한 경우도 있다. 일률적으로 단정할 수는 없지만 많은 경우 발달장애로 인해 단기기억능력이 떨어질 수 있고 한꺼번에 2가지 이상 전달되는 문장에 대해 어떻게 반응해야 하는지 당황해하는 경우도 있다. 뿐만 아니라 요약된 표현이나 축어(acronyms)는 이해하기 어려워하며 글로만 된 소통방식은 의사소통에 장애물이 되기도 한다.

이런 점을 감안하여 발달장애인과 인터뷰하는 데 있어서는 먼저 마음을 터놓을 수 있는 시간적인 여유가 필요하며 만나자마자 과업지향적으로 인터뷰 질문들을 쏟아내서는 곤란하다. 어느 정도 평가자와 발달장애를 가진 사업참여자가 서로에 대해 이해하는 시간을 갖고 신뢰하게 된 이후부터 본격적인 인터뷰를 시작하면 좋다. 이때 가급적 단문으로 문장을 구성하여 한 질문에 한 정보만 담는 것이 좋다. 아울러 말로 이야기하는 것 외에 그 내용을 쉽게 전달할 수 있는 그림이나 사진 등 시각적 보조물을 곁들이는 것이 바람직하다. 또 그들이 의사소통하는 방식(예를 들면, 부정적인 의사표현일 때는 시선을 회피하거나 좋을 때 과도하게 고함지르는 것 등)을 이해하고 확인한 다음 그에 맞게 대답해 주는 것이 필요하다.

(2) 시각자료 활용

시각적인 자료는 매우 효과적인 의사소통이 이루어지도록 돕는 역할을 하는데, 다음 표는 사진, 컬러그림 및 흑백그림을 비교하여 보여주고 있다.

〈표 13-2〉 발달장애인에 대한 다양한 시각자료 예시

항 목	사 진	흑백그림	컬러그림
비행기			
책 상			
침 대	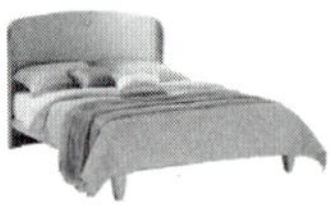		

이 중에서 어느 것이 발달장애인에게 가장 적합한지에 대한 우리나라 학문적 연구결과는 아직 없다. 다만, 시각자료를 활용할 수 있는 방안으로서 세 가지를 모두 고려해 볼 수 있다는 것이고 이 세 가지 중에 평가에 참여하는 발달장애인 당사자가 어느 것을 보다 선호하는지에 대해 사전조사를 해보고 그에 맞는 시각자료를 준비하는 것도 하나의 방법이라고 본다.

어느 것이든 위 세 가지, 즉 그림으로 소통하는 것이 말로 하거나 글자를 보여주는 것보다는 훨씬 인지가 빠르고 이해의 폭을 넓히는 데 도움이 된다는 것에는 이견이 크지 않다. 그러므로 의사소통의 방식을 비장애인에게 맞추기보다는 발달장애인의 의사소통능력에 맞게 도구를 개발하고 이를 적용하는 것이 필요하다고 할 수 있다.

(3) 의견수렴 또는 만족도 조사

발달장애인 당사자에게 의견을 물어보거나 만족도 조사를 할 경우 시각자료를 활용하거나 얼굴 엠블럼 방식을 사용하여 만족의 정도를 나타내게 할 수도 있다. 예를 들어, 부산 해운대로 가족캠프를 떠날 경우 어떤 교통편으로 가고 싶

은지에 대해 의견을 수렴할 때 가능한 교통편인 비행기, 기차, 고속버스, 자동차 등의 그림을 보여주고 지적하기(pointing) 방법을 쓰면 된다. 물론 전세버스 한 차에 모두 모여서 가지 않기 때문에 금전적 비용이나 자원봉사자의 수는 더 많아져야 한다. 그렇다 하더라도 자신의 의사를 최대한 존중하고 선택권을 보장하는 것이 그 프로그램의 핵심개념이라면 이런 방식으로 내용을 구성하는 것은 매우 바람직하다고 볼 수 있다.

〈표 13-3〉 발달장애인 자신의 선택지를 상기시키는 평가보조도구 예시

항 목	비행기	기 차	자동차
교통편			

한편 가족캠프 종료 후에 이에 대해 평가를 하고자 할 경우 자신이 이용했던 교통편(본인의 얼굴이 포함된 사진이 있으면 더 좋다)에 대한 시각자료를 제시하고 이를 이용했던 경험과 만족 여부 및 정도를 파악하는 데 얼굴 엠블럼이 쓰인다. 즉, 시각자료를 보여주고 물어봤을 때 웃는 얼굴과 찡그린 얼굴 두 가지로 두고 만족 여부를 물어볼 수도 있고, 웃는 그리고 찡그린 얼굴이라도 그 색깔의 정도에 차이를 두고 3~4가지 정도 제시하면 어느 정도 만족하는지를 알 수 있다. 예를 들어, 화가 나는 정도가 높으면 얼굴 전체를 보다 더 붉게 표현하고 그렇지 않으면 덜 붉게 작성하는 것이다.

11. 질적자료 분석

1) 질적자료 분석의 핵심사항

질적자료를 분석하기 위해서는 주제분석방법, 대화분석방법, 내러티브분석방법, 근거이론분석방법 등 다양한 분석방법에 대한 지식이 어느 정도 필요하다.

이러한 분석방법을 이해한 후에도 수집한 자료를 분석하기 좋도록 어떻게 자료를 일차적으로 가공할 것인가?라는 질문을 던질 수 있는데 이는 어떤 분석방법과 분석프로그램을 사용할 것인가 등과 연관되어 있다. 예를 들면, 대화분석방법을 쓰게 되면 필요한 부분이 필사될 때 대화구조가 그대로 유지되어야 하는 반면, 주제분석방법에서는 반드시 대화구조가 그대로 드러날 필요가 없다.

한편 분석과정에서는 나의 주된 관심사항, 평가하고자 하는 바가 무엇인지를 항상 염두에 두고 분석에 임하고 있는가? 등의 질문을 하면서 분석작업을 진행해야 한다. 그렇지 않으면 이야기가 아무리 재미있고 의미 있다 하더라도 평가와 연결되지 않는 내용은 사족에 불과하다. 또한 분석결과가 나의 자의적인 판단이 아니라 수집된 자료에 기반한 내용임을 보여주어야 한다는 것을 염두에 둘 필요가 있다.

2) 질적자료 분석 시기

질적평가에서 자료수집과 자료분석의 시기는 분절적으로 나누어지지 않는다. 분석 막바지에도 분석의 질적 수준 제고를 위해 자료수집에 나서기도 하기 때문이다. 다음 표는 마일즈와 휴버만(Miles & Huberman, 1994)[5]이 제시한 도표 또는 시간에 따른 역할변화와 관련된 매트릭스이다. 여기에서 수집된 자료가 어느 칸에 적합한 내용인지를 분석하여 채워넣고 그 내용이 포화되면 자료수집을 그치게 된다. 그러나 어느 한 칸이 채워지지 못하거나 불충분한 경우 자료분석 중간에라도 얼마든지 자료수집에 다시 나설 수 있으며 또 분석의 완결을 위해 자료는 추가로 수집되어야 한다.

5) Miles, M. B., & Huberman, A. M.(1994). Qualitative Data Analysis(2nd ed.). Thousand Oaks, CA : Sage.

〈표 13-4〉 연대기적인 도표의 예

	사업시작 전	사업 중반	종료시점
자신의 상태·변화			
관계적 측면			
타인의 평가			

이를 사회복지분야에 적용해 보면 다음과 같다. 다문화가정에서의 갈등관계에 대한 개입 프로그램의 경우 가족 내 구성원 간의 갈등에 대해 시간의 흐름에 따라 어떻게 갈등을 이해하고 이에 대처했는지 그 변화의 흐름을 볼 수 있는 표를 만들어 각 셀을 채워 넣으면서 갈등의 전체적인 윤곽에 대한 이해를 완성할 수 있다.

〈표 13-5〉 '시간 흐름에 따른 가족구성원의 역할변화' 관련 Role-by-Time Matrix 예

	결혼 전	적응초기 단계	갈등발생 단계	갈등매개 단계	갈등증폭 단계	갈등대처 단계
결혼 이민자						
남 편						
시 모						
시 부						

3) 질적자료 분석과정

질적자료 분석과정은 수집자료의 의미를 밝혀내고 밝혀진 의미들이 보다 상위개념으로 어떻게 수렴될 수 있는지를 탐색하고 핵심의미의 주제(theme)를 밝

혀내는 것이다. 그러한 과정, 즉 질적자료로부터 의미들을 찾아내고 핵심주제(themes)로 발전시켜 나가는 과정을 coding(코딩) 과정이라고 하며 찾아진 의미를 code(코드)라고 한다. 이러한 code는 초기에는 수집된 자료들을 군집화하고 이에 대해 특정한 속성을 부여하는 기술적 코드의 형태를 띠지만 이후에는 좀 더 추론적이고 설명적인 패턴코드로 변화하게 된다.

다음 표[6]는 국제결혼을 통해 가족을 이룬 구성원들이 서로 다른 문화를 어떻게 이해하는지에 대하여 심층면접으로 수집된 자료를 분석하여 얻은 코드, 핵심범주, 주제 등을 예시로 보여주고 있다.

〈표 13-6〉 다문화가정 구성원들의 이문화 이해 관련 코딩 결과 예시

<table>
<tr><th>코 드</th><th>코드묶음</th><th>핵심범주</th><th>주 제</th></tr>
<tr><td>(아내) 말이 통하지 않아 답답함</td><td rowspan="4">의사소통 애로 및 소통빈도는 늘어났지만 갈등은 증폭</td><td rowspan="10">의사소통 애로로 답답해 하면서도 나름대로 노력함</td><td rowspan="10">문화차이로 서로에 대한 부정적 감정 잉태</td></tr>
<tr><td>(아내) 이해하지 못한다고 구박받음</td></tr>
<tr><td>(아내) 해야 할 일 제대로 못한다고 야단맞음</td></tr>
<tr><td>(아내) 말을 알아듣기 시작하면서 오히려 더 짜증남</td></tr>
<tr><td>(남편) 아내의 의식세계를 알 수 없어 답답함</td><td rowspan="3">아내와의 소통 부재 및 노력 부족</td></tr>
<tr><td>(남편) 계속 질문받는 상황이 답답함</td></tr>
<tr><td>(남편) 베트남어 배우는 것 관심 없음</td></tr>
<tr><td>(시모) 말이 안 통해서 대면부터 막막한 느낌</td><td rowspan="3">답답하면서도 며느리를 가르치려고 노력함</td></tr>
<tr><td>(시모) 도망갈까 봐 한국어교실 가는 것도 꺼려짐</td></tr>
<tr><td>(시모) 시장 등에 데리고 다니면서 언어교육시킴</td></tr>
</table>

6) 정혜영·김진우(2010). 베트남여성결혼이민자 가족의 문화적응과정에서 나타나는 갈등 연구. 한국사회복지학, 62(2), 29-55에서 발췌·재구성한 내용임

<table>
<tr><td>(아내) 집안일 하지 않는 남편을 이해 못함</td><td rowspan="4">하늘 같은 남편, 남편 아래 있는 아내</td><td rowspan="10">가부장적 가족문화로 인한 문화충돌</td></tr>
<tr><td>(아내) TV의 멋진 남성과 다른 내 남편 : 속았다</td></tr>
<tr><td>(아내) 남편은 높은 사람, 나는 낮은 사람</td></tr>
<tr><td>(아내) 누가 하녀처럼 그렇게 살고 싶어요?</td></tr>
<tr><td>(남편) 아내 버릇 나빠질까 봐 가사노동 안 함</td><td rowspan="2">가사 일은 아내책임</td></tr>
<tr><td>(남편) 어머니가 도와주고 있으므로 나는 가사일 안 함</td></tr>
<tr><td>(시모) 봉양을 받는 것을 당연시함</td><td rowspan="4">서열적 가족문화와 남자우위 고집하는 시모</td></tr>
<tr><td>(시모) 사사건건 가르치면서 수발까지 해야 하는 처지</td></tr>
<tr><td>(시모) 아들을 낳았을 때 ‘본전’ 뽑았다는 생각</td></tr>
<tr><td>(시모) 아이 잘못 키우면 쫓겨난다고 으박지름</td></tr>
<tr><td>(아내) 빨래, 설거지 등 제대로 가르쳐 주지도 않고 야단치는 시어머니 원망</td><td>가르쳐 주지 않고 야단치는 데 대한 야속함</td><td rowspan="5">일하는 방식의 차이와 이해 부족</td></tr>
<tr><td>(남편) 일하기 싫어서 대충 대충 한다고 생각</td><td rowspan="2">아내의 역할 수행에 대해 못마땅해함</td></tr>
<tr><td>(남편) 술은 적당히 먹는데 잔소리를 늘어놓는다고 생각</td></tr>
<tr><td>(시모) 게으른 나라 사람이라서 부지런하지 않음</td><td rowspan="2">이해 노력보다는 게으르다는 선입견</td></tr>
<tr><td>(시모) 시켜도 제대로 못하는 며느리가 답답</td></tr>
</table>

이러한 코딩 작업은 수렴(convergence)과 분화(divergence)의 과정 속에서 반복되는 유사성을 찾아나가는 과정이라고 할 수 있다. 즉, 수렴현상을 분석하다가 기존에 알고 있는 지식을 보다 확장시키거나(extension), 서로 다른 개념들과 연결하거나(bridging), 존재에 대한 설명으로서 적합한 새로운 정보를 제안하거나(surfacing), 일탈적 사례(deviant cases)를 포함시켜서 기존 사례와의 비교를 통해 상이성의 배경을 밝혀내는 등 다양한 내용을 나열하고 나열된 내용이 공통의 속성을 가진 다른 것들과 묶여지고 그것이 보다 상위의 어떤 개념으로 수렴될 수 있는지를 찾아나가는 나선형식 발전구조를 가진다.

4) 질적자료분석의 종류

앞에서 살펴본 바와 같이, 질적자료 분석과정은 평가자의 인식 흐름과 그 맥이 닿아 있다. 이러한 질적자료분석은 다양하게 분류, 나열될 수 있는데 이는 텍스트(text)와 발화(verbatim) 중 어디에 치중하는지, 평가자의 목소리가 얼마나 비중을 가지는지, 단일사례인지 사례 간 비교인지 등에 따라 달라진다. 다음에서는 자주 쓰이는 분석방법을 간단하게 설명하고자 한다.

다음 그림은 자료수집형태와 분석방법 간의 상관관계에 대한 전체적인 얼개를 보여주고 있다. 이는 이해를 돕기 위한 도식적 구분이며 실제로는 연구의 내용, 연구의 철학적 기반에 따라 다양하게 적용될 수 있다. 예를 들면, 관찰(observation)은 흔히 과학적인 양적조사에서도 사용된다(Matthews & Ross, 2010).

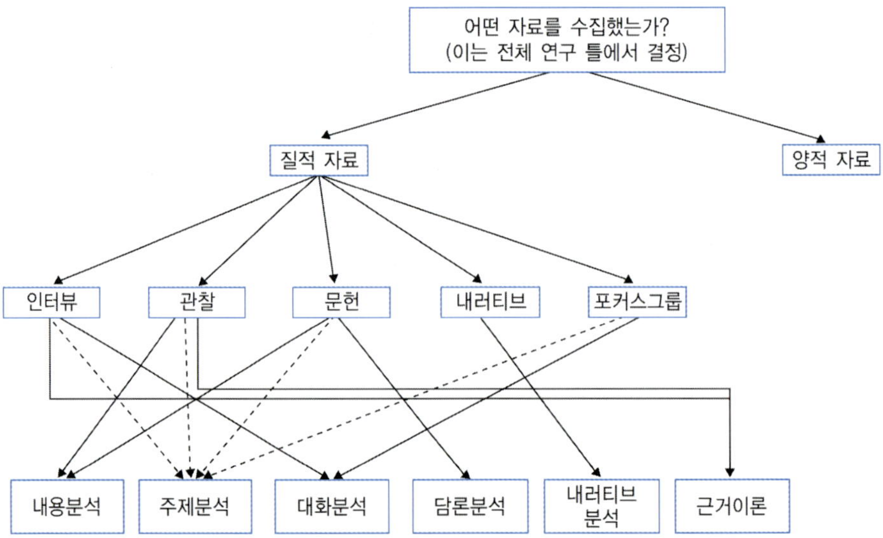

[그림 13-2] 수집자료 형태와 분석방법 간의 관계

출처 : Matthews & Ross(2010)[7] 재구성.

7) Matthews, B., & Ross, L.(2010). Research Methods : A Practical guide for the social science. London : Pearson Education.

(1) 내용분석(Content Analysis)

내용분석방법은 관심 변인이나 현상을 연구하기 위하여 산출해 놓은 텍스트(text)를 체계적으로 양적·질적으로 분석하는 방법을 말한다. 양적 내용분석은 메시지의 내적 구조나 언어의 함축적, 복합적 의미를 분석하는 데는 한계가 있기 때문에 질적 내용분석과 보완적 관계에 있다. 기호학적 분석방법은 메시지가 그 사회와 문화의 이데올로기를 반영하고 있다는 점을 중시하면서 메시지의 이데올로기를 밝히는 데 관심을 둠으로써 양적 내용분석의 한계를 보완할 수 있다. 그러나 지나치게 텍스트 중심이어서 메시지 언어가 사회적 상호작용 속에서 형성되고 해석되는 과정을 분석하지 못하는 단점이 있다. 질적 내용분석은 자료수집 전에 틀을 선정하는 양적 내용분석과는 달리 증거자료를 수집한 후 자료를 면밀히 검토하여 부호화 틀을 개발하고 개발된 틀에 맞추어 자료를 부호화한 후 맥락적 해석의 측면에서 "왜?", "어떻게?"라는 질문에 초점을 둔다.

(2) 현상학적 분석(phenomenological Analysis)

현상학적 연구의 핵심은 현상을 경험한 주체로부터 경험에 대한 진술을 통해 현상에 대한 경험의 본질을 탐구하는 것이다. 따라서 현상학적 분석에서의 관건은 드러난 그대로의 현상을 매개하는 언어나 텍스트 자료를 가지고 경험의 의미를 건져낼 수 있느냐의 여부이다. 이를 위해 현상학적 연구에서는 연구자가 속한 학문 분야의 해석 안에서 분석과 숙달의 단계를 충실하게 지켜나갈 것을 엄격하게 요구하고 있다.

(3) 대화분석(Conversation Analysis)

대화분석방법은 화자와 청자가 나누는 이야기의 순서에 따른 사회적 상호작용을 있는 그대로 재현해 내는 데 그 목적이 있다(Silverman, 2001). 대화분석방법을 채택하는 연구자는 상호작용과정에서 대화의 세부내용과 관련된 맥락을 세밀하게 그리고 주의 깊게 이해해야 한다(Psathas & Anderson, 1990). 대화분석방법에서는 서로 주고받는 대화(turn-taking conversation)를 정확하게 기술하는 것이 중요한데, 이를 위해서 아트킨슨과 헤리티지(Atkinson & Heritage, 1984)의 필사체계가 매우 광범위하게 이용되고 있다. 그러나 보다 넓게는 이러한 필사방법이 대화를 이야기된 그대로 정확하게 재생산하려는 데 그치지 않고 '상호작용적 주요 대화 모습을 총체적으로 드러내는 데'(Hutchby & Wooffitt, 1998 : 85)까지 유용하게 활용된다. 대화분석을 제대로 하려면 녹취된 원자료를 끊임없이 반복청취하여 대화의 맥락을 글과 기호로 옮기는 데 주력해야 한다.

대화분석을 위한 필사 범례

게일 제퍼슨(Gail Jefferson)에 의해 개발된 필사범례는 다음과 같다.

(1.3) 괄호 안의 숫자는 시간간격을 초단위로 표현한 것
(.) 괄호 안의 점은 0.2초보다 짧은 정지(pause)를 의미
= 다음 대화가 바로 이어지는 경우를 의미
[ ] 대화자가 동시에 말함으로써 말한 내용이 겹쳐지는 경우
.hh 숨을 들이마시는 경우인데 'h'가 많을수록 들숨이 길어지는 것을 의미
Hh 숨을 내쉬는 경우로서 'h'가 많을수록 날숨이 길어지는 것을 의미
(( )) 비언어적 활동에 대한 설명. 또 녹취자의 다른 특징에 대한 정황을 녹취자가 설명하는 것으로도 쓰임
– 바로 앞 단어 또는 소리의 예리하게 끊긴 음을 의미
: 화자가 앞서의 소리 또는 글자를 길게 늘어뜨리는 경우로서 콜론이 많을수록 더 길게 늘어뜨린 것을 의미
! 흥분된 또는 강조하는 목소리의 톤을 의미
( ) 녹취된 테이프에서 불명확한 부분을 의미
(guess) 화자가 말한 불명확한 내용에 대해 필사자가 최선을 다해 추측한 내용을 의미
. 문장의 끝을 의미하는 것이 아니라 목소리의 톤이 떨어지는 것을 멈춘 것
, 계속되는 억양을 의미
? 의문문을 의미하는 것이 아니라 올라가는 억양을 의미
* 바로 이어지는 쉰듯한 목소리
↑↓ 억양의 올라가고 내려가는 변화를 표시. 변화의 바로 앞에 위치
a: 콜론 앞에 바로 밑줄을 그으면 음감에 있어 다소 떨어지는 것을 의미
a : 콜론에 밑줄을 그으면 음감에 있어 다소 올라가는 것을 의미
Disability 화자의 강조점을 의미

진하게 주변의 것보다 눈에 띄게 크게 이야기된 부분(진하게 표기)을 의미
° ° 주변의 것보다 눈에 띄게 조용히 이야기된 부분(양 동그라미 사이)을 의미
> < 주변의 것보다 매우 빨리 말해진 부분을 의미
[P1, 23−30] 대화분석에 쓰인 대화내용이 면접녹취록 중 어디에서 추출된 것인지를 표시하는 것으로 P1은 누구와의 면접인가를, 23−30은 해당 면접내용 중 관련 줄 번호를 의미

[P1, 79−99][8)]

1	연구자	그 회사에서 일하던 것 어땠어요?
2	안병수	긴장::됐어요↓(1.2) 어 실수하구::요 °잘 할 수가 없었어요°
3	연구자	재미있었어요? 아니면 힘들었어요?
4	안병수	때로는 재미있었어요. 그런데 어렵기도 하고 헤헤(1.0) 모두
5	연구자	그때 생각하면 어때요?
6	안병수	(2.8) 잘 기억 못해요↓
7	연구자	잘 기억이 안 나요? 그때 그 사장님 기억해요?
8	안병수	=왜요?(놀라면서)
9	연구자	그냥 음: : 안병수 씨가 기억하고 있나 궁금해서요.
10	안병수	다 지워버렸어요 헤헤헤(그는 고개를 숙이고 손가락으로 책상을 두들기기 시작했다)

(4) 담론분석(Discourse Analysis)

담론연구는 언어 사용자 또는 담론 생산자를 언어과정의 능동적인 주체로 두고, 그들이 일상적인 사회생활 속에서 언어규칙을 이용하여 자신의 의도를 관철하고 의미를 창출하며 목적을 달성하는 과정을 이해하기 위해서 전체적 맥락(context) 속에서 담론을 연구하는 것을 말한다. 이러한 맥락에서 담론분석은 인간적 상호작용에서 생겨난 언어적 또는 언어적 의미를 갖는 비언어적 산물, 즉

8) 이 내용은 Kim(2005)의 일부를 발췌하여 번역한 것이다. 'P1'은 안병수에 대한 면접이라는 것을 표시하는 기호이고, '79−99'라는 번호는 면접내용이 질적자료에 대한 컴퓨터 프로그램인 Atlasti Programme에 입력되어 분석될 때 부여된 문장번호 내에서 79줄에서 99줄까지의 내용임을 의미한다.

담론이나 텍스트를 분석하여 그 속에서 사회적, 문화적, 이념적, 심리적으로 구성된 현실(constructed reality)을 찾아내는 것을 분석의 목표로 삼는다.

(5) 분류체계분석과 성분분석(Taxonomy Analysis and Componential Analysis)[9]

이 분석방법은 |그림 13-2|에는 포함되지 않았지만 유용한 분석방법으로서 실행연구에서 자주 사용되므로 여기에서 소개하고자 한다.

사회과학분야에서 1950년대에 나타난 New Ethnography(Ethnoscience)를 토대로 심리학과 언어학을 접목시킨 인지인류학이 등장하였고 이는 1970년대에 이르러 인류학의 한 하위분야로 자리매김되었다. 인지인류학에서는 현장연구원에게 여러 단계의 질문을 실시하는 체계적 면담과 참여관찰과 이에 대한 분석을 반복적으로 실시하는 연구방법을 자주 사용하는데 가장 대중적인 분석방법으로 분류체계분석과 성분분석을 들 수 있다.

분류체계분석은 현장구성원들이 자신을 둘러싼 세계를 개념화하는 분류체계를 충실히 파악하여 개념적 세계의 구조를 제대로 설명하고자 하는 방법을 말한다. 한편 성분분석은 참여관찰현장이나 면담과정에서 현장구성원이 사용한 어휘(개념)의 의미를 사용된 맥락 속에서 정의하는 방법을 말한다.[10]

분류체계분석과 성분분석을 위한 질문유형과 순서는 다음과 같다.

① **대체질문** : 연구참여자로 하여금 괄호넣기문장(예 슈퍼마켓에서 물건을 사는 고객이 보통 하는 일의 단계에는 <　　　>이 있다)에서의 괄호 안에 들어갈 수 있는 단어(또는 문구)의 대안들을 포스트잇 한 장에 한 가지씩 모두 적도록 하여 어떤 하위세부영역에서의 행위 또는 개념들이 포섭될 수 있는지를 가능한 한 많이 알아내기 위한 방법이다.

---

9) 이 내용은 덕성여자대학교 문화인류학과 이용숙 교수님이 2011년 6월 15일 「한국에스노그라피연구소」와 「덕성여대에스노그라피연구소」에서 특강한 자료의 일부를 재구성한 것임

10) 분류체계분석에서는 구조적 질문 5가지를, 성분분석에서는 대조질문 7가지를 사용하는데, 이는 연구자로 하여금 지나치게 복잡하고 어렵다는 느낌을 준다는 한계를 극복하기 위해 덕성여자대학교 이용숙 교수는 이 중 5개의 질문만 사용하여 처음에는 대체질문(괄호넣기질문)으로 시작하여 답을 포스트잇에 적도록 함으로써 쉽게 게임같이 느껴지도록 재개발하였다.

- 앞의 마트에서 물건사기라는 것의 하위세부구성내용으로 언급될 수 있는 것은 다양하게 제시될 수 있다. 예를 들어, 가게 들어가기, 손수레 고르기, 방향과 통로를 정하기, 육류를 고르기, 우유제품 집어내기, 채소류 고르기, 계산대 줄 서기, 계산하기, 산 식료품 운반하기, 가게 나서기 등등이 그러하다.
- 여기에서 중요한 것은 세부하위행위들이 나열되는 것이며 상위개념으로서의 기능별 분류가 아니다. 그것은 대체질문을 통해 어떤 행위(개념, 용어)들이 필요한지를 모두 이끌어 낸 후에 메타적으로 생각해야 할 영역이므로 여기에서는 가급적이면 개별 단위내용이 보다 구체적으로 나열될수록 좋다.

② **대조집합분류질문** : 대조집합분류질문은 연구참여자가 인식하고 있는 분류체계나 대조의 기준을 알기 위한 질문으로서 서로 다른 기준으로 2~3회 반복 가능하다. 연구참여자로 하여금 대체질문으로 찾은 용어들(포스트잇)을 비슷한 것끼리 몇 묶음으로 하든 분류하여 각 묶음의 이름을 정하도록 하고, 가능한 한 처음 적은 용어를 더 하위단계로 세분화하도록 하여 분류체계를 얻도록 해야 한다.

- 즉, 대체질문으로 찾은 행위(용어, 개념)를 통해 비슷한 것끼리 몇 묶음으로 분류하는 것으로서, 한 가지만 시도하는 것이 아니라 여러 다른 기준으로 다양하게 시도할 수 있다.
- 예를 들어, 마트에서 물건사기에서 ‘슈퍼마켓 들어가기, 카트 고르기, 방향과 통로를 정하기, 식료품 고르기, 계산대 줄 서기, 계산하기, 산 식료품 운반하기, 가게 나서기’로 할 것인지, 이 중에서 ‘슈퍼마켓 들어가기, 카트 고르기, 방향과 통로를 정하기’를 합쳐서 ‘물건사기 준비하기’로 하여 단계를 줄일 것인지, 아니면 ‘식료품 고르기’라는 단계는 너무 많은 행위(용어, 개념)을 포괄하게 되므로 이를 나누어서 ‘육류를 고르기, 우유제품 집어내기, 채소류 고르기’ 등으로 보다 세분화해야 하는지를 고민하는 단계이다.

– 이 두 가지 질문만으로도 분류체계분석도표를 만들 수 있다. 다음 표는 고객의 핸드폰 구매과정에서의 고려 사항에 대한 내용을 대조집합분류질문 후에 분류된 내용을 표현할 수 있는 방법을 예시한 것이다. 아울러 대조집합분류질문을 2차례 이상 실시하는 경우 두 번째부터는 성분분석표의 한 열로서 제시할 수 있다.

〈표 13-7〉 **대조집합분류질문 후의 내용 카테고리 표현방법 예**

<table>
<tr><td rowspan="20">S사의 핸드폰 구매 시 고려사항</td><td rowspan="5">제품의 외형적 가치</td><td rowspan="4">끌리는 디자인</td><td colspan="2">귀여운 폰트</td></tr>
<tr><td colspan="2">예쁜 디자인</td></tr>
<tr><td colspan="2">아담, 가벼움</td></tr>
<tr><td colspan="2">편리한 문자패드</td></tr>
<tr><td>컬러</td><td colspan="2"></td></tr>
<tr><td rowspan="15">브랜드 가치</td><td rowspan="10">기능</td><td rowspan="2">카메라</td><td>좋은 화질</td></tr>
<tr><td>셀카 기능</td></tr>
<tr><td rowspan="2">LCD창</td><td>크다</td></tr>
<tr><td>튼튼</td></tr>
<tr><td>예쁜 벨소리</td><td></td></tr>
<tr><td rowspan="5">기본사항</td><td>전화</td></tr>
<tr><td>문자</td></tr>
<tr><td>DMB</td></tr>
<tr><td>게임</td></tr>
<tr><td>외장메모리</td></tr>
<tr><td>통신사</td><td colspan="2"></td></tr>
<tr><td>선호브랜드</td><td colspan="2"></td></tr>
<tr><td>적정가격</td><td colspan="2"></td></tr>
<tr><td>최신형 모델</td><td colspan="2"></td></tr>
<tr><td>희소성</td><td colspan="2"></td></tr>
</table>

③ **3원 대조질문**(Triadic contrast question) : 이는 잠재적으로만 인식한 대조의 기준을 이끌어 내기 위한 질문으로서 다른 기준으로 2~3회 반복 가능하다. 이는 대조집합분류질문을 통해 구분된 카테고리에서 같은 영역에 속한 세 개의 포스트잇 또는 각기 다른 묶음에서 하나씩 선택하여 구성한 포스트잇을 제시하고 "이 중 어느 것 두 개가 비슷하고 어느 것 하나가 다릅니까?"와 같은 질문을 하여 분류기준을 찾는다. 예를 들어, 귀여운 폰트, 예쁜 벨소리, 아담하고 가벼움, 이 셋을 고른 후 두 개와 나머지 하나로 분류할 때 나타나는 기준이 무엇인지를 살펴본다. 귀여운 폰트와 예쁜 벨소리는 내 의지대로 바꿀 수 있지만 무게는 바꿀 수 없다는 것을 인식하게 되면 '자신의 의지에 따른 변경 가능성'이라는 기준이 눈에 들어오게 된다.

- 이를 계속 하다 보면 연구참여자가 '비슷한 것이 없어서 나누는 것이 불가능하다'고 이야기할 수 있는데, 이때 '조금이라도 더 비슷한 것 두 개를 뽑아 주세요'라고 부탁하여 새로운 대조의 기준을 끈기 있게 생각하도록 이끌어 나가는 것이 필요하다.

④ **유도된 대조질문** : 위의 기준을 나머지 모든 포스트잇에 적힌 단어에 대해서도 적용해 보도록 질문한다. 3원 대조질문을 통해 나타난 새로운 기준에 따라 기존의 개별사항들을 살펴보면서 신규기준의 적용 가능성을 지속적으로 탐색한다.

⑤ **등급질문** : 포스트잇의 모든 개념들을 일정한 기준에 의한 순서에 따라 배열하도록 하는 것으로서 배열이 끝난 후에는 "어떤 기준으로 전체를 나열한 것인지"를 질문(가장 많이 하는 순서, 가장 중요한 순서 등)한다.

이러한 다섯 가지 질문에서 두 번째까지의 질문을 통해 분류체계분석표를, 전체 다섯 가지 질문을 통해 성분분석표를 작성할 수 있게 된다.

다음 표는 여자 대학생이 핸드폰을 구매하는 데 따른 주요 고려사항을 분류체계분석과 성분분석을 통해 수집한 자료를 분석할 수 있는 틀을 고안한 것이다.

왼쪽 '구매 시 고려사항'은 분류체계분석을 통해 편성한 것이고 이를 3원 대조질문과 유도된 대조질문을 통해 성분분석으로 대조의 차원이 표 상단 위 가로축과 같이 제시되어 있다.

〈표 13-8〉 여자 대학생이 핸드폰을 구매하는 데 따른 주요 고려사항

대조의 차원 (성분분석) / 구매 시 고려사항 (분류체계분석)		필수적인 고려요소인가?	디자인과 관련성이 있는가?	나의 노력으로 바꿀 수 있는가?	내게 가장 중요한 순서	편리한 순서
제품의 외형적 가치	귀여운 폰트	×			12	
	예쁜 디자인	o			3	
	아담, 가벼움	o			2	
	편리한 문자패드	o			6	
브랜드 가치	좋은 화질	o			1	
	셀카 기능	×			13	
	LCD 창	×			5	
	인터넷 품질	o			4	
	전화	o			8	
	문자	o			9	
	DMB	o			10	
	게임	×			11	
	외장메모리	×			7	

(6) 내러티브 분석

내러티브 연구는 인간은 이야기하고 싶어 하고 이야기를 통해 자신의 삶을 정돈하고 싶어 하는 속성이 있다는 것을 전제한다. 과거의 사건에 대하여 이야기한다는 자체가 인간의 보편적인 행동이며 유년기로부터 배워온 기본적인 담화형태라는 데서 출발한다고 본다. 과거사건에 대한 현재화, 현재의 상태에 대한 리뷰(review), 미래에 대한 예상·추측의 현재화, 과거와 미래 그리고 내·외적

사건에 대한 스토리텔링(storytelling)이 삶의 핵심을 이룬다. 내러티브 분석에서는 전통적인 질적자료 분석방법이 텍스트(text)를 문맥에 따라 분할하여 단편적으로 해석하고 일반화 과정을 거친다는 것에 대해 비판한다. 이는 내러티브 진술을 특징짓는 순차적이고 구조적인 특징을 제거하는 결과를 초래하기 때문이다. 그러므로 정보제공자들이 경험한 자신의 삶에서의 행동과 사건을 이해하기 위하여 어떠한 순서로 자신의 경험을 배열하는가를 파악하는 것이 내러티브 분석의 목적이며 단순히 언어를 통해 나타난 내용 그 자체에만 관심을 갖는 것이 아니라 경험이 이야기되는 형식에도 관심을 가진다.

12. 연구윤리

질적평가를 함에 있어서는 문헌고찰을 제외하고는 사람들을 직접 만나거나 때로는 사람들이 생활하는 장(場) 속으로 뛰어들어야 한다. 즉, 직접적으로 사람 사이에 접촉이 생기지 않을 수 없고, 그들로부터 삶에 관한 내용을 경청해야 하기 때문에 양적평가보다는 훨씬 사람 사이에서 생길 수 있는 윤리적인 이슈들이 잠재해 있다. 그러므로 평가과정 전반에 걸쳐 사전에 미리 충분히 검토되고 이에 대한 해결책을 가지고 있어야 한다.

1) 목적 설명하기(Explaining Purpose)

참여관찰을 하거나 심층면접을 할 경우 당사자가 모르게 하는 것이 아니라 면접을 하는 목적이 무엇인지, 관찰을 하는 목적이 무엇인지에 대해 미리 양해를 구하고 설명해 주어야 한다. 물론 참여관찰의 경우 미리 인지한다는 것이 특정한 행동유형을 유발하게 하는 사전고지적 성격을 가질 수 있다는 점에서 취지를 잘 설명해야겠지만 특정 목적에 사로잡히지 않은 자연스러운 모습을 포착할 수 있도록 해 달라는 당부도 잊지 않아야 한다.

2) 약속과 상호 호혜성(Promise and Reciprocity)

면접과 참여관찰은 당사자의 삶의 내용을 착취하는 것이어서는 곤란하다. 그러므로 대부분 면접의 경우에는 일정 정도의 사례비를 지급하게 된다. 하지만 앞서 언급한 바와 같이 면접 또는 참여관찰의 목적을 설명하고 질적평가에 참여하는 것이 얼마나 중요한 것인가에 대해 충분히 설명하여 서로에게 도움이 된다는 공감대를 형성하는 것이 필요하다. 상호 호혜성을 강조하다 보면 녹음한 내용, 관찰한 내용에 대해 복사본을 달라고 하거나 분석된 내용에 대해 당사자 자신에게도 그 내용을 알려달라고 하는 경우가 있는데 만약 약속하였다면 반드시 지키는 것이 바람직하다.

3) 위험 사정(Risk Assessment)

면접과정에서 면접을 하는 것이 피면접자에게 어떤 위험에 처하게 할 가능성이 있다면 이에 대해 사전에 설명해 주어야 한다. 그런 경우는 거의 없지만 면접하는 동안 심리적 스트레스 발생 가능성, 법적 책임, 계속되는 참여가 요구된다는 것, 자신이 말한 것 때문에 동료·프로그램 담당자 또는 다른 사람으로부터 주어질 불이익 등이 있다면 미리 알려주어야 한다. 평가과정에서 그러한 위험성이 감지된다면 이에 대해 어떻게 대처할 것인지에 대해서도 평가자는 대안을 가지고 있어야 한다.

4) 비밀보장과 익명성(Confidentiality)

평가결과가 보고될 때 피면접자의 인적사항이 대외적으로 알려지지 않을 것임에 대해 약속을 하는 것이다. 비밀보장과 익명성 간의 차이를 설명하자면, 비밀보장은 알지만 이야기하지 않는 것을 의미하고, 익명성은 내용의 당사자가 누구 것인지 모르게 한다는 것을 의미한다. 하지만 면접과정에서 불법활동, 아동학대 또는 유기에 대한 증거 등을 알게 되는 경우도 있는데 이 경우 비밀보장을 해주어야 하는가에 대해서는 논란이 있다.

한편 평가결과에 대한 객관적 증거를 요구하는 경우를 대비해서 원자료(data resources)를 일정 기간 이상 보관하게 되는데 그 과정에서 타인에 의한 컴퓨터 사용, 컴퓨터 파기 과정이 불완전하여 데이터가 복구되고 타인에게 알려지는 경우 등 비밀보장의 원칙이 지켜지지 않을 수 있기 때문에 어디에 데이터를 저장할 것인지, 얼마나 오랫동안 데이터를 보유할 것인지도 염두에 둘 필요가 있다.

5) 고지된 동의(Informed Consent)

면접 전에 미리 알려 면접에 응할 것을 동의하도록 하는 것을 의미한다. 알려줄 때 포함되어야 할 내용으로는 정보수집의 목적, 면접질문, 비밀보장, 피면접자에게 가해질(있다면) 위험 또는 혜택 등이 있다. 하지만 현장에서 이를 너무 오래 설명하면 사업참여자는 지루해한다. 당신이 들려줄 이야기가 왜, 얼마나 소중한지에 대해 이야기하면서 이러한 소중한 이야기를 들려주는 것에 대해 감사한 마음을 표현하면서 절차적 과제로서의 고지된 동의를 받아야 함을 함께 설명해도 좋다.

6) 데이터 접근 및 보유권(Data Access and Ownership)

평가에서 그 데이터를 누가 소유하는가에 대해 고지된 동의를 받을 때 이를 명확하게 하는 것이 필요하다. 만약 소유권이 불명확한 상태에서 평가결과를 학술지에 게재하거나 타인에게 인용을 허락했을 때 이에 대한 법적인 책임이 불거질 때 매우 난처해질 수 있기 때문이다.

7) 연구과정에서 윤리문제에 대한 연구자의 동료 또는 카운슬러(Counselor)

모든 이슈가 미리 예견될 수는 없다. 그런 의미에서 어려움을 겪을 때 찾아갈 수 있는 사람을 안다는 것은 위기의 시간에 소중한 시간을 절약할 수 있고 심리적 안정을 가져다준다.

제 4 부

사회복지 프로그램 개발과 평가 실제

제 14 장

사업신청서 작성 노하우

학교 밖에서 주력하는 강의주제는 시의성 때문에 해마다 달라지지만 그래도 '프로포절 작성법 안내'라는 제목의 강의는 사회복지 관련 기관이나 단체에 꾸준히 하는 편이다. 하지만 다른 주제의 강의에 비해 저자 스스로 느끼는 만족도는 그리 높지 않았던 것 같다. 왜 그럴까? 곰곰이 생각해 보다가 강의를 열어야 할 만큼 절박한 사람은 적고 대다수는 단지 '들어보자'고 하는 정도이니 프로그램 기획과정에서 문제의식을 녹여내 보고자 하는 절박함은 적고 대신 어떻게 하면 요령 있게 잘 기획할 수 있을지 테크닉과 방법에 관심이 더 쏠려 있어서 그런 것이 아닐까?라는 데 마음이 머물렀다.

이를 깨닫는 순간부터 강의요청이 오면 언제부턴가 조건을 내세우기 시작했다. 자금제공기관으로부터 지원받아 지금 시행하고 있는 프로그램이 있으면 그 신청 프로그램을, 그렇지 않고 제안하려고 준비하는 단계이면 미완성 그대로의 사업계획서를 강의 전에 저자에게 전달해 줄 것을 부탁했고, 아울러 수강직원들도 그 사업내용을 반드시 숙지하도록 요청드렸다.

물론 자신이 작성한 것이 아니면 아무리 읽어도 완전히 이해하기란 쉽지 않다. 그래도 무엇을 하려는 프로그램인지를 안 후 저자의 강의를 들으면 그나마 강의가 내용전달 위주가 아니라 사업필요성, 사업내용, 성과목표, 성과지표 등에 대해 무엇을 더 발전시켜야 하며 보완해야 하는지를 함께 고민하고 이야기 나눌 수 있게 되는 것 같았다. 그렇지 않으면 자신이 아무리 프로그램 기획능력을 향상시키고 싶은 마음을 가지고 있더라도 그 강의 자리에서는 방관자의 위치에 있을 수밖에 없기 때문에 고민의 양태를 구체화시킬 수 없다. 그러므로 제일 중요한 것은 자신의 마음속에 꿈틀거리는 그 무엇, 문제의식이 제일 중요하다. 내가 발딛고 있는 이 현실에서 무엇이 불만인지, 무엇을 혁신시키고 싶은지에 대한 구체적인 내용과 비전을 내 마음속에 담고 있는지에서부터 출발해야 한다.

저자는 '절박함'의 마술을 믿는다. 난관을 헤쳐나가는 힘도, 압축적으로 고민해서 나름대로의 솔루션을 제시하는 기적도 그 모든게 절박함에서 나온다. 비관주의적 절망과 돈키호테식 저돌성이 갖는 긍정적 측면을 잘 활용하되, 다른 한편으로는 좌절하거나 무모한 이상주의적 낙관에 머물지 않고 현실세계로 한 단계 내려와서 차분히 고민의 끈을 끝까지 물고 늘어지는 고집스러움이 필요하다. 창의적 아이디어도 이러한 긍정적 집착에서 출발한다.

나머지는 전술에 불과하다. 배운 지식을 차용하고 자금제공기관이 요구하는 색깔을 잘 이해하여 적절히 각색하는 것은 열정의 끝자락에서 놓치지 않고 챙겨야 할 추가 리스트 정도에 불과하다. 이를 위해서는 '내 자신에 침잠하라' 등 다음 십계명 정도면 되지 않을까?

1. 내 자신에 침잠하라

기관실무자는 맡은 업무에 따라 다양한 역할을 수행하기를 기대받는다. 총무팀에서 행정가이기도 했다가, 지역사회팀에서 모금가 역할도 해야 하는가 하면 재가팀에서 프로그램 한두 개 정도 무리 없이 추진하는 역할 정도는 거뜬히 해치울 수 있어야 한다. 하지만 프로그램 개발과 평가 업무를 맡게 되면 이 모든 것들을 한꺼번에 수행해야 하는 느낌을 받는다. 자금제공기관으로부터 프로그램 운영비를 수주해야 하고 프로그램 진행도 맡으면서 비용처리도 해야 하기 때문이다. 1인 3역이 따로 없다.

하지만 프로그램 기획단계에서는 딱 한 가지 역할에 집중해야 한다. 내 눈에 밟히는 이 분들, 서비스 이용자들을 또 주민들을 어떻게 하면 더 좋은 상태에서 생활할 수 있게 할 것인지, 더 나은 환경을 어떻게 제공할 수 있을 것인지, 어떤 기회를 어떻게 넓히고 가능성을 높일 것인지를 꿈꾸는 것이다. 허황된 것이 아니라면 꿈은 반드시 현실이 된다.

나는 나에게 끊임없이 질문하고 답해야 한다. '무엇을 하고 싶은 거야?'

기관실무자로서 현실변화를 꿈꾸면서 가졌던 열정과 희망의 순간을 잊어서는 안 된다. 흔히 프로그램을 기획하다 보면 그러한 열정 따로, 보고서를 잘 작성해야겠다는 욕심 따로, 제각각이 될 때가 많다. 초심을 잃어버리는 것이다. 초심을 잃게 되면 사업계획서가 복잡해진다. 무엇을 해야 하는지, 무엇을 하고 싶은지에 대한 줄기가 보이지 않고 보기 좋은 테크닉이 난무하게 된다. 그런 것은 겉으로 그럴듯해 보일지 몰라도 인터뷰과정에서 몇 번의 본질적인 질문을 해보면 다 무너지게 된다.

내가 해야겠다고 하는 바가 뚜렷하면 가치와 내용, 기술과 방법이 한 곳으로 모여든다. 또 그렇게 되도록 만들어야 한다. 생각만으로는 계획서가 완성되지 않기 때문에 많은 학습과 토론이 필요한데 그 순간 사업을 제안한 사람이 중심을 잃어서는 안 된다. 조언에 유연하게 반응하되, 본질을 잃게 만드는 논의 대목에서는 단호히 자기 의사를 지켜야 한다.

우리는 잘 알지 않는가. 평소에도 내가 낸 의견에 팀장님이 각색해서 관장님께 보고했더니 정작 관장님은 각색한 부분에 대해 못마땅해 하시면서 다시 원안대로 수정 지시하는 경우가 얼마나 많은지. 더 억울한 것은 마치 수정한 부분마저 실무자인 나의 아이디어로 오인되고 중간관리자는 쏙 빠져나가는 그런 일들이 심심찮게 일어나지 않는가.

사업계획서는 하루아침에 만들어지지 않는다. 며칠을 두고 완성해 나갈 때까지 기관실무자는 구성한 내용을 수정·보완하려고 파일을 열 때마다 매번 초심으로 돌아가야 한다고 자신에게 주문을 외워야 한다. 내가 무엇을 의도했는지, 왜 그때 그 생각을 하게 되었는지를 되짚고 또 되짚어야 한다.

심사자들도 사업계획서를 들여다보고 있으면 기관실무자가 얼마나 문제의식이 투철한지, 얼마나 이를 꼭 해보기 위해 계획서에 정성을 쏟았는지 모두 느껴진다. 읽다가 줄기가 보이지 않고 질서 없는 가닥만 여러 갈래인 경우에는 더 읽고 싶은 호기심을 불러일으키지 못하고 심사자를 혼란 속에 빠뜨려 그만 읽고 싶어지게 만든다. 분명하지 않은 글에서 기관실무자가 의도한 바를 보물찾기하듯 헤매야 하니 얼마나 얼마나 힘들겠는가.

2. 지피지기면 백전백승!

1) 자금제공기관의 지향방향 이해

공동모금회나 각종 복지재단 등 자금제공기관은 각자 자신의 존립목적에 맞는 사업을 전개한다. 어떤 재단은 신청사업이 다른 지역에서 이미 동일하거나 유사한 사업을 수행하고 있다면 그 사업이 신청기관에게 아무리 필요하다고 하더라도 지원필요성에 우선순위를 두지 않게 된다. 그만큼 새로운 사업 아이템이나 지원대상의 사각지대를 발굴하는 쪽에 방점을 둔다. 물론 앞에서 설명한 바와 달리, 지금 현재 처해 있는 사업신청기관이 얼마나 열악한지, 얼마나 그 사업이 필요한지 그 자체에 초점을 맞추는 재단도 있다. 그러므로 어떤 자금제공기관에게 신청할 것인지는 그 자금제공기관이 펼쳐온 사업의 흐름과 기조를 살펴보면 알 수 있다.

2) 자금제공기관의 평가표 편성 이해

그러한 정보를 수집해서 공동모금회를 포함한 많은 민간복지재단에서는 신청받은 사업계획서를 어떤 관점에서 평가할 것인지에 관한 평가표를 공개하고 있다. 이 평가표를 보면 평가항목이 무엇인지, 또 어디에 보다 높은 점수를 배정하고 있는지를 알 수 있다. 그러므로 같은 총량의 노력으로도 어디에 더 집중해야 하는지, 또 빠짐없이 평가항목의 요소들에 해당되는 내용을 모두 갖추었는지를 다시 살펴보기 위한 거울로 평가표를 활용하면 된다.

3. 타 기관의 사업계획서 - 단지 참고만 하라

사회복지 프로그램을 신청해 본 경험이 없는 기관실무자로서는 아무리 현장에서 뿌리내린 문제의식에 기반하여 사업을 구상해 보려고 해도 역부족일 때가 많다. 이때 선정경험이 있는 동료나 선배의 조언은 큰 힘이 될 뿐만 아니라 실제로 사업계획서 작성에도 도움이 된다. 맨땅에 헤딩하는 처지라면 지푸라기라도 잡고 싶은 심정일 테고 또 그런 때에 합격보증수표와 같이 여겨지는 타 기관의 사업계획서를 참고하고 싶은 생각이 굴뚝같아진다.

하지만 여기서 조심해야 한다. 타 기관의 사업계획서를 참고하게 되면 어느 정도 막막함은 덜어낼 수 있겠지만 이때 반드시 염두에 두어야 할 것이 있다. 그것은 선정된 사업계획서라 하더라도 100% 완벽한 사업계획서가 아니라는 점이다. 선정되었다는 것은 신청한 사업계획서들 중에서 상대적으로 더 나아서이지 - 우수하다고 판단한 것이 매력적인 아이템이어서일 수 있고, 자금지원기관의 지원방침과 맞아떨어져서일 수도 있다. 또 말 그대로 우수하다는 것은 당시 사업신청기관들 사이의 상대적인 개념이다 - 구성내용이 무결점이어서가 아니다.

지난 10여 년 동안 공동모금회나 민간복지재단에서 신청이 들어온 사업계획서를 심사해 보면 많은 사업계획서가 비슷한 오류를 범하고 비슷한 패턴을 따른다는 것을 알게 되었을 때 적잖게 놀랐던 적이 있다. 한두 해가 아니라 꽤 꾸준하게 그러한 패턴을 확인할 수 있었는데, 그것은 잘못된 사업계획서를 그것이 선정되었다는 이유만으로 벤치마킹함으로써 오류가 확산된 결과라고 추정하고 있다. 그러므로 아무리 선정된 사업계획서라 하더라도 이를 참고만 할 뿐이지 맹신해서는 안 되며, 대신 자신만의 아이디어를 구체화하는 데 시간을 쏟는 것이 노력한 만큼의 대가를 거둘 수 있는 지름길임을 꼭 기억하자.

4. 절실함에 매력을 입혀라

대부분의 사회복지기관들은 넉넉한 사업비를 보유하고 있지 않다. 하고 싶은 사업을 추진하기 위해서는 불가피하게 재원을 외부로부터 동원해야 할 때가 많다. 그것은 사회복지기관이 아닌 민간단체도 마찬가지다. 하지만 설사 사업비를 수주하더라도 길어야 3년이다. 그 뒤에는 또 다른 어떤 곳에서의 선의에 기댈 수밖에 없다. 아마 늘 기도하는 심정이리라.

저자는 절박함의 신비를 믿는다고 했다. 궁하면 통한다는 말이 괜히 나온 게 아니다. 절박하면 사업비를 수주하기 위해 그만큼 짧은 시간에 압축적으로 많은 고민과 아이디어를 쏟아 낼 것이다. 고민한 시간의 길이가 승부를 결정짓는 것은 아닌 것 같다. 만약 그렇다면 수능시험에서 3배의 수험기간을 보낸 삼수생들은 모두 고3 수험생을 압도적으로 눌러야 하지만 그렇지 않다. 일정 분량의 시간이야 절대적으로 필요하지만 그 이상은 절박함에 기댄 압축적 시간활용이 관건이다.

하지만 마음만 절절하면 뭐 하겠는가. 절실한 만큼 그 사업이 왜 필요한지에 대한 현실적 및 논리적 무장이 단단히 되어 있어야 하고, 우물 안 개구리처럼 좁은 시야에 고립되어 내 입장만 고집하는 것이 아니어야 한다. 심사자가 어떤 메커니즘으로 내가 적은 내용을 이해하게 되는지, 그 내용 마디마디마다 어떤 연결고리로 관심의 끈을 이어가게 할 것인지, 이것을 읽고 나면 심사자의 마음속에 어떤 궁금함이 생길 것인지 등을 상상하면서 치열하게 내용을 배열해 나가야 한다.

그런데 사실 매력은 사업내용 그 자체로부터 나온다. 사각지대 포착지점이나 접근방식이 신선하다면 그것만으로도 족하다. 물론 늘 새로운 것을 찾아낼 수는 없다. 하지만 비슷한 인구집단에 대해 목표가 비슷하다 하더라도 접근방식이나 사업내용이 모두 똑같을 수는 없다. 사람 생김새가 다르듯, 사업계획서도 다르다. 그런 의미에서의 창의적인 접근은 언제라도 가능하며 아무리 강조해도 지나침이 없다. 그 외 또 무엇이 있을까? 기본에 충실하는 것이다. 특히 성과목표를 제대로 설정하는 것, 성과목표에 따른 성과지표를 연동해서 정확하게 제시하는 것, 네트워크를 구축해서 각 관련 기관과 기관실무자가 어떤 역할분담을 통해서 어떤 방식으로 사업을 추진해 나갈 것인지를 보여주는 것 등만 제대로 작성해도 상대적으로 돋보인다. 기본에 충실한 기관이라는 인상을 받게 된다. 기본은 무너져 있는데 신선함만 존재한다면 겉멋만 들었다고 생각하거나 신선함을 완결판으로 만들지 못한 뚝심 부족으로 생각하지 않을까.

5. 사업개요 작성에 공을 들여라

대부분의 사업계획서에서는 앞쪽에 사업개요를 적도록 하고 있다. 심사자들은 많은 분량을 심사하면서 지칠 때 사업개요에 의지하게 된다. 즉, 사업계획서를 심사할 때 심사자들은 이 사업이 어떤 사업일지 궁금해하는데, 그러한 궁금증을 사업개요에서 해소하게 된다. 잘 쓰여진 사업개요는 심사자로 하여금 사업계획서의 윤곽을 알아차리고 더 세부적인 내용이 무엇인지 궁금하게 만든다. 마치 부는 바람에 잔잔하던 호수가 일렁이듯 더 알고 싶어지는 마음을 일으킨다. 그렇게 되면 성공이다. 그런데 사업개요를 본문 내용 몇 가지로 「Ctl C – Ctl V」

하면 읽어 내려가는 문단마다 덜컹 걸리게 되고 '이게 뭐지? 뭘 의미하는 거지?' 하고 의구심을 갖게 된다. 그러면 이후 본문내용은 의구심 해소용이지 신나게 읽어 내려가는 파노라마의 재미있는 조각들이 되지 못한다. 첫인상에서부터 좋은 이미지를 주지 못할 뿐만 아니라 오히려 심사자에게 부담만 주게 된다.

그렇다면 사업개요를 어떻게 적어야 할까?

첫째, 사업개요를 미리 적었다면 사업내용이 모두 완성된 후에 반드시 전면 수정해야 한다. 사업계획서를 작성하는 동안 여러 번의 회의를 거치면서 수정되기도 하고 부서장이나 기관장이 수정한 것까지 감안하면 처음 내 머릿속에 있는 내용과 다르게 상당히 변형되었을 가능성이 높기 때문이다.

둘째, 사업내용의 문구에 얽매이지 마라. 차라리 눈을 감고 이 사업을 10줄 내로 요약한다면 어떤 내용을 핵심적으로 제시할 것인지를 마음속에 떠올려 보라. 그 내용을 자신의 목소리로 적어야 글의 흐름이 깔끔해진다.

셋째, 사업개요에 투자하는 시간을 아까워해서는 안 된다. 첫 대면의 글에 대해서조차 신경 쓰지 않는다면 이후 내용도 마찬가지일 것이라는 선입견을 애써 불러일으키지 말기 바란다. 물론 심사자도 기관 실무자가 밤잠을 설쳐가며 적은 글에 대해 조그마한 오해라도 없도록 늘 마음을 쓰고 스스로 조바심을 낸다. 하지만 몇십 개, 몇백 개의 사업계획서를 동일한 비중으로 읽어 내려간다는 것은 말 그대로 쉬운 일은 아니라는 점에서 사업개요의 중요성은 아무리 강조해도 지나침이 없다.

6. 감정으로 우기지 말라

기관실무자는 땅에 발을 딛고 현장의 열악함을 개선하고자 하는 마음에 사업계획서를 작성한다. 남들이 시켜서가 아니라 나로부터 출발한 동기이기 때문에 이 사업을 수행해야 한다는 당위성, 의무감은 누구보다도 강하다. 하지만 심사자는 그런 의무감에 똘똘 뭉친 전사(戰士) 같은 기관실무자의 작품인 사업계획서 수십 개, 수백 개를 눈앞에 두고 있다.

기관실무자는 억울하다. 작성된 사업계획서가 잘 심사될 것인지에 대한 우려도 있지만, 정말 이 어려운 현실을 심사자가 서류만 보고 이해할지 걱정이다. 심사자도 그런 기관실무자의 심정을 알기에 초심을 잃지 않도록 조심스레 읽어 나가면서 왜 이 사업이 필요한지 이해하려고 온 신경을 집중한다.

하지만 아무리 봐도 그 논리가 비약적이라 생각되는 경우가 있다. 하나하나 체계적으로 설득하기보다는 기관실무자가 알고 있는 것을 마치 심사자도 잘 알고 있을 것이라고 지레짐작하고 있는 것은 아닌지 의심이 들 때도 있다. 뿐만 아니라 내가 지금 얼마나 열악한 현장에 직면해 있는지 아느냐고, 당신은 그것도 모르고 있냐고 항변하고 싶을 때도 있다. 하지만 그런 때에도 심사자뿐만 아니라 제3자가 보더라도 충분히 알 수 있도록 근거를 가지고 호소력 있게 그 현실과 사업필요성을 제대로 전달하는 것이 중요하다. 그렇게 보여주려면 객관적인 데이터와 당사자의 이야기(narratives)가 필요할 수 있다. 포효하는 사자 같은 목소리도 중요하지만 여우 같은 지혜로운 준비도 필요한 것이다. 이를 위해 때로는 시간적 여유를 가지고 미리 움직여야 한다. 설문조사를 하기도 하고 관련자들을 모아 FGI를 통해 욕구를 재확인해야 한다. 어떻게 보여줄 것인지를 미리 기획하는 자, 그자가 사업계획서 심사에서 제대로 평가받는 유리한 고지를 점령하게 되지 않을까.

7. 사업과 예산을 연동시켜라

예산은 사업의 실행력을 담보해 준다. 사업내용이 아무리 좋아도 소요비용이 계상되고 집행되지 않으면 현실화되지 않는다. 그런 만큼 예산은 사업구조에 따라 그 내용에 걸맞은 금액이 배정되어 있어야 한다. 일반적으로 예산을 편성하는 방법은 다양하지만, 자금제공기관이 요구하는 예산편성방식은 거의 비슷하다. 인건비, 사업비, 관리운영비로 구성되며 각 항목에 포함될 수 있는 세부항목이 결정되어 있다. 자금제공기관별로 알려주는 작성예시나 매뉴얼을 참고하면 된다. 그러나 자금제공기관에 따라 제시하는 기준이 다소 상이할 수 있으니 한 번 더 확인하는 것이 좋다. 예를 들어, 프로그램 진행보조인력을 채용하는 경우 이를 인건비로 볼 것인지, 아니면 사업비로 볼 것인지이다. 사람에 대한 인건비 성격의 금액을 모두 인건비로 본다면 전자에 해당하지만, 인건비를 좁게 해석하여 전반적인 사업의 진행을 위한 인력의 추가채용으로 한정하면 프로그램 진행보조인력은 사업비의 일환으로 간주하게 된다. 유료자원봉사자를 활용하는 것도 통상 인건비가 아니라 사업비로 간주하는 것과 같다.

사업비는 세부 프로그램 단위별로 작성한다. 세부 프로그램 각각을 단위사업으로 보는 것이다. 이때 가장 중요한 것은 시뮬레이션이다. 실제 사업을 진행한다고 생각하고 비용이 소요되는 부분이 어디인지를 세심하게 체크하고 이를 예산화해야 한다. 즉, 내용별로 단가, 횟수, 인원 등을 조합하여 필요금액을 산출하는 것이다. 예를 들어, A세부프로그램에서의 회의비를 '15,000원×10명×4회=600,000원'으로 기재하는 것이다. 이때 단가는 대개 자금제공기관이 정해준다. 사회복지공동모금회의 경우 강사비, 회의참석비, 단순인건비, 자원봉사활동비, 원고료, 출장여비, 워크숍, 식사비, 다과비, 자문료, 번역료 등의 단가를 배분사업안내서에서 자세하게 제시하고 있다.

8. 사업내용 간 일관성이 중요하다

어떤 형식의 글이든 읽는 사람에게 명확하게 그 메시지가 전달될 수 있어야 한다. 글의 선명성은 일관성과 연결되어 있다. 글의 소재가 적절하게 배치되고 앞뒤 문맥이 자연스럽게 연결되어야 한다. 사업계획서도 마찬가지다.

그렇다면 일관성을 갖추기가 어려운 이유는 무엇일까? 첫째, 물리적 시간의 경과이다. 사업계획서를 하루 만에 작성하는 경우는 거의 없다. 작성자는 소관 업무를 평소처럼 수행하면서 사업계획서를 틈나는 대로 작성해 나가게 된다. 하지만 처음 기획할 때와 이후 기획내용을 사업화하는 과정에서, 그 이후 최종완성이 되기까지 계속 생각이 바뀌는데 처음에는 사업 전반을 꿰뚫고 있다 하더라도 시간이 지날수록 사업내용에 매몰되어 객관적으로 바라보지 못하는 경우도 많다. 둘째, 상급자의 요구나 지시사항 때문이다. 물론 팀장이나 기관장이 자신의 경험과 노하우에 기반하여 많은 아이디어를 작성자에게 제공할 수 있다. 하지만 그 내용이 작성자 본인의 머릿속에서 나온 것이 아니기 때문에 심정적으로 수용하지 못할 때도 있다. 사업계획서에 반영은 하지만 이때 다른 부분의 내용을 함께 추적하여 패키지로 변경하지 못하는 경우가 많다. 셋째, 생각하는 힘의 부족이다. '사업명－사업내용－사업목표－사업평가'는 서로 간에 영향을 주고받을 수밖에 없는데 어느 하나가 변경되면 다른 부분도 모두 같이 검토되어야 하지만 변경이 잦으면 이를 추적해서 일일이 업데이트를 시키는 것이 힘들 수 있다. 체력이 안 되거나, 평소 맡은 업무로 스트레스를 받으면 생각이 분산되고 집중 상태를 유지하기 어려워 생각의 끈을 놓칠 수도 있다.

이럴 때는 분위기 전환이 필요하다. 초심으로 돌아가야 한다. 내가 왜 이 사업계획서를 적고 있는지 재차 자문해야 한다. 현장에서 고통받고 있는 분들이 그토록 내가 변화시키고 싶은 상태로, 그러한 환경에서 그대로 살아가는 모습을 떠올릴 필요가 있다. 일관성이 결여된 사업계획서는 선정되기 어렵고, 그렇게 되면 초심은 물거품이 되고 만다. 그런 점에서 사업계획서 검토의 마지막 단계에서는 일관성을 갖추었는지 마지막 책임성을 가지고 살펴보아야 한다. 특히 사업명은 사업내용을 다 작성하고 난 후 꼭 다시 점검해야 할 대목이다. 사업내용이 이리저리 수정되었음에도 불구하고 사업명을 최종적으로 점검하지 않는 경우가 많기 때문이다. 사업계획서는 마치 자그마한 논문을 작성하는 것과 같다. 처음부터 끝까지 긴장의 끈을 놓지 않고 앞뒤 구성요소 간의 연결이 매끄러운지 꼭 살펴보아야 한다.

9. 오타는 결정적인 타격을 준다

오타가 발견되면 첫째, 신뢰에 흠결이 생긴다. 물론 이는 단순히 글자의 오류에 불과하지만 전체 내용에 대한 신뢰, 관련 통계나 주장 근거에 대한 의심으로 이어질 수도 있다. 둘째, 성의가 없어 보인다. 최종작성 후에 자신 또는 동료가 검독하지 못할 정도로 서둘러서 사업계획서를 제출했거나 검독을 했더라도 오타를 잡아내지 못할 정도로 성의가 없다고 생각될 수 있다.

이러한 오타가 주는 부정적 영향의 크기는 심사자마다 다르겠지만 설사 그 영향이 크지 않다 하더라도 10개를 선정할 때 9~10위에 여러 개의 후보가 있을 때 오타 담은 사업계획서는 아무래도 호감도가 낮을 수밖에 없다. 즉, 점수가 비슷하면 오타가 많은, 불성실해 보이는 사업계획서가 탈락할 수 있는 것이다. 그렇기 때문에 결정적인 순간의 오타는 탈락의 경계지점으로 밀어내는 역할을 한다는 점을 명심하여 작성할 때부터 세심한 주의를 기울이고 동료가 인내심을 가지고 검독해 주는 것이 좋다. 어차피 한 송이 국화꽃이 피려면 천둥도, 소쩍새 울음소리도, 비와 바람도 필요한 것처럼.

10. 면접에서 지켜야 할 태도

면접태도는 사실 사업계획서 작성단계에 속하지는 않는다. 하지만 사업계획서를 작성하고 최종선정하는 과정에서의 중요한 관문 중 하나라는 점에서 그간의 면접경험에 반추하여 간단하게 제언하고자 한다.

첫째는 면접을 준비하는 과정이다. 서류심사에서 통과하고 면접일정이 잡히면 그동안 사업내용 전반을 머릿속에 구조화시키는 것이 좋다. 면접시간이 짧기 때문에 면접자의 질문에 대해 사업계획서를 보면서 대답하면 시간이 많이 소요될 뿐만 아니라 사업 전반을 꿰뚫고 있다는 강한 인상을 주지 못한다. 또 사업내용 자체가 모두 얽혀 있으므로 앞뒤 연결해서 설명해야 할 경우가 많은데 이를 구조화해 놓지 못하면 장황하게 말이 길어지거나 연결지점을 제대로 포괄하여 설명하지 못해 핵심을 놓치는 상황이 벌어지기도 한다. 그러므로 적어도 핵심 키워드 정도는 머릿속에 정리하고 면접질문에 따라 다양한 재료를 요리하듯이 유연하게 조합하여 응답하는 것이 좋다.

둘째는 표정관리이다. 반드시 그런 것은 아니지만 선정 가능성이 있는 기관에 대해 더 집요하게 날카로운 질문을 던지게 되는 경우가 많다. 반면 선정되지 않을 것 같은 기관에 대해서는 심사자가 판단한 것에 오류가 없는지 확인하는 것 외에 굳이 곤혹스러운 질문을 던져 기관실무자를 당황하게 만들 이유가 없다. 그래서 흔히 면접 후에 떨어질 것 같은 느낌이 들면 오히려 선정될 가능성이 높아지는 아이러니가 바로 이런 점에서 연유된다. 문제는 그런 날카로운 질문, 가혹한 질문이 들어오면 당황함을 넘어 기관실무자가 불쾌한 표정으로 반응할 때가 가끔 있다. '왜 나의 진심을 몰라주지? 왜 저렇게 의심을 하지?' 자신의 진심을 의심하거나 탁상공론하는 듯한 심사자의 의견을 못마땅해 하는 경우가 있다. 하지만 이런 때라 하더라도 생각을 달리할 필요가 있다. 그게 역전의 드라마의 서곡일지 누가 알겠는가. 다른 한편으로는 빨리 시인하고 부족함을 인정해야 하는 경우도 있다. 일관성이 결여된 부분이나 내용 간 모순을 지적하는 경우, 내용에서 짚어야 하는데 빠뜨린 경우 등에 대해 심사자가 질문할 경우에는 흔들리는 멘털을 부여잡고 마음 속 아프더라도 인정할 것은 인정하면서 최대한 차분히 변론해 나가야 한다. 면접이 끝날 때까지 필요한 것은 열정과 꼭 이 사업을 해야겠다는 의지 그리고 한결같은 표정이라고 할 수 있다.

셋째는 면접자에 대한 메시지다. 탈락과 선정을 구분해야 하는 심사자로서는 사업신청기관에 따라 부족한 점과 탁월한 점을 확인하여 운명의 경계를 그어야 한다. 그러다 보면 전자의 경우 왜 이것이 부족한지를 지적하는 것이 마치 면접에 응대하는 실무자의 부끄러운 부분을 드러내는 것처럼 느껴질 수 있지 않을까. 그런 점에서 면접자는 팩트체크를 하더라도 무엇을 어떻게 바꾸면 좋을지 컨설팅을 해주는 기회로 삼는다면 설사 해당 기관이 탈락하더라도 좋은 배움의 유익한 시간으로 기억할 것 같다.

MEMO

제 15 장

사회복지공동모금회 작성양식 이해 및 적용[1)]

사회복지공동모금회는 사회복지공동모금회법에 따라 실시된 법정기관이다. 사실 사회복지공동모금회 설치는 1960년대 말부터 검토되었다. 당시 해외원조 감소 추세가 예견됨에 따라 위기에 처할 사회복지시설의 재정적 어려움을 경감시키기 위해 사회복지공동모금회를 설치하여 그 부족분을 모금 재원으로 대체하고자 한 것이다. 그러나 아쉽게도 1970년 제정된 사회복지사업법에서는 사회복지공동모금회 설치 건은 제외되었고 이후 1990년대 후반에서야 공식화되었다.

그런 취지에서 설치된 사회복지공동모금회가 안팎으로 많은 어려움을 겪고 있다. 사업수행기관들은 공동모금회가 사회복지 실천현장에 대한 이해가 부족한 '관료제의 끝판왕'이라고 생각한다. 그동안 개선이 없었던 것은 아니나 근본적으로 사회복지 실천현장에 대한 통제적 시각의 끈을 완전히 놓지 않아 이에 대한 불편함은 여전히 현재진행형이라 생각한다. 하지만 공동모금회도 할 말이 많다. 배분사업을 통해 지원받은 100개 기관 중 1~2개라도 예산 사용 문제로 여론의 지탄을 받으면 국회에서 벌떼처럼 공동모금회를 추궁한다. 온갖 질타와 비난은 온전히 공동모금회의 몫이다. 엄격한 예산 오용 및 남용 기준 자체가 문제일 수도 있고 아울러 직원 수의 절대적 부족에서 기인할 수도 있다. 그럼에도 불구하고 공동모금회는 실제로 기부금품의 일정 비율 이하로만 간접비를 쓸 수 있어 직원 수를 무작정 늘릴 수도 없다. 그러다 보니 목적지향적 경영은 어렵고 제한된 인력으로 사업을 운용하다 보니 늘 통제적 방식으로 사회복지기관을 대하게 된다. 다분히 행정적이고 사무적이다. 그러나 이러한 애로에 대해 그 어느 누구도 신경 쓰거나 공감해 주려 하지 않는다.

---

1) 작성양식의 큰 틀은 2018년에 변화되어 시간이 흘렀지만 이를 굳이 서술하는 이유는 어떤 문제의식과 관점에서, 어떤 부문에 역점을 두어 종래의 사업계획서 양식이 개정되었는지에 대한 기관실무자의 이해를 도모하여 작성방향을 제대로 설정하는 데 도움을 주기 위함이다.

방정식의 계수와 상수를 바꾸어 주지 않은 채 x값을 정해놓고 왜 y값이 이 정도밖에 되지 않냐고 다그치면 사실 답이 없지 않은가.

그럼에도 불구하고 공동모금회의 진화·발전은 여전히 현재진행형이다. 배분사업 패러다임을 일정 정도 바꾸었고 배분사업 작성안내서까지 발간하기에 이르렀다. 이러한 변화는 다른 민간복지재단의 사업운영 패턴이나 안내방식에 큰 영향을 주고 있고, 이런 추세는 앞으로도 확산될 전망이다. 여기서 한 가지 더 욕심을 부린다면, 공동모금회가 민간복지재단의 맏형 노릇을 하면 좋겠다. 물론 각 재단의 설립취지나 사업 특성을 감안한다면, 공공이 민간에게 이래라 저래라 할 위치에 있지 않다. 그러나 그러한 '노릇'이라는 것이 사회복지기관이나 단체에 도움이 된다면 한 번쯤 고려해 볼 수도 있지 않을까. 그것은 바로 각 민간복지재단에서 실시한 사업결과보고서에 대한 데이터베이스를 구축하는 것이다. 기관실무자는 기획과정에서 선행 프로그램에 대한 차별성을 기재해야 하는데 어떤 사업이 어느 기관에서 실시되었는지 개별 홈페이지를 일일이 방문해서 찾아야 하는 전근대적 방식이 지금도 그대로 유지되고 있다. 프로그램 사업의 역사성을 보면 삼성복지재단이 해야 하나, 더 이상 프로그램 지원사업을 하지 않는 현실에서 기댈 곳은 공동모금회밖에 없다. 아울러 앞서 설명한 바와 같이 민간복지재단과 정부 간의 중간적·연계적 역할을 공동모금회가 모색해 보는 것도 혁신을 검토하는 과정에서 반드시 짚고 넘어가야 할 숙제다. 그래야 이 분야의 생태계가 변화할 수 있다. 제2의 도약을 기대해 보자.

1. 변화배경 이해

공동모금회는 2021년 기준으로 7,619억 원 규모의 모금을 달성하였으며, 배분 규모 역시 7,104억 원에 달하는 한국의 대표 모금 및 배분 기관이다. 규모 면에서뿐만 아니라 모금과 배분사업의 내용 면에서도 모금회는 1998년 설립 이래 국내 관련 사업 분야를 선도하는 역할을 해왔다. 특히 배분사업의 측면에서는 모금회가 개발하고 실시한 배분과정은 국내 다른 배분기관들의 벤치마킹 대상이 되어왔다(이봉주 · 김진우 · 최명민 · 박혜경, 2016 : 13).

하지만 최근에는 다양한 민간복지재단들이 설립되면서 각종 프로그램 공모사업을 활발하게 진행하고 있고 일부 기업복지재단에서는 지원대상을 보다 다각화하거나 새로운 개념의 사업신청서 양식을 꾸준히 개발해 왔다. 이러한 과정에서 공동모금회는 타 복지재단을 선도하는 입장에 있었음에도 불구하고 지난 20년 동안 동일한 배분신청서 양식을 쓰면서 사회복지 실천현장으로부터 조금씩 비판을 받기 시작한 것이다.

이에 공동모금회는 2016년에 배분신청사업의 전체적인 틀의 변화방향 그리고 그에 따른 배분신청서 양식이 어떻게 바뀌어야 하는지에 대한 연구를 진행하였고(이봉주 · 김진우 · 최명민 · 박혜경, 2016 : 13), 2017년에는 2016년의 연구를 바탕으로 공동모금회 배분신청사업 신청서 양식을 확정하고 이에 대한 매뉴얼을 만드는 데 이르게 되었다(김진우 · 이지수 · 윤덕찬, 2017).

2. 변화의 주요 특징

공동모금회는 『2018년 배분사업안내』를 통해 개정된 배분신청서 양식을 발표하였고 올해로 4년째에 접어들고 있다. 2017년도 사업시행을 위한 배분신청 사업체계 및 작성양식에 비해 『2021년 배분사업안내』에서 크게 달라졌고 지금도 유지되고 있는 특징을 살펴보면 다음과 같다.

1) 배분사업 신청양식 체계 개편

기존의 분류체계인 신청사업, 기획사업, 지정기탁사업, 복권기금사업, 긴급지원사업의 유형을 그대로 두되, 이를 담아내는 신청서 양식은 대폭 변경되었다. 지금까지는 긴급지원사업 외 나머지 사업에 대해서는 표준양식, 기능보강, 프로그램 기능보강 등 세 가지로 구분하여 작성하도록 하였는데, 이에 따르면 기능보강 관련 사업이 아닌 것은 모두 표준양식을 활용해야 했었다. 즉, 2억 원 규모의 사업이든, 2천만 원 규모의 사업이든 상관없이, 또 3년 연속사업이든 단년도 사업이든 표준양식의 틀 안에 모든 것을 녹여 넣어야 하는 시스템이었다.

그러나 사업의 규모에 따라, 사업이 종국적으로 어느 범위까지의 변화를 추구하느냐에 따라, 지원기간에 따라 담아내야 하는 내용이 다르기 때문에 신청서 양식은 자연스럽게 이에 맞는 형태로 마련되어 있어야 하는데 그렇지 못했던 것이다.

이에 『2023년 배분사업안내』에서는 어떤 성격의 사업인가에 따라 배분사업 신청유형을 다음과 같이 크게 네 가지로 나누고 있다.

〈표 15-1〉 공동모금회 배분사업 신청 유형

사업 유형		내 용	표준 신청 양식
프로그램 사업	성과 중심형	• 성과목표 달성을 통해 사업참여자의 의미 있는 변화를 꾀하고, 나아가 지역사회 변화의 기초를 다지는 사업 • 주로 단년도 형태를 띠며, 사업참여자의 역량 강화 또는 소규모의 지역사회 네트워크 구축 등의 사업을 포함	• 배분신청서 • 신청기관 현황 • 사업계획서
	성과 확산형	• 2년 이상 계획하는 다년도 사업으로 사업 참여자의 의미 있는 변화뿐만 아니라 지역사회, 나아가 우리 사회에 파급력(impact)을 미치는 것을 지향하는 사업	• 배분신청서 • 신청기관 현황 • 3개년 사업계획서 • 1차년도 사업계획서
	산출 중심형	• 현재 당면한 지역사회 이슈 및 개인(또는 가족)의 문제 해결을 위한 지원사업으로 성과목표 달성보다는 사업수행 과정에 중점을 두는 사업	• 배분신청서 • 신청기관 현황 • 사업계획서

기능보강 사업	• 기능보강을 통해 현재의 문제를 해소하거나 보다 의미 있는 사업을 향후 수행하고자 하는 사업 • 장비보강, 개보수, 자동차 구입 등이 해당	• 배분신청서 • 신청기관 현황 • 사업계획서

특별히 여기에서 설명해 둘 것은 성과확산형인 경우 1차년도 사업계획만 적는 것이 아니라 2년 또는 3년 동안 전체의 성과목표와 사업내용을 적는다는 것이다. 뿐만 아니라 다년도 사업으로서 그 규모가 크다는 점에서 단순히 사업참여자의 성과에 초점을 두는 데 그치는 것이 아니라 사회적 파급효과까지 기획하는 사업내용과 관련예산 편성을 요구하고 있다.

2) 작성순서 변화에 대한 설명

공동모금회는 사업의 내용과 성격에 맞는 양식을 별도로 각각 제시하는 한편, 배분신청서 이후 사업계획서 작성목차도 전면적으로 개편하였는데 이의 주요 변화내용을 살펴보면 다음과 같다.

(1) 사업내용이 제일 처음 등장한다

사업계획서 양식을 보면 사업명을 적은 후에 바로 사업내용을 적도록 하고 있다. 종전에는 사업의 필요성, 서비스 지역·대상 및 실인원 수, 목적과 목표를 적고 그 이후에 사업내용을 적도록 하고 있는데 이 순서를 완전히 바꾼 것이다. 이렇게 바꾼 이유는 사업담당자가 "내가 무엇을 하고 싶은지"를 가지고 승부수를 띄우라는 메시지다. 왜 필요한지 등등에 대해 자세하게 늘어놓고 나서 전체 사업계획서 내용의 중간 즈음에 가서야 어떤 사업을 수행할 것인지를 적으면 이는 작성하는 사람도 심사자에게도 사업계획서 내용의 핵심에 집중하기 힘든 구조인데 변경된 양식에서는 이를 개선하는 데 초점을 두고 있다.

(2) 예산편성이 사업내용 바로 뒤에 있다

사업담당자가 배분사업 신청을 준비하면서 중간관리자나 최고관리자에게 흔히 듣는 질문 중의 하나가 "사업계획상의 내용에 대해 필요한 예산이 모두 반영되어 있느냐?"는 것이다. "꼼꼼히 챙겨봐. 사업내용과 예산은 하나야. 명심해!"라는 말을 관리자들이 꼭 덧붙인다. 하지만 이제까지는 예산편성은 항상 사업계획서의 가장 마지막에 배치되어 있었다. 비단 공동모금회뿐만 아니라 다른 복지재단의 양식 또한 마찬가지였다.

사업내용에서 예산이 수반되어야 하는 것들이 제대로 예산편성표 안에 녹아 있는지를 보려면 계획서 내용의 위아래를 왔다갔다 하면서 점검해야 했다. 왜냐하면 사업내용 아래 평가방법, 담당인력구성, 사업진행일정, 홍보계획, 지역자원 활용계획에 관한 내용을 모두 지나가야 예산편성표를 볼 수 있었기 때문이다. 양자가 긴밀하게 연결되어야 함을 강조하는 것치고는 이 둘 간의 지면거리는 너무 멀었다. 이제는 사업내용 바로 다음에 예산편성표를 작성하도록 하여 이 둘 간의 상호 조응이 잘 되었는지를 보다 편하게 점검할 수 있도록 하였다.

사례

2017년 4월 어느 날 『배분사업 개선양식 매뉴얼 개발 연구』를 수행하는 가운데 전국의 배분사업 담당자에게 배분사업 체계와 양식의 변화방향에 대해 개략적으로 설명하는 자리를 가지게 되었다.

그때까지 연구되고 검토된 양식은 최종적으로 발표된 것과는 다소 상이한 점이 있었는데 그중의 하나가 예산편성표의 위치였다. 사업계획서의 맨 마지막에 예산편성표가 위치해 있었던 것이다. 나의 설명에 대해 대부분 변화방향에 대해 동의하고 긍정적이었는데, 거의 끝나갈 무렵 대구지회의 한 직원이 손을 들었다.

"교수님... 그런데... 예산편성표가 맨 마지막에 위치해야 하는 이유가 있나요?"

"무슨 이야기지요?"

"사업내용의 대부분이 예산편성에 잘 반영되어야 하는데 이 둘을 예전같이 떨어뜨려 놓을 이유가 있는 건가요?"

순간, 나는 망치로 내 머리를 세게 내려치는 듯한 충격을 받았다. 그간의 고정관념에 대해 나 또한 아무런 비판 없이 그대로 받아들이고 있었다는 것이 한순간 민낯으로 드러난 것 같았다. 얼굴이 화끈거리고 개편한 내용들의 혁신성에 대해 나름 으쓱했는데 여지없이 그리고 모든 것이 무너져 내리는 듯한 느낌이었다.
마치 무장해제 당하는 기분이었지만 부끄러움을 걷어내니 오히려 그 통찰력에 짜릿한 전율을 느낄 수 있었다.
"맞네요... 그렇게 떨어뜨려 놓을 이유가 없네요. 당장 바꾸도록 하겠습니다. 그리고 감사합니다! 제가 못 본 것을 보게 해주셔서...."
허리를 90도로 숙여 그분을 향해 감사의 인사를 전하며 다짐했다. 이 부분이 변경된 것은 연구진의 아이디어가 아니라 철저히 사업에 프로정신을 가지고 임하던 공동모금회 직원의 문제제기에서 출발한 것임을 세상에 알리리라고... 그리고 이후 난 배분사업 개편과 관련한 모든 강의에서 이 이야기를 빼놓지 않고 들려주었다.

(3) 그 사업을 왜 하려고 하는지를 묻는다

사업내용을 적고 나면 그 사업을 왜 하려고 하는지를 묻는다. 즉, 하고 싶은 사업이 무엇인지를 알려주고 난 뒤 그런 사업을 기획하게 된 계기와 배경을 말해보라는 것이다. 배분신청사업을 작성하는 담당자가 막연한 아이디어 차원에서 사업구상의 밑그림을 그리는 것이 아니라 실제 사업을 수행하면서 처절한 문제의식에 기반하여 현실의 어려움과 한계를 극복하는 데 필요한 재원을 지원해 달라고 하는 것이고 그 사업내용에는 맥락적 정보가 연결되어 있다는 점에서 관련 내용을 자세하게 기재하는 것이 좋다.

(4) 목적을 삭제하였다

흔히 사업계획서의 대부분에는 목적과 목표를 적는 것을 기본으로 하고 있다. 하지만 공동모금회 사업계획서 작성항목에서 '목적'이 삭제되었다. 목적 기재는 실무자가 흔히 겪는 어려움 중의 하나였다. 프로그램 기획과정에서 사업계획서에 목적과 목표를 적고 나면 중간관리자든, 최고관리자는 항상 입을 댄다. 목적과 목표를 헷갈리지 말라고, 그게 목표지 목적이냐고, 그게 목적이지 목표냐고...

하지만 목표와 목적은 상대적이다. 즉, 목표를 높게 잡으면 목표와 목적이 비슷해진다. 한편 목표는 사업을 통해 달성할 것을, 목적은 제시된 목표를 달성하기 위한 사업내용의 장기적인 지향점을 작성하는 것이라고 설명한다 해도 말처럼 그 구분이 쉽지 않다. 또 만약 목적을 보다 장기적이고 궁극적인 내용으로 적다 보면 추상적인 표현에 그칠 가능성이 크다. 예를 들어, 장애인복지사업을 수행하는 목적이 장애인의 '행복을 추구한다'라든지 '자립을 지원한다' 등의 표현을 하게 되고 사업계획서에서도 이러한 표현이 자주 등장하게 되는데, 생각해 보면 어느 장애인복지사업인들 장애인의 행복추구, 자립지원 아닌 게 어디 있겠는가. 어떻게 적든지 간에 보는 사람에 따라, 보는 관점에 따라 비판하려고 마음을 먹으면 그 허술함을 쉽게 지적할 수 있다.

그뿐만 아니라 실제 목적에 대한 진술을 자세히 분석해 보면 사업을 수행하고 난 뒤 어떤 변화된 모습을 지향하는지와 연관되어 있음을 알게 된다. 즉, 사업계획서에 "이 사업이 종료하고 나면 이 사업을 활용해서 그 다음 어떤 계획을 가지고 있는지, 사업종료 후에 어떤 지향점을 가지고 있는지"를 적으라고 하면 목적 진술과 비슷한 효과를 거둘 수 있다. 즉, 목적과 목표를 구분해서 명확하고 명료하게 진술하라고 다그치기보다는 목적에 관한 내용을 사업필요성에서 일부 표현하도록 하고 또 사업종료 이후에 무엇을 하고 싶은지에 대한 내용을 자연스럽게 구상해 보도록 유도하면 충분히 '목적' 관련 내용이 기술될 수 있다는 생각에 목적기재를 삭제하게 된 것이다.

3) 작성양식 순서에 따른 변화내용 설명

(1) 배분신청서 및 신청기관 현황

종전에는 배분신청서에서의 사업개요와 관련해서는 표 안의 내용을 채우도록 하였고, 본격적인 사업내용을 적기 전에 기관현황 중 신청기관과 운영법인에 대한 정보를 적도록 목차를 제시하였다. 그러나 이 중에서는 많은 정보가 배분신청서, 사업개요, 기관현황에서 중복적으로 기재하도록 요구받게 되고 나아가 특정 정보는 왜 필요한지에 대한 의문을 갖는 경우도 많았다. 이에 『2018년 배분사업 안내』에서부터는 크게 배분신청서와 신청기관 현황에 대해 표 안에 관련 정보만 기재하면 되도록 크게 간소화하였다. 기재해야 하는 내용 중 삭제하거나 크게 변화한 내용을 정리하면 다음 표와 같다.

〈표 15-2〉 사업계획서 작성 양식 변화 비교 : 배분신청 및 신청기관 현황

구 분	2017년	2018년 이후	비 고
배분신청 및 신청기관 현황	서비스 지역	삭제	
	실인원수	핵심 및 주변 참여자	실인원 수 계산 폐지
	서비스 단가	삭제	단가 수준이 심사 시 판단에 영향을 못 미침
	설립목적, 소식, 사업내용 등 운영주체 구성 등에 대해 법인과 신청기관 현황 기재	신정기관 현황의 정보내용으로 간소화 – 다만, 법인의 이사회나 기관의 운영위원회 명단은 그대로 남김. 심사위원 위촉 때 제척 사유 적용 여부 판단	심사에 반드시 필요한 정보만 남기고 나머지는 모두 삭제하거나 변형

(2) 사업명, 사업내용 및 추진전략

사업명에서는 종전에 이를 작성하는 데 아무런 안내가 없다가 『2018년 배분사업 안내』에서부터는 작성매뉴얼을 제시하면서 사업명을 진술할 때 '대상, 목적, 방법과 관련된 정보를 담고 슬로건 식의 표현은 부제(副題)로 달아달라'고 안내하고 있다.

사업내용에서 어떤 내용의 사업을 어떻게 전개할 것인지에 대해 종전에는 표를 제시하였다면 2018년도 적용양식에서는 간단한 진술문으로 세부사업내용의 구성, 세부사업별 추진방법과 기관 연계·협력 전략을 묻고 있다. 이렇게 바꾼 것은 종전의 표를 살펴보면 성과목표, 세부프로그램명, 활동(activities), 시행시기, 시행횟수, 참여인원 등으로 구성되어 있어서 실제 사업내용에서의 구체적인 진술은 활동(activities)란에서 적을 수밖에 없는데, 그 칸의 넓이가 제시된 표의 절반밖에 되지 않아 결국 "어떻게 하면 그 좁은 칸에 사업내용의 핵심을 잘 녹여 넣느냐"의 경쟁에 그치고 있어 사업담당자의 창의적인 사업구상에 오히려 표 양

식이 걸림돌이 된다고 판단하여 간단한 진술문으로 작성하도록 안내하고 있다.

종전의 '서비스 대상'을 이제 '사업참여자'라 부르는 것과 핵심참여자와 주변참여자로 구분하여 진술하도록 한 것도 큰 차별성이라고 볼 수 있다. 한편 목표에 대한 평가방법은 사업내용이라기보다는 사업진행 과정 및 결과에 대한 평가이기 때문에 사업 그 자체라고 보기 어렵다고 판단하여 이를 별도의 목차에서 작성하도록 하였다.

담당인력과 관련해서는 종전에는 관장에서부터 담당실무자까지 모두 7~8명씩 나열하여 그 세를 과시하는 데 초점을 두었지만 정작 사업을 주관하는 담당자는 1~2명에 그치는 괴리를 보여 왔다. 담당자는 '이걸 왜 적어야 하나?'라는 회의감이 든다고 한다. 그러므로 배분신청서 양식에서 담당자의 연락처를 적는 것으로 갈음하고 아예 '담당인력구성'란은 삭제하였다.

사업진행일정은 그대로 필요할 것으로 보이나 월별로 표를 그리는 작업이 어떤 유용성을 갖는지에 대해서는 여전히 의문이었다. 『2018년 배분사업안내』 이후부터의 성과중심형 사업계획서 양식에서는 일반적인 진술로 일정을 적도록 하고 있지만, 예시를 보여주는 곳에서는 종전과 같은 월별 일정표를 제시하고 있어 개정취지와 예시가 불일치하고 있는 것으로 보인다.

이에 대한 대안으로서는 예시에서 표를 삭제하는 대신 어떤 핵심사업을 언제까지(몇 월까지) 수행할 것인지에 대한 내용을 작성하는 것을 제언한다. 다음 표에서는 시각장애인에 대한 미술교육의 경우 언제까지 무슨 사업을 어디까지 수행할 것인지를 상세하게 적시하고 있다. 이렇게 적는 이유는 중간평가보고서 작성 시 내가 그때까지 무엇을 해낼 것인지에 대한 약속을 하고 재원을 지원받았는데 그 약속대로 사업을 하고 있는지를 점검한다는 측면에서 핵심내용을 제시하는 것이 바람직하며 종전과 같이 월별로 음영만 표시하면 무엇을 어디까지 하겠다는 것인지에 대한 정보가 빠지게 되어 사업수행기관과 공동모금회 간의 약속이 불분명한 채로 중간평가를 하게 되므로 이에 대한 개선이 필요하다고 보기 때문이다.

〈표 15-3〉 추진일정 표 양식 개선 사례

기간 / 내용	1월	2월	3월	4월	5월	6월
맹학교 미술교육 실시		MOU체결 TA 확보	수업실시 (한빛 맹학교) 단체 홍보	수업확대 (3개교 전체) 라디오 홍보	계속	계속 (모니터링)
미대진학 지원시스템		대학교 조사	계속	계속	계속	조사결과 정리
시민 아카데미	세미나 기획	강의교재 개발	계속 협력기관 섭외	계속	시범 세미나	피드백
기간 / 내용	**7월**	**8월**	**9월**	**10월**	**11월**	**12월**
맹학교 미술교육 실시	계속	계속	계속	계속	최종평가	사례집 제작
미대진학 지원시스템	맹학교 연계 복지관 연계	계속	계속	계속	계속	조사연계 정리
시민 아카데미	세미나 틀 완성	–	세미나 개최 (2회)	세미나 개최 (3회)	세미나 개최 (3회)	인식변화 조사

홍보계획은 사업의 전반적인 내용 속에 녹여져 표현되어야 한다고 판단하여 별도의 소목차를 제시하지 않고 있다. 뿐만 아니라 종전에 별도의 표로 제시되고 홍보방법과 홍보매체를 적게 함으로써 자꾸 홍보실적에 매달리게 되고 실제 사업의 운용에 필요한 노력보다는 가시적 성과에 매몰되는 경우가 많다는 지적이 있어 이를 삭제하고 별도로 두지 않았다.

지역자원 활용계획은 그 명칭을 바꾸어 '기관 연계협력 전략'이라고 부르고 기관의 외부환경으로 간주할 수 있는 지역사회와 어떻게 관계를 맺어나갈 것인지에 대한 보다 구체적인 내용과 설명이 부가되도록 요구하고 있다.

다음 표는 위에서 적시한 내용들 중에서 핵심적인 사항에 대한 종전 대비 현재 양식에서의 변화내용을 간단하게 정리한 것이다.

〈표 15-4〉 **사업계획서 작성양식 변화비교 : 사업내용 및 추진전략**

구 분	2017년	2018년 이후	비 고
사업내용 및 추진전략	사업명	사업명	작성방법을 구체적으로 제시
	서비스 대상 구분 – 일반대상 – 위기대상 – 표적대상 – 실인원수	사업참여자 – 핵심 및 주변 참여자 구분 – '대상'이 아니라 주체적인 참여자로 규정	일반~표적 구분 폐지 용어 전면 개편
	서비스 단가	삭제	단가 수준이 심사 시 판단에 영향을 거의 못 미침
	세부사업내용	사업내용	작성 표 삭제
	목표에 대한 평가방법	별도 목차에서 기술	사업내용과 평가 분리
	담당인력 구성	인력내용 삭제 – 배분신청서에서 담당인력 인적사항으로 갈음	실제 사업추진에 주체가 되지 못하는 최고 및 중간관리자 및 관계자들을 명목상으로 나열하는 관행 폐지
	홍보계획	사업내용 속에 포함시키도록 요구 – 표 삭제	별도 홍보계획을 인위적으로 만들지 말라는 취지
	지역자원 활용계획	기관 연계협력전략	주변 기관과의 네트워크 강조

(3) 예산편성

예산편성은 앞서 언급한 것처럼 작성한 사업내용의 예산항목으로의 편성 여부를 지속적으로 비교검토할 수 있도록 사업 바로 뒤에 위치하도록 하였다. 뿐만 아니라 종전에는 예산편성표를 보면 관(사업비), 항(공동모금회 "○○○○○○" 사업비), 목, 세목 등으로 구분되어 있는데 이 구분이 공동모금회가 각 개별기관들을 총 취합했을 때 내부적으로 활용되는 관·항·목·세목이어서 사업수행기관 내부에서 사용하는 관·항·목·세목의 차원과 맞지 않아서 이를 개선하기 위해 관(사업비) 및 항(공동모금회 "○○○○○○" 사업비)의 구분을 삭제하고 '목, 세목, 세세목'을 두어 사업수행기관의 입장을 우선 고려하는 방식으로 수정하였다.

한편 자부담 금액과 비율을 적도록 하는 것은 그대로 두되, 사업내용이 상대적으로 부실해도 자부담 금액이 높으면 선정되는 것인지에 대한 의구심을 실천현장에서 가지고 있었는데 매뉴얼을 통해 '자부담 금액이 선정순위를 바꾸지는 못하되 동일한 평가점수일 경우 자부담이 높은 쪽이 보다 유리하도록 심사하는 것'으로 하여 기관의 능력과 처지에 따라 자부담 금액을 부담 없이 제시하도록 유도하였다.

(4) 문제의식(사업필요성)

사업필요성과 관련하여 종전에는 ① 대상자 욕구 및 문제점, ② 지역환경적 특성, ③ 경험적 근거, ④ 본 사업과 관련된 지역복지자원 현황 등을 기재하도록 되어 있었다. 『2018년 배분사업안내』부터는 ① 사업계획배경, ② 기존 유사사업과의 차별성, ③ 신청기관의 강점을 작성하도록 제시하고 있다.

사업계획 배경을 요구한 것은 기관실무자가 이 사업을 신청하기까지의 과정을 짐작해 보면 치열한 문제의식으로 사업을 진행해 오다가 사업참여자로 기재되는 분들의 삶을 지금 이 상태대로 그냥 놔둬서는 안 되겠다는 결심 아래 일정 정도의 재원을 확보하기 위해 공동모금회의 문을 두들기게 된 것이라고 전제한다면, 그러한 이야기(story)가 먼저 제시되는 것이 더 긴요하다고 본 것이다. 그래서 신청양식에서도 "왜 이 사업을 기획하게 되었습니까? 귀 기관이 관심을 가지기 전에는 어떤 상태에 있었는지, 인근 다른 지역에도 유사한 상황이 있다면 어떻게 대응하고 있는지에 대해서도 서술해 주시기 바랍니다"라고 요구하여 사업기획의 맥락을 잘 드러내도록 유도하고 있다. 이렇게 제시한 또 다른 이유는 사업을 기획하면서 내가 하고자 하는 사업이 필요함을 학술논문이나 학계전문가의 글이나 멘트를 통해 입증하는 것이 아니라 현장이 어떻게 열악한 상태에 머물러 있는지를 보여주는 것이 우선되어야 한다는 판단에서이다. 그래서 제3자의 이야기가 아니라 기관실무자의 이야기나 사업참여자들의 이야기, 이들을 둘러싼 지역현장 전문가들의 다양한 의견들이 요약 제시되는 것이 더 유용한 정보로 활용되겠다는 방향을 이 양식이 제시하고 있는 셈이다.

기존 유사사업과의 차별성은 만약 심사자가 보기에 사업내용이 기존에 여러 기관에서 이미 시행하여 다양한 결과보고서가 작성된 것이라면 또 유사한 경험을 할 이유는 없다는 관점에서 요구되고 있다. 물론 현장이 어려우면 공동모금회가 지원해야겠지만 제한된 자원으로 그렇게 중복적으로 기 경험 사례를 새롭게 반복할 이유는 없다. 하지만 아이러니하게도 공동모금회는 어려운 현장을 외면할 수 없는 딜레마를 내포하고 있다. 그렇기 때문에 궁극적으로는 민간복지재단, 공동모금회, 정부가 역할을 적정하게 나누고 상호연계하여 사회복지 실천현장의 발전을 이끌어 가는 방향성을 하루빨리 논의해야 한다.

한편 신청기관의 강점은 만약 유사한 사업으로 복수의 기관이 신청한 경우 재원지원 여부를 결정하는 기관, 즉 공동모금회나 민간복지재단은 이 사업을 잘 수행할 수 있는 기관을 선정해서 지원하는 것이 안전하다고 판단한다. 그러므로 신청기관에서는 자신이 잘 할 수 있는 실력과 여건이 갖추어져 있음을 보여줘야 불확실성에 기반한 불안감을 걷어낼 수 있다.

(5) 목표 및 평가

성과목표 및 평가방법에서 산출목표와 성과목표로 나누고 산출목표에서는 모니터링 정도로 평가하도록 하고, 성과목표는 평가도구 및 방법 그리고 측정시기를 작성하도록 하고 있다. 이때 수치화하기 어려운 성과목표가 있다면 어떤 평가방법을 통해 변화의 수준과 의미를 드러낼 것인지를 기재하도록 하고 있어 질적평가의 가능성을 열어두고 있다. 목표설정과 평가방법과 관련된 주요 변화는 다음 표와 같다.

〈표 15-5〉 사업계획서 작성양식 변화비교 : 목표 및 평가

구 분	2017년	2018년 이후	비 고
목표 및 평가	목적 기재	목적 삭제	목적과 목표 구분 진술 모호하고 기관실무자가 가장 힘들어하는 것 중의 하나이면서 실제 기재내용도 모호한 한계의 원천을 봉쇄
	산출목표와 성과목표를 좌우측으로 연결하여 기재	산출목표와 성과목표 구분	제시한 산출목표만 따라 해당 성과목표가 도출되는 것이 아니라 다양한 산출목표들의 달성이 성과목표에 직간접적으로 기여한다고 봐서 이들 간의 직선적 연결은 폐지
	성과지표	성과지표 삭제 - 작성안내에서는 어떤 성과지표를 설정할 것인지 묻고 있음	평가도구에서 성과지표를 작성해야 할 것으로 보임
	질적인 성과목표에 대한 고려 없음	질적인 평가가 이루어지는 표를 별도로 제시하지는 않았지만 작성안내에서 "수치화하기 어려운 성과목표가 있다면 어떤 평가방법을 통해 변화의 수준과 의미를 드러내실 건가요?"라는 질문을 통해 질적평가 가능성을 열어두고 있음	질적인 성과평가의 필요성에 대한 공감대 확산

하지만 성과목표, 성과지표 등으로 연결되는 구도는 양적평가를 염두에 둔 것이기 때문에 아예 양적평가와 질적평가를 별도로 제시하고 이를 선택적으로 적도록 하는 것을 검토하는 것도 필요하다고 본다. 이번 개편안에는 포함되지 않았지만 다음 표는 질적평가의 내용을 담아낼 수 있는 양식으로서 양적평가 틀과 함께 제시될 경우 질적평가의 중요성과 위상을 정립하는 데 도움이 될 것으로 본다.

〈표 15-6〉 질적인 성과평가 제안양식 예시

질적평가의 초점	평가방법			
	평가주체	자료원	자료수집 시기	자료수집 방법
장애자녀에 대한 이해증진 및 부-모간 상호관계 개선이 이들의 삶에 미친 긍정적 영향 이해	사업 담당자	부모	사업 종료 후	인터뷰

(6) 사업종료 후 지향점

종전의 향후 운영계획을 변형하여 『2018년 배분사업안내』부터는 "사업종료 후 지향점"으로 명명하고 그 세부내용으로 성과중심형에서는 사업수행으로 인한 기대효과, 사업결과의 활용계획"으로, 성과확산형에서는 "사업수행으로 인한 기대효과, 사업결과의 활용계획, 사업지속유지전략"으로 작성하도록 하고 있다.

얼핏 보면 종전과 크게 다를 바가 없다고 보이지만 '목적'기재를 삭제한 이후 목적에 해당하는 내용을 사업필요성에 일부, 그리고 사업종료 후 지향점에 일부 녹여서 표현할 수 있도록 하였다. 후자와 관련해서는 신청사업을 성공적으로 수행하고 난 뒤 앞으로 어떤 방향으로 사업을 이끌어 나갈 것인지에 대한 비전을 제시하도록 요구하고 있다.

3. 변화의 한계

공동모금회는 매우 긴 시간 동안 현장의 변화요구에 대해 심사숙고하고 변화의 방향에 대해 깊이 있게 고민하면서도 큰 결단을 내려 현장의 목소리를 반영하고자 하는 결정을 내렸고, 이는 『2018년 배분사업안내』를 통해 결실을 맺게 되었고 지금까지 유지되고 있다. 하지만 당시 변화를 통해 최종적인 종착지에 도달한 것이라고 보기는 어렵다. 그만큼 여전히 가야 할 길이 멀게 느껴진다. 그것은 배분신청서 양식변화일 수도 있고, 전체적인 배분사업의 틀과 지향성일 수도 있다.

1) 배분사업의 역할

공동모금회 배분사업의 역할이 무엇일까? 어떤 기관에게 지원해야 하는 것일까? 어떤 사업에 지원해야 하는 것일까? 우리 사회의 어떤 빈자리를 메워야 하는 것일까? 아니면 우리 사회의 변화를 선도하고 방향을 제시하기 위한 신호탄을 계속 쏘아 올려야 할까? 이를 살펴보기 위해서는 공동모금회가 어떤 지위와 위상을 가지고 있는지에 대한 검토가 먼저 필요하다.

공동모금회는 한국사회복지공동모금회법에 의해 설립된 법적 기관이다. 법적 근거를 두고 개별적으로 설치된 임의적 법인격과는 그 성격을 달리한다. 예를 들어, 사회복지법인 설립에 대한 법적 근거는 사회복지사업법에 있지만, 법이 존재한다고 바로 사회복지법인이 설립되는 것이 아니라 이를 설립하고자 하는 개별주체의 판단에 따라 신청과 허가 절차를 밟아 새로운 법인격이 탄생하게 된다. 하지만 공동모금회는 법이 제정되면서 설립이 예정된다. 뿐만 아니라 그 조직의 기능과 역할, 권한과 책임이 법에 의해 부여되어 있다. 각종 모금활동을 통해 모은 재원을 사회복지 실천현장의 발전을 위해 사용하게 된다.

그러나 모금한 재원에 기반하여 실시하는 각종 배분사업이 어떤 기준에서 어떤 방향으로 이루어져야 하는지에 대해서는 아무런 법적인 언급이 없다. 그만큼 공동모금회에서 책임지고 그 기준을 결정하고 집행해야 한다. 하지만 어떤 방향으로 배분해야 하는지에 대해서는 다양한 의견이 존재하고 정부 및 지방자치단체, 다양한 민간복지재단 등과의 관계 속에서 자신의 역할을 정립해야 하는 과제를 안고 있다.

공동모금회는 배분사업을 수행함에 있어 어떤 역할을 감당해야 할까?

먼저, 정부 및 지방자치단체와의 관계를 살펴보자. 국가와 지방자치단체에서는 복지국가 건설에 필요한 국민의 사회권적 기본권을 보장하는 데 초점을 두고 각종 기본적인 복지사업을 국가 및 지방자치단체 사업으로 설정하고 이를 조세나 각종 기금으로 사업을 수행하고 있다. 그러므로 공동모금회가 이와 같은 정부가 하는 일을 중복적으로 수행할 이유는 없다. 문제는 정부의 책임이라고 여겨지지만 재원부족 때문에 다하지 못하는 역할을 공동모금회가 수행해야 하는지는 논란이 될 수 있다. 국민의 자발적인 기부에 기초한 재원으로 정부의 책임을 메워주어야 할 이유가 없기 때문이다. 하지만 현실적으로 정부의 역할 한계로 보이는 정책의 사각지대나 부족한 급여수준을 메우는 것 자체도 국민들의 복지향상을 위해 당장 집행하지 않으면 안 되는 부문이기도 하다. 특히 사회복지시설에서 집행할 수 있는 사업비 항목이 없기 때문에 민간으로부터의 재원조달 필요성이 본의 아니게 강제되는 경우에 이를 공동모금회가 나몰라라 할 수도 없는 노릇이다.

그러므로 일부 사업에 있어서는 정부책임의 부재를 메우는 역할을 불가피하게 수행하게 된다. 하지만 여기서 그치는 것이 아니라 현장을 이해하고 현장의 변화를 이끌어 내는 것도 필요하다. 공동모금회는 그동안 많은 기획사업을 통해 현장의 어려움을 경감시키기 위한 노력과 함께 현장의 변화를 이끌어 왔다. 하지만 일부는 딜레마적인 속성을 가지고 있다. 사회복지 실천현장에서 기관들이 배분사업을 통해 지원을 받기 위해서는 끊임없이 자신이 신청한 사업의 우수성을 피력해야 한다. 그러한 우수성은 충분한 교육훈련과 끊임없는 조직 내 토론문화에 기반한다. 또 최근 동향에 대한 풍부한 정보와 이에 기반한 다양한 사업을 수행할 수 있는 여건과 환경도 중요하다.

이런 점에서 볼 때 일률적으로 말할 수는 없겠지만 농어촌지역의 사회복지기관들은 상대적으로 열등한 위치에 있을 수밖에 없다. 그러나 그렇다고 해서 배분경쟁에서 형평성을 크게 고려하지는 않는다. 하지만 이러한 서열주의, 경쟁주의가 민간복지재단에서 적용된다면 크게 이의를 제기할 수 없지만 법적 기관으로서의 공동모금회조차도 규모가 작고 학습과 훈련의 기회가 적은 기관은 경쟁에서 도태될 수밖에 없음을 간접적으로 시인하게 만드는 사업방식이 과연 바람직한지에 대해서는 의문이 들 수밖에 없다. 그러므로 소규모 시설에 대한 별도의 경쟁시스템을 만들든지, 아니면 소규모시설이나 선정 수에 대한 할당제를 도입하여 이들에게도 모금회 예산이 집행될 수 있는 여지를 둘 수 있는 제도적 장치가 마련될 필요가 있다.

둘째, 민간복지재단과의 관계를 살펴보자. 공동모금회는 법적 테두리 내에서 움직여야 하는 경직성을 어느 정도 보일 수밖에 없지만, 상대적으로 민간복지재단의 경우에는 설립목적과 일반적인 법인으로서의 행정적 제약범위를 벗어나지 않는다면 그 내에서의 자율성은 상대적으로 공동모금회보다 그 범위가 훨씬 넓다고 볼 수 있다. 그러므로 민간복지재단은 융통성을 가지고 실험적인 성격의 사업에 얼마든지 지원할 수 있는 여력이 있다. 그것이 설립된 해당 복지재단의 취지에만 부합한다면 타 복지재단과 다른 정체성을 가져가기 위한 노력은 오히려 장려되어야 한다. 그러므로 민간복지재단에서는 창의적인 아이디어를 발굴하고, 혁신성을 강조하면서 사회변화의 신호탄을 쏠 수 있는 맹아적 단계의 사업이라도 이를 키울 수 있는 여력은 상대적으로 더 크다고 볼 수 있다. 하지만 이러한 민간복지재단에서 좋은 사업아이템, 좋은 기관을 발굴하여 지원한다 하더라도 한 복지재단에서 10년, 20년을 지원하기는 어렵다. 짧게는 1년, 길게는 3~5년 정도 지원받고 나면 지원이 종료가 될 수밖에 없는데, 그런 사업들 중에 사회적 영향력도 크고 지속적으로 또 확장하여 사업을 수행하게 되면 우리 사회에 더 큰 울림을 가져올 수 있는 사업에 누군가가 계속 지원을 해줄 필요가 있다. 그 역할을 공동모금회가 해야 한다고 제언하고자 한다. 그러한 과정을 통해서 어느 정도 체계화되면 공동모금회는 국가 및 지방자치단체에게 '이 사업은 오랜 기간 동안 검증된 사업이고 필요성이 확인되었으니 정부 재원으로 해당 지방자치단체 내에, 또는 전국적인 사업으로 승화시키는 것이 필요하다'는 것을 제안할 수도 있을 것이다.

이를 정리하면 민간복지재단에서는 창의적이고 혁신적인, 실험적 성격의 사업을 수행하고자 할 때 그리고 지금은 경험도 일천하고 성공 가능성에 대해 확신하기 어렵지만 우리 사회에 확산되면 좋겠다고 생각되는 사업에 보다 집중적으로 지원하는 것이 좋다고 본다. 공동모금회에서는 민간복지재단에서 수년간 지원한 사업들 중에서 사업범위를 좀 더 확장하거나 사회적 영향력을 보다 넓게 가시화시킬 수 있는 사업이라고 판단될 때 이를 지속적으로 수행할 수 있도록 하는 역할을 수행할 필요가 있다. 이후 정부사업으로의 전환이 필요하다고 판단되면 정부에서 시범사업을 추진하도록 하는, 이러한 경로를 설계하는 데 공동모금회가 전체적인 얼개를 구상하여 관련 논의를 이끌어 내고 주도해야 할 필요가 있다고 본다.

2) 배분신청서 양식의 방향

현재 시점에서의 『2023년 배분사업안내』에 제시되어 있는 배분신청서 양식은 2018년 이전에 비해 매우 혁신적이라고 볼 수 있다. 오래 묵은 그러나 날카로운 비판의 목소리를 이해하고 이를 반영하여 새로운 모습으로 탈바꿈하기 위한 노력이 어느 정도 구체적인 내용으로 전환되었기 때문이다. 하지만 여전히 갈 길이 멀다. 이 중에 가장 핵심적인 것이 배분신청서를 통해 어느 정도까지 정보를 받을 것인가의 문제이다. 즉, 어디까지 작성하는 것이 사업수행기관 책임이고, 어디서부터가 재원을 지원하는 공동모금회의 책임인지를 적절하게 구분하는 것이 핵심이다.

현재의 양식에 따르면 크게 사업내용 및 추진전략, 예산편성, 사업필요성, 산출목표와 성과목표, 평가방법, 사업결과 활용계획 등의 순서대로 되어 있다. 이 항목들 중에서 기관실무자들이 제일 어렵게 생각하고 또 심사해 보면 실제 작성된 내용 중 가장 수정을 요하는 부분이 목표설정과 평가방법에 기재되는 내용이다.

그렇다면 우리는 발상을 달리할 필요가 있다. 어차피 선정 이후 많은 부분이 다 수정되어야 한다면, 제한된 정보 때문에 현실에서는 사업실무자가 전형적인 평가방법만 기재하고 있다면 이들을 기관 실무자에게 그 내용을 신청단계에서는 요구하지 않는 것도 생각해 볼 필요가 있다. 배분신청 단계에서 기관실무자에게 기대하고 또 이들이 집중해야 하는 부분은 세 가지이다.

이는 '내가 무엇을 하고 싶은가?, 이 사업을 왜 하려고 하는가? 이 사업을 성공적으로 수행하고 나면 무엇이 바뀌고 세상에는 어떤 시사점을 주는가?'로 압축

된다. 많은 정보를 종합적으로 수집하기보다는 핵심적인 질문 세 가지에만 답하도록 하고 그 내용이 바람직하고 집행해 볼 가치가 있다고 판단하면 이후부터는 공동모금회가 성과관리체계를 작동시키면 된다. 즉, 선정된 기관과 자문위원 그리고 공동모금회가 함께 오프라인에서 만나 이 사업의 목표가 무엇인지, 그 목표를 향해 사업을 시행했을 때 목표를 달성했는지의 여부와 달성 정도를 어떻게 판단할 것인지를 함께 논의하는 것이다. 그렇게 되면 기관실무자는 자신이 기획한 사업이 어떤 의도와 내용으로 구성되었는지, 이 사업을 하는 이유가 무엇인지, 그래서 어떤 결과를 가져오고 싶은지를 듣고 그 목표수준과 지원되는 돈의 규모를 저울질하여 지원금액을 최종적으로 확정하고 다른 한편으로는 성과가 있음을 확인하는 방법에 대해 자문위원과 집중적으로 논의해서 다양한 가능성 속에서 가장 적합한 평가방법을 찾아 평가틀을 설계하면 된다. 이렇게 되면 사업선정 후의 업무가 많아지는 단점이 있지만, 기관으로 하여금 내가 문제의식을 가지고 접근하려는 사업내용 그 자체에 몰입할 수 있도록 하여 현장의 애로를 훨씬 더 정확하게 반영한 사업이 구상될 수 있게 된다. 뿐만 아니라 기관실무자로서도 사업내용에 보다 집중할 수 있어서 문제의식을 함양하는 데 더 많은 역량을 쏟고 또 성과를 거둘 가능성이 더 높아질 것으로 기대해 볼 수 있지 않을까.

참고문헌

권지성(2019). 사회복지실천 질적 평가방법론. 경기 : 공동체.

기부문화연구소(2015). 한국의 벤처 필란트로피스트 한자리에 모이다. 아름다운재단. at the website of http://bfarch.tistory.com/420 visited on 30 Sep. 2016.

김동립 · 이삼열(2010). 프로그램 논리모형의 개념과 유형화에 관한 소고. 한국정책학회 · 한국정책분석평가학회 공동추계학술대회 자료집, pp. 63-79.

김상곤 · 최승희 · 안정선(2012). 사회복지 프로그램 개발과 평가. 서울 : 학지사.

김인숙(2007). 한국 사회복지 질적연구 : 동향과 의미. 한국사회복지학, 59(1), 275-300.

김주현(2015). 한국 고령자의 연령차별 경험과 노년기 인식 질적 연구. 한국인구학, 38(1), 69-104.

김진우(2008). 장애연구에의 발달장애인의 참여를 둘러싼 쟁점에 대한 고찰. 한국사회복지학, 60(3), 83-106.

______(2012). 작은 나눔 큰 사랑 프로그램 기획 매뉴얼. 서울 : 삼성복지재단.

______(2013). 사회복지법인 제도신설 배경에 대한 탐색적 연구. 사회복지정책, 40(4), 137-156.

______(2015). 환경변화에 따른 사회복지법인 제도의 비판적 고찰. 한국사회복지행정학회, 17(3), 461-489.

김진우 · 김상곤 · 문순영(2011). 작은나눔 큰사랑 사회복지프로그램 개발지원사업 20년 평가. 서울 : 삼성복지재단.

김진우 · 이지수(2016). Venture Philanthropy 원칙과 실천의 실제와 과제. 2016년 한국사회복지학회 추계학술대회 자료집.

김진우 · 이지수 · 윤덕찬(2017). 배분사업 개선양식 매뉴얼 개발 연구. 한국사회복지공동모금회 나눔연구소.

노연희 · 이상균 · 한동우(2006). 성공적인 파트너십 만들기. 교보생명 사회공헌활동 2005.

방대욱 · 강철희 · 허수연(2013). 기업과 비영리기관 사회공헌 파트너십에 관한 연구-파트너십 성공요인과 실패요인에 대한 탐색. 한국사회복지행정학, 15(3), 217-241.

삼성 · 사회복지공동모금회(2016). 나눔과 꿈 - 삼성과 사랑의 열매가 함께 하는 행복한 세상 만들기 사업신청안내.

아산나눔재단(2015). 2016년 파트너십 온 사업신청매뉴얼.

__________(2016). 파트너십 온 1기 사업 운영매뉴얼.

아산사회복지재단(2007). 아산의 꿈 아름다운 세상 : 아산재단 30년사. 서울 : 아산사회복지재단.

______________(2022). 아산사회복지재단 주요 사업. 내부자료.

양점도・김미자・김장권・박영준・이권일(2009). **사회복지 프로그램 개발과 평가**. 경기 : 양서원.

이동우(2013). 시민사회조직과 기업의 파트너십 연구. 고려대학교 대학원 박사학위논문.

이민홍・정병오(2012). **사회복지 프로그램 개발과 평가**. 서울 : 학지사.

이봉주・김기덕(2019). **사회복지 프로그램 개발과 평가**(제2판). 서울 : 신정.

이봉주・김진우・최명민・박혜경(2016). 배분사업 운영체계 개선연구. 한국사회복지공동모금회 나눔연구소.

임정아・진영선・조아미(2017). 포토보이스를 활용한 청소년 이미지에 관한 연구. **미래청소년학회지**, 14(4), 111-137.

전국경제인연합회(2015). 2015 기업・기업재단 대표 사회공헌 사례집.

______________(2015). 2015년 주요 기업・기업재단 사회공헌백서.

정혜영・김진우(2010). 베트남여성결혼이민자 가족의 문화적응과정에서 나타나는 갈등 연구. **한국사회복지학**, 62(2), 29-55.

조미형(2011). 제도적 환경변화에 대한 사회복지관의 인식과 대응에 관한 연구. **한국사회복지행정학**, 13(1), 103-132.

한정원 외(2015). 기업 사회공헌 영향력 강화 방안 연구. 한국사회복지협의회, ㈜마크스폰.

허원빈・정하은(2019). 포토보이스를 적용한 사회복지 관련 연구의 동향분석. **보건사회연구**, 39(4), 320-355.

Atkinson, J., & Heritage, J.(Eds.)(1984). *Structures of Social Action : studies in con-versation analysis.* Cambridge : Cambridge University Press.

Cummings, A. M., & Hehenberger, L.(2011). *A Guide to Venture Philanthropy for Venture Capital and Private Equity Investors.* European Venture Philanthropy Association Knowledge Center.

Donis-Keller, C., Meltzer, J., & Chmielewski, E.(2013). The Power of Collaborative Program Evaluation. A PCG Education White Paper.

Grossman, A., Appleby, S., & Reimers, C.(2013). Venture Philanthropy : Its Evolution and Its Future. www.hbsp.harvard.edu/educator.

Hutchby, I., & Wooffitt, R.(1998). *Conversation Analysis.* Cambridge : Polity Press.

Impetus(2014). Annual Review 2014.

Ivy So & Alina Staskevicius(2015). Measuring the Impact in Impact Investing. Harvard Business School.

John, R.(2006). Venture philanthropy : The evolution of high engagement philanthropy in Europe. Skoll Center For Social Entrepreneurship working paper.

Kettner, P., Moroney, R., & Martin, L.(1999). *Designing and Managing Programs.* New York : Sage.

Kim, J. W.(2005). Discrimination against People with Learning Disabilities in the Labour Market in South Korea. Ph.D Thesis. University of Birmingham.

Matthews, B., & Ross, L.(2010). *Research Methods : A Practical guide for the social science.* London : Pearson Education.

McKinsey & Company(2010). *Learning for Social Impact : What Foundations Can Do.*

Miles, M. B., & Huberman, A. M.(1994). *Qualitative Data Analysis*(2nd ed.). Thousand Oaks, CA : Sage.

Patton, M.(2002). *Qualitative Evaluation and Research Methods*(3rd ed.). Newbury Park : Sage.

Psathas, G., & Anderson, T.(1990). The 'Practices' of Transcription in Conversation Analysis. *Semiotica, 78,* 75-99.

Rapp & Poetner(1991). *Social Administration : A Client-Centered Approach.* Pearson : New York.

Scriven(1967). The methodology of evaluation. In Tyler, R., Gagne & Scriven, M.(Eds.), *Perspectives on curricular evaluation.* Area monograph series on curriculum evaluation. No. 1. Chicago IL : Rand McNally.

Shaw, I.(1999). *Qualitative Evaluation.* London : Sage.

Silverman, D.(2001). *Doing Qualitative Research : A Practical Handbook.* London : Sage.

Spencer, L., Ritchie, J., Lewis, L., & Dillon, L.(2003). Quality in Qualitative Evaluation : A framework for assessing research evidence. Cabinet Office UK · Government Chief Social Researcher's Office.

메트라이프코리아재단 장애아동프로젝트지원사업
http://www.metlifewelfare.org/home/business/child.php

삼성재단 복지공익사업 사회복지프로그램
http://www.samsungfoundation.org/html/welfare/love/intro.asp

아산사회복지재단 사회복지사업 소개
http://www.asanfoundation.or.kr/af/bsns.schedule.society0.sp?mid=10202

파라다이스복지재단, 현장지원사업>사회복지프로그램공모
http://paradise.or.kr/front/businessinfo/businessinfo.asp?cate=31

저/자/약/력

■ 김진우
서울대학교 사회복지학과 졸업
영국 버밍엄대학교 사회정책학과 박사(최우수논문상 수상)
행정고시 제39회 합격
보건복지부 기초생활보장과장 · 대통령비서실 행정관 역임
한국장애인복지학회 회장 역임
현재 덕성여대 사회복지학과 교수

〈저서〉
복지정책 파노라마, 새 지평을 열다(2012, 노무현재단 · (사)한국미래발전연구원)
작은나눔 큰사랑 프로그램 기획매뉴얼(2012, 삼성복지재단)
발달장애인복지론(2014 편저, EM실천)
장애인복지론(2019, 공동체)

사회복지 프로그램 개발과 평가

|저자| 김진우

|1판 1쇄| 발행 2023년 2월 20일
|1판 2쇄| 발행 2025년 7월 30일

|발행인| 김 동 훈
|발행처| 공 동 체

|주소| 경기도 고양시 일산동구 호수로 358-39, 동문타워 I 905호(백석동)
|전화| 031) 814-3000(대표)
|팩스| 031) 814-3100
|홈페이지| http://www.compub.co.kr
|전자우편| compub@naver.com
|출판등록| 2005년 10월 6일
|등록번호| 제396-2005-36호

|ISBN| 979-11-6725-264-7
정가 18,000원